I0833408

Fiesta y drama: nuevas historias de la Unidad Popular

Julio Pinto Vallejos (editor)

César Albornoz
Rolando Álvarez
Eugenio Cabrera
Mario Garcés
María Angélica Illanes
Luis Osandón
Verónica Valdivia
Flor Recabal
Fabián González

Lom
PALABRA DE LA LENGUA
YÁMANA QUE SIGNIFICA
Sol

Pinto Vallejos, Julio
Fiesta y drama: nuevas historias de la Unidad Popular [texto impreso] /
Luis Osandón Millavil; Mario Garcés Durán; César Albornoz Cuevas;
Eugenio Cabrera Molina; Rolando Eugenio Álvarez Vallejos;
María Angélica Illanes Oliva; Verónica Valdivia Ortiz de Zárate;
Flor Recabal Vega; Fabián González Calderón;
Julio Pinto Vallejos (Editor Literario); .–1ª ed. – Santiago: LOM ediciones, 2014.
234 p.: 21x16 cm. (Colección Historia)
ISBN : 978-956-00-0552-6
1. Unidad Popular (Chile) – Historia 2. Chile – Política y Gobierno
I. Título. II. Serie III. Ossandón Millavil, Luis IV. Garcés Durán,
Mario V. Albornoz Cuevas, César VI. Cabrera Molina, Eugenio
VII. Álvarez Vallejos, Rolando Eugenio VIII. Illanes Oliva, María Angélica
IX. Valdivia Ortiz de Zárate, Verónica X. Recabal Vega, Flor
XI. González Calderón, Fabián XII. Pinto Vallejos, Julio (Editor Literario).
Dewey : 320.983. –cdd 21
Cutter : O84f
FUENTE: Agencia Catalográfica Chilena

Primera edición, 2014
ISBN: 978-956-00-0552-6
RPI: 246.933

A cargo de esta colección: Julio Pinto

EDICIÓN Y MAQUETACIÓN
LOM ediciones. Concha y Toro 23, Santiago
TELÉFONO: (56-2) 2688 52 73
lom@lom.cl | *www.lom.cl*

Tipografía: *Karmina*

IMPRESO EN LOS TALLERES DE LOM
Miguel de Atero 2888, Quinta Normal

Impreso en Santiago de Chile

Fiesta y drama: nuevas historias de la Unidad Popular

Julio Pinto Vallejos (editor)

César Albornoz
Rolando Álvarez
Eugenio Cabrera
Mario Garcés
María Angélica Illanes
Luis Osandón
Verónica Valdivia
Flor Recabal
Fabián González

Índice

A la memoria de Margarita Cabrera,
protagonista de este libro y de esta historia.

Presentación

Diez años atrás, en el contexto de recuperación simbólica inspirado por el trigésimo aniversario del golpe militar, la Colección Historia de LOM ediciones convocó a un grupo de historiadoras e historiadores a recordar los mil días de la Unidad Popular en una clave que, parafraseando un bello artículo de Tomás Moulian[1], destacara más lo «festivo» que lo «dramático» o lo «trágico» de dicha experiencia. Quisimos entonces, deliberadamente, poner el acento en lo que esos años tuvieron de aspiración utópica y protagonismo social; o, como lo dijimos textualmente, de «positividad histórica y esfuerzo vivo y entusiasta por construir una sociedad más humana, más justa y mejor». Desde una óptica que se asumía como empática y celebratoria de ese proceso –y que nos mereció más de alguna crítica de «sobreideologización» y «escritura militante»–, elaboramos ocho artículos que, además de ese espíritu de reconocimiento y homenaje, compartían un marco metodológico que priorizaba lo historiográfico por sobre lo testimonial; la elaboración crítica de conocimientos nuevos a partir de fuentes primarias por sobre la simple evocación de cosas ya sabidas. El fruto de ese esfuerzo fue un texto aparecido el 2005 bajo un título que declaraba abiertamente su posicionamiento y carácter: *Cuando hicimos historia.*

Han transcurrido otros diez años, y la sociedad chilena ha presenciado cambios que al publicarse *Cuando hicimos historia* difícilmente se podían vislumbrar. El 2010 la derecha volvió al gobierno, veinte años después del término de su aventura dictatorial y más de cincuenta desde su último triunfo en una elección presidencial. Acto seguido, el 2011, se desató una ola de movilizaciones que uno de los autores de este libro no dudó en bautizar en su momento como «El despertar de la sociedad»[2], y que afortunadamente no ha amainado hasta el minuto en que estas líneas se redactan. Este fue un fenómeno novedoso no solo por su masividad (pues movilizaciones sociales ya habían existido antes), emblematizada por las sucesivas jornadas de protesta estudiantil; sino particularmente por poner en tela de juicio y deslegitimar en su más profundo núcleo de sentido uno de los pilares en que se sostiene el orden legado por el régimen de Pinochet: la búsqueda del lucro como principio básico de cohesión colectiva y realización personal. Aunque sería prematuro anunciar

1 Tomás Moulian, *La forja de ilusiones* (Santiago: ARCIS/FLACSO, 1993).

2 Mario Garcés Durán, *El despertar de la sociedad* (Santiago: LOM, 2012).

una «crisis hegemónica» de dicho principio, su cuestionamiento cada vez más difundido y su creciente «desnaturalización» arrojan luces claramente más empáticas sobre una experiencia, la de la Unidad Popular, que se orientó precisamente hacia la erradicación de esas lógicas de convivencia histórica y social.

Luego, el 2013, vino la conmemoración de los cuarenta años del golpe militar, la que provocó un nuevo fenómeno de desbordamiento simbólico y recuperación de memoria histórica que superó con creces lo vivido diez años antes. Decenas de miles de chilenas y chilenos, especialmente jóvenes que no experimentaron directamente ni la dictadura ni la Unidad Popular, se volcaron hacia las múltiples instancias de reflexión y debate que jalonaron ese año, reflejando tanto un reforzado deseo de informarse sobre el carácter de tales procesos, como de indagar en su condición de fuentes de sentido para nuestra problemática actual. Así las cosas, no debería causar sorpresa que un gobierno de «Nueva Mayoría» que ha anunciado un plan de reformas más que cosméticas en los ámbitos tributario, educacional, previsional y constitucional, esté teniendo por efecto suscitar denuncias derechistas de «atentados a la libertad de enseñanza», «nostalgias estatistas» y «prácticas hostiles al espíritu de emprendimiento», que evocan en más de algún aspecto la retórica de medio siglo atrás. Cuarenta años después de su derrota, los fantasmas de la Unidad Popular porfían por volver a la vida.

En un contexto de tales características, las motivaciones que llevaron a la confección de *Cuando hicimos historia* adquieren una fuerza y urgencia renovadas, sobre todo considerando que ese primer esfuerzo dejó, como lo reconocimos expresamente en su momento, numerosos aspectos y actores sin tratar. Considerando también, y lo decimos con sincero orgullo, que él fue muy bien recibido por la comunidad lectora nacional y latinoamericana. Convocados por tales constataciones, varias de las autoras y autores de la anterior obra nos hemos vuelto a congregar bajo el alero de la Colección Historia de LOM para elaborar una suerte de continuación de dicha iniciativa, nutrida obviamente por las reflexiones y transformaciones de estos últimos diez años. Lo hemos hecho, por tanto, abordando nuevos procesos, actores y temáticas, e incorporando también a nuevos integrantes, cuyos campos de especialización nos parecieron particularmente relevantes para avanzar hacia una visión más amplia y matizada de lo que fueron los años de la Unidad Popular. El resultado de este trabajo, que nos ha tenido ocupados desde comienzos del emblemático año 2013, es lo que ofrecemos ahora bajo el título, también actualizado, de *Fiesta y drama: nuevas historias de la Unidad Popular*.

Los tres primeros capítulos se focalizan en actores sociales emblemáticos de la experiencia historiada: campesinos y pobladores. Los primeros, cuya ausencia de la anterior obra ya tuvimos ocasión de lamentar, son abordados ahora por María Angélica Illanes y Flor Recabal a través de un estudio sobre la historia y la memoria de la Reforma Agraria, focalizado fundamentalmente en las provincias del sur del país, zona poco considerada

cuando se recuerda ese proceso de profunda transformación estructural que la Unidad Popular heredó y profundizó del gobierno demócrata cristiano de Eduardo Frei Montalva. Junto con rescatar el protagonismo de un sector ancestralmente preterido de nuestra sociedad, las autoras lo resignifican a la luz del concepto de «democracia social» que según ellas buscó materializar el gobierno liderado por Salvador Allende, y que a su juicio constituye uno de los rasgos históricamente más innovadores y dignos de rescatar de la recordada experiencia.
Siguen a continuación dos artículos centrados en el mundo poblacional, ya trabajado en la obra anterior pero que ahora se observa desde nuevos ángulos. En el primero, Mario Garcés vuelve a insistir en su tesis sobre los pobladores como sujeto autónomo y protagónico tanto del gobierno popular como de la historia reciente de Chile en general. Agrega ahora a su mirada anterior una cobertura cuantitativamente más completa de las movilizaciones poblacionales del período, incorporando datos inéditos sobre las ciudades de Valparaíso y Concepción, y un rescate en profundidad de memorias correspondientes a tres poblaciones capitalinas emblemáticas, como lo fueron la Pablo Neruda, Nueva Habana y Villa Francia. Uno de los testimonios recogidos en esta última población corresponde precisamente al autor de nuestro tercer artículo, Eugenio Cabrera, quien desde su doble condición de actor e historiador rememora –pero también elabora– lo que fue la experiencia de la Unidad Popular en su villa, la Villa Francia. Reivindica allí el carácter de «fiesta» que nuestro libro anterior quiso subrayar, pero que en su opinión no había resultado relevado en toda su magnitud. Sus recuerdos como joven poblador que efectivamente se sintió «haciendo historia», sentimiento compartido con entusiasmo por el resto de sus «vecinos-entrevistados», vienen así a ratificar lo que entonces tratamos de homenajear.

Los tres artículos siguientes se enmarcan en lo que podríamos denominar la dimensión «cultural», en el más amplio alcance de la palabra, de los mil días encabezados por Salvador Allende. Partiendo por el sentido más «clásico» del término «cultura», Luis Osandón y Fabián González incursionan en el contexto educativo del gobierno popular, considerando tanto el legado histórico que debió enfrentar, las políticas y objetivos que se planteó, y los cada vez más enconados conflictos a que dio lugar. Como se sabe, y como lo demuestran los autores, estos últimos culminaron en el emblemático pero muy mal conocido proyecto de Escuela Nacional Unificada (ENU), cuya mera enunciación desató una furia opositora que ilustra el «drama» que finalmente desplazó a la «fiesta» popular destacada en los capítulos anteriores. Al abordar este proceso, dicho sea de paso, saldamos también otra de las deudas temáticas que nuestro anterior trabajo había dejado pendientes.

Sigue a continuación, en un registro que podría denominarse de «cultura de masas», un estudio de César Albornoz sobre la experiencia televisiva de la Unidad Popular, que complementa pero a la vez tensiona su anterior aporte centrado en las expresiones musicales, editoriales y plásticas que identificaron ese período. Revelando y relevando lo que denomina el «lado B» de la vida cultural chilena, Albornoz no solo nos sumerge en la cotidianidad más «banal» de aquellos años, sino también nos recuerda que no todo entonces fue militancia, epopeya y compromiso social, alumbrando las sombras que acompañaron, ¿y en definitiva frenaron?, el despliegue de un proceso que se quería revolucionario. La pantalla televisiva viene así a reforzar ese contrapunto entre fiesta y drama que atraviesa el período estudiado, y también este esfuerzo editorial colectivo.

Cierra la segunda sección del libro el texto de Rolando Álvarez sobre los trabajos voluntarios, la expresión a su parecer más profunda del sentido de «revolución cultural» que también revistió el período allendista, y que el reduccionismo económico del análisis izquierdista de la época tendió a subordinar a las determinaciones supuestamente irremontables de la estructura material. Se pone así de relieve que el hacer historia a que aspiraba la Unidad Popular no se remitía única ni principalmente al plano de los intereses económicos y las condiciones «objetivas» de clase, sino también a las mentes y los corazones de esos cientos de miles de personas que creyeron en la utopía de lo que en esos tiempos de muy incipiente conciencia de género se conoció limitadamente como el «hombre nuevo». En la práctica social si no en el discurso ideológico, la revolución ambicionada debía ser tan subjetiva como objetiva.

Finalmente, a modo de colofón y contrapunto dramático de las tensiones que el resto del libro ha venido destacando, el artículo de Verónica Valdivia se interna en otro «lado B» de la experiencia vivida por la Unidad Popular: el de la creciente militarización con que la oposición de la época fue cercando los propósitos transformadores del gobierno, a través de medidas de excepción de las cuales la Ley de Control de Armas fue la más importante y de más profundo impacto. Se buscaba con esto, a final de cuentas, suprimir el propio orden constitucional en cuyo marco Allende ambicionaba transitar hacia el socialismo, y del cual sus declarados y supuestos defensores (de la entonces oposición) terminaron convirtiéndose en sepultureros. Fue así como se pavimentó el camino hacia la institucionalización de las prácticas represivas que otorgaron un sello identitario al régimen que derrocó a la Unidad Popular, y marcó el fin de la fiesta que otros artículos de esta obra han relevado.

Como en la ocasión anterior, esta antología ciertamente no aspira a responder todas las preguntas o a extraer todas las lecciones que nos deja la experiencia de la Unidad Popular. Para ello se requiere de un esfuerzo historiográfico que, pese a los innegables avances experimentados en los diez últimos años, sigue constituyendo una deuda importante de nuestra disciplina para con la sociedad. Sí aspira, en cambio, a subrayar una vez más la densidad histórica de una época que Tomás Moulian caracterizara certeramente como de «fiesta» y «drama» a la vez, conceptos que hemos seleccionado, a modo de sincero homenaje, para titular esta segunda entrega de una iniciativa que nos ha parecido oportuno prolongar en el tiempo. Pero por sobre todo, aspira a rescatar la pertinencia de un mundo y un proyecto que a veces se perciben tan lejanos y ajenos al Chile en que nos toca vivir en este comienzo de nuevo siglo. Porque aunque hayan pasado más de cuarenta años desde su despliegue, esa referencia podría no ser tan extemporánea para una sociedad, para unos hombres y mujeres de carne y hueso, que parecen estar visiblemente en vías de recuperar su capacidad para hacer Historia.

Julio Pinto Vallejos
Coordinador Colección Historia
LOM ediciones

Liberación y democracia en la tierra. Historia y memoria de la Reforma Agraria-Unidad Popular. Chile, 1971–2012[1]

M. ANGÉLICA ILLANES O.
FLOR RECABAL V.[2]

1. Introducción

> *Nosotros hemos hablado de un proceso profundo de transformaciones en la tenencia de la tierra y en la explotación del campo. [...] Hemos dicho y lo haremos, vamos a expropiar 1000 latifundios este año y, de la misma manera lo sostengo, nada tienen que temer los pequeños y medianos agricultores, porque (hacia ellos) tenemos la misma consideración, el mismo respeto y el mismo reconocimiento que para los pequeños y medianos industriales y comerciantes de Chile. Si he dicho que hay situaciones conflictivas es porque hay sectores que no comprenden que una premura artificial o natural en esta materia, puede crear serios trastornos a Chile. De la misma manera, hay sectores patronales que no comprenden que no se detienen las mareas de la historia ni con leyes opresivas ni con diques que detienen por segundos la avalancha social. Yo lo he dicho con claridad frente a mis compatriotas: no soy compuerta. Somos nosotros cauce, queremos conducir, organizar el gran proceso de transformación chilena y lo estamos haciendo con la responsabilidad de los que saben que es fundamental el respeto a la personalidad humana y la sólida garantía a los derechos que establece la Constitución Política para hombres, partidos e instituciones y con respeto a todas las ideologías y a todas las creencias*[3].

---

1 Este texto surge del interés suscitado y el conocimiento histórico generado sobre el problema de la tierra y la cuestión campesina en Chile a partir del Proyecto Fondecyt Nº 1110285, actualmente en curso, titulado «Cuestión campesina y políticas sociales rurales en el Frente Popular y gobiernos radicales, Chile, 1936-1952». Asimismo, el punto 5 de este texto ha surgido de la tesis de grado de autoría de Flor Recabal, titulada, «Campesinos del área reformada en la comuna de Los Lagos durante la Unidad Popular: memoria de algunos de sus protagonistas», Tesis de Grado para optar al título de Profesora y al grado de Licenciada en Historia y Ciencias Sociales, Instituto de Historia y Ciencias Sociales, Universidad Austral de Chile, Valdivia, 2013.

2 M. Angélica Illanes es doctora en Historia y académica del Instituto de Historia y Ciencias Sociales de la Universidad Austral de Chile. Flor Recabal es profesora y licenciada en Historia y Ciencias Sociales de Universidad Austral de Chile y colaboradora docente en el Instituto de Historia y Ciencias Sociales, UACH.

3 «Defenderemos las fronteras económicas de la patria. La Reforma Agraria, hecho irreversible», Discurso de Salvador Allende en Talca el sábado 6 de marzo de 1971, *La Nación*, 13 de marzo de 1971.

Con su preclara conciencia de que la historia de Chile estaba viviendo el momento más álgido de su movimiento dialéctico, Salvador Allende manifiesta en este párrafo su decidida voluntad de abrir ampliamente las compuertas y las puertas a las fuerzas sociales de la historia, con el fin de alcanzar y realizar, sin más demora y al fin, su anhelado y secular proyecto de justicia y democracia social. Allende también define, en este sentido, a la política como la 'conducción maestra de las fuerzas de la historia', a través de un juego de *encausamiento-transformador:* concepto que porta la doble energía de *la continuidad y el cambio* como dirección y sentido de la acción política UP.

Política que, especialmente respecto de los cambios que estaban teniendo lugar en la tenencia de la propiedad de la tierra, requería la combinación de una férrea voluntad, conjuntamente con una gran precaución y flexibilidad, capaz de continuar e impulsar decididamente la tan demandada, legislada y ya iniciada Reforma Agraria (en adelante R.A.), recogiendo, al mismo tiempo, las complejidades, problemas y conflictos ya desatados en un campo histórico con fuerte resistencia al cambio, como era el ámbito agrario. Esta «política maestra» se continuaba con la distinción de los dos niveles a la hora de propiciar las transformaciones: el nivel de la gran propiedad, donde anidaban, por excelencia, las relaciones patrones-trabajadores agrícolas, las que debían ser intervenidas profundamente; y un nivel de la mediana y pequeña propiedad, la que permanecería inafectada desde el punto de vista de la expropiación y que, tal como veremos, buscaba ser integrada y beneficiada con el proceso de Reforma Agraria.

Nunca será suficiente insistir en subrayar aquel planteamiento enfático de Allende, en cuanto a que las transformaciones habrían de realizarse en un horizonte de sentido y en base a unas prácticas fundadas en la más *plena libertad y democracia*, siguiendo la línea estratégica popular secular de la «vía chilena a la democracia social» y continuando con el espíritu y modalidad política con que se había iniciado el proceso de transformaciones estructurales desde el gobierno anterior de la Democracia Cristiana. Aún más, el alcance y la completitud que debían tener estas transformaciones tal como se proyectaban en el programa UP y como tuvieron en los hechos, junto a las fuertes y rabiosas reacciones opositoras a dichas transformaciones, hizo del desafío del proceso chileno Unidad Popular de realizar una revolución no solo «en» democracia», sino «ampliando y profundizando» dicha democracia, una apuesta medular y un aporte central de Salvador Allende y del gobierno de la Unidad Popular a la historia de las revoluciones modernas.

Así, esta «revolución en democracia» no significaba que la revolución dejaría incólume la democracia existente, la cual, a su vez, había de revolucionarse para profundizar su propio sentido democrático. Como señalaba el Programa de Gobierno de la UP, las «transformaciones revolucionarias que el país necesita solo podrán realizarse si el pueblo chileno toma en sus manos el poder y lo ejerce real y efectivamente». Esta toma de poder debía realizarse «sobre la base del traspaso del poder de los antiguos grupos dominantes a los trabajadores, al campesinado y sectores progresistas de las capas medias de la ciudad y el campo. El triunfo popular abrirá paso, así, al régimen político más democrático de la historia del país»[4]. Es decir, la articulación entre *revolución y democracia* consistía, en definitiva, en la construcción de una nueva democracia, una *democracia social-popular*. Construcción de *democracia social* como redistribución social del poder, que exigía y suponía la transformación de todas las estructuras del ordenamiento social existente, especialmente, la estructura de tenencia de la tierra, ancestral fundamento histórico en América del ejercicio de poder y dominación de la clase terrateniente y dirigente (en sus distintos rostros), sobre el campesinado y el pueblo sujeto a su influencia, así como sobre la sociedad en general.

Considerada, pues, la R.A. como uno de los fenómenos nodales en la historia de las transformaciones de la estructura de ordenamiento social y político, nos hemos interesado en revisitar algunos aspectos de este proceso de R.A., tal como se desarrolla en Chile en la década de 1960-70; específicamente, este artículo trata acerca del proyecto y proceso de *Reforma Agraria en su fase Unidad Popular* (en adelante, R.A.-UP), mirado especialmente en un momento de plena realización, cual es el año 1971, apenas asumido el gobierno de Salvador Allende G. (1970-1973).

No es intención de este texto hacer una historia de dicha R.A.-UP, acerca de la cual se han escrito varios importantes textos, todos los cuales nos inspiran y sirven de apoyo[5]. En este breve artículo solo nos interesa realizar una revisión y reflexión del fenómeno de Reforma Agraria–Unidad Popular, comprendiéndolo, en *primer lugar*, desde *un proceso histórico ampliado y como una fase específica de ese mismo proceso*: fase en la que buscamos identificar y comprender la R.A.-UP como movimiento de «continuidad-y-diferencia» en tanto tercer momento de aplicación de las leyes de Reforma Agraria de los años 60 del siglo XX. En *segundo lugar*, buscamos visualizar el proyecto y la práctica de la R.A.-UP en un tiempo muy específico y muy especial de su historia: el año 1971*:* al modo de una suerte de «instalación histórica» de un escenario significativo y de un momento especial para leer y visualizar dicho proyecto en acción, cuando tanto el gobierno como las fuerzas

---

4 *Programa Básico del Gobierno de la Unidad Popular*, aprobado por los partidos integrantes de la coalición Unidad Popular el 17 de diciembre de 1969, Santiago, p. 12.

5 Al respecto, habría que mencionar, entre otros, a: Moisés Poblete, *La reforma agraria en América Latina* (Santiago: Andrés Bello, 1961); Brian Loveman, *Struggle in the countryside. Politics and rural labor in Chile, 1919-1973*, (Bloomington, Ind., 1976); M. Antonieta Huerta, *Otro agro para Chile. La historia de la Reforma Agraria en el proceso social y político* (CISEC, CESOC, Santiago: 1989); José Garrido (editor), *Historia de la Reforma Agraria en Chile* (Santiago: Editorial Universitaria, 1988); Heidi Tinsman, *La tierra para el que la trabaja. Género, sexualidad y movimientos campesinos en la Reforma Agraria chilena* (Santiago: LOM, DIBAM, 2009); Francisco Vío, *Resistencia campesina en Chile y en México* (Consejo de Educación de Adultos de A.L. [CEAAL], 1990); José Bengoa, *Haciendas y campesinos. Historia social de la agricultura chilena*, SUR, 2 tomos, Santiago, 1988 y 1990; Jacques Chonchol, *El desarrollo de América Latina y la reforma agraria* (Santiago: Editorial Pacífico, 1964); Rafael Moreno, *Sin reforma agraria no hubiese sido posible* (Santiago, 2013).

sociales se ponen ampliamente en marcha tras el objetivo de finalizar y consumar la R.A., sin graves obstaculizaciones, aún... Un momento en que todos sus actores, sus palabras y sus acciones se visibilizan, permitiéndonos ver ampliamente el proyecto vivo, en pleno desarrollo, fenómeno que acompañaremos y presentaremos tal como lo podemos seguir a través de algunos textos y documentos testimoniales de esa época. En *tercer lugar*, buscamos significar el proyecto y las realizaciones de la R.A.-UP a través de la memoria de algunos de sus protagonistas, quienes hoy día revisitan y significan su experiencia vivida en aquellos años-UP en una localidad de Chile/Sur.

Al respecto, en este texto queremos plantear: **a)** que la Reforma Agraria-UP representa *la continuidad* de un tercer momento de la R.A. realizada en Chile en los años 60-70, respecto de la cual la fase UP correspondería a su momento de «culminación», expresado en el cumplimiento y «florecimiento» de un largo deseo y antigua relación entre *tierra-y-campesino*, que alcanzaba la hora de su plena manifestación como justicia redistributiva. **b)** Por otra parte, quisiéramos plantear que la R.A., especialmente en el período R.A.-UP, consistió no solo en un proceso de expropiación y de redistribución de tierra a trabajadores agrícolas, sino que dicha R.A.-UP estaba trabajando en la construcción de una *Democracia Social y Territorial Ampliada (en adelante DSTA)*, que estaba sustentada sobre el proyecto, ya activo y en realización, de una participación amplia de *todas las capas del campesinado*, junto a otros sectores sociales dados en el habitar de una comuna o un territorio. *DSTA* que fuese capaz de construir las bases de un nuevo poder social capaz construir la hegemonía de una nueva modalidad de relación social agraria, basada en la tenencia y en formas *cooperativas de producción y comercialización*, sirviendo de barrera de contención del ancestral poder patronal hacendal y su lógica de dominio propio. **c)** Asimismo, deseamos mostrar y plantear que, respecto del «campesino reformado» propiamente tal, este habría vivido un proceso de profunda transformación identitaria hacia una «identidad campesina emancipada» respecto de su servidumbre ancestral; identidad presente hasta hoy y transmitida a través de su memoria personal y colectiva: huella y herencia imborrable de la R.A., especialmente en su fase R.A.-UP.

Finalmente, habría que plantear que esta reflexión histórica sobre el momento R.A.-UP la hacemos desde lo que denominamos «lengua de la memoria»: desde una «escritura-a-40-años-del-golpe-militar-y-civil» en Chile, que busca leer y comprender lo vivido desde su re-significación actual. Desde este lugar de nuestra lecto-escritura, hoy valoramos la gran tarea realizada en los 60-70 y, especialmente, la gran voluntad política puesta en el cumplimiento de una ley que, a partir de un mayoritario consenso democrático, buscaba reconducir la clásica intervención del Estado en el orden agrario hacia una justa redistribución de la tierra, beneficiando, por primera vez, a aquellos que ancestralmente entregaban a ella su vida y su cuerpo, cultivándola para todos. Desde esta valoración memorial, se puede apreciar, una vez más, la ilegitimidad del golpe violento que desconoció el cumplimiento histórico de una Ley de Reforma Agraria decisiva de la historia de Chile, haciendo borrón y cuenta nueva de su mandato por la vía de las armas y el terror: hecho ante el cual consideramos la necesidad de una justa revisión y reparación.

2. El secular pacto Estado-clase terrateniente

«Antes de la peluca y la casaca» fue el *modo comunitario* de vivir y producir en la tierra de *AméricAmérica*: habitación de pueblos, mayoritariamente, asentados en el suelo de su cultivo, trabajando colectivamente la tierra unidos por lazos de consaguinidad. Este modo de producción de la tierra en comunidad constituye la raíz profunda de *AméricAmérica*, violentada en la conquista y muy debilitada y arrancada de su raigambre en la apropiación colonial; pero siempre se mantiene latente su raíz, ante la posible oportunidad de su afloramiento y nuevo florecimiento...

Ocurrida esa violencia y ocupación colonial, el Estado español fue un ente protagónico en el proceso de conformación de la propiedad de la tierra y su régimen social de producción en América y Chile. Como se sabe, desde la conquista de América y durante toda la época hispano-colonial, el Estado metropolitano actuó apropiándose de toda la tierra americana y, en su calidad de tal soberano del territorio de América, realizó un íntimo pacto con los conquistadores y colonizadores privados, distribuyéndoles la tierra conquistada («mercedes de tierras») y entregándoles sus propios súbditos en custodia productiva, determinando su régimen de trabajo («encomienda de indígenas» o prohibición de encomiendas de indígenas, etc.), vigilando y controlando el proceso de conformación y transformación de dicho régimen de tenencia de tierras y de producción a lo largo de los tres siglos coloniales, definiendo, delineando y determinando, asimismo, la tenencia indígena de la tierra –a veces resguardando el «modo de producción de comunidad» indígena en los territorios donde dicha comunidad aún existía o fijando límites con las tierras de la «nación mapuche», etc.–, como asimismo determinando la tenencia privada de ella, así como de los territorios que se considerarían «fiscales» a través de una persistente doble política de «radicación indígena y de liberación de tierras fiscales», etc.: todos procesos de fuerte intervención estatal[6]. Aún más, el 27 de marzo de 1767 el Estado español decretó la expulsión de América de la orden de los Jesuitas, grandes poseedores de tierras, realizando lo que podríamos identificar como la «primera Reforma Agraria en América», a través de la cual el Estado español produjo una masiva expropiación de la propiedad agraria jesuita, tomando posesión de sus tierras americanas para luego proceder a redistribuirlas, en gran medida, a través del remate fiscal de las mismas, generando una importante movilidad de la propiedad de

6 Ver José Bengoa, *Historia del pueblo mapuche* (Santiago: SUR, 1987).

la tierra hacia fines del siglo XVIII[7]. Interesa, así, enfatizar en el hecho de que a fines de la época hispano-colonial, aún convivían tipos distintos de tenencia de la tierra en América y Chile, coexistiendo la propiedad colectiva indígena con la propiedad privada y la propiedad fiscal, con una fuerte presencia y control del Estado.

Durante el siglo republicano del XIX, la íntima alianza entre el Estado y los señores «privados» se constituyó en una poderosa fuerza de acción dirigida hacia la consolidación de la conquista de la tierra –básicamente la conquista de la nación mapuche– y hacia la liquidación del modo de producción colectivo comunitario americano. Desde temprano y mediados del siglo XIX, el Estado chileno está «privatizando» los Pueblos de Indios, induciendo una colonización extranjera en Chile/Sur Austral y dictando leyes de apropiación estatal de la Araucanía, antes de avanzar militarmente sobre ella[8]. Al finalizar ese siglo y luego de la violenta conquista de las tierras de la nación mapuche con todas las fuerzas militares accionadas por el Estado chileno, este último procede a «reducir» al pueblo mapuche en tierras marginales, a rematar a los señores privados parte de la tierra fiscal «liberada» y a colonizar con extranjeros y nacionales segmentos de dicha tierra fiscal[9]. En este sentido, interesa aquí enfatizar el carácter protagónico del Estado Republicano en el ordenamiento agrario: un Estado que termina por consumar y consolidar el proyecto de conquista y colonización hispano-metropolitano de la tierra americana, con el fin de consolidar el proyecto capitalista europeo moderno de fundación de propiedad privada de la tierra como modo de producción y de ordenamiento social predominante y hegemónico.

En suma, durante cuatro siglos, el Estado en América y Chile fue agente y actor por excelencia de la conquista de la tierra americana *para y por* los grandes propietarios privados llamados, por su parte, a la tarea de consolidar la conquista de América y Chile como propiedad privada de la tierra como sólido fundamento de la construcción de un orden socialmente estratificado y generador de relaciones de dominación/subordinación social. Proyecto que se realizó por todas las vías, especialmente por la vía de la violencia militar extrema, violando los derechos humanos fundamentales del pueblo americano y mapuche y, básicamente, negando el poder-de-habitar el pueblo la tierra al modo de sus raíces comunitarias y cooperativas americanas.

Así, el proceso de modernización de *AméricAmérica* y Chile se había hecho durante el siglo XIX y se continuaría haciendo durante buena parte del siglo XX, reforzando y consolidando el ordenamiento social de clase basado en la propiedad de la tierra: el medio de producción por

---

7 Sobre la problemática de la expulsión jesuita en Chile, ver Herman Schwember, *Las expulsiones de los jesuitas* (Santiago: Comunicaciones Noroeste, 2005).

8 Ver José Bengoa, *Historia del pueblo mapuche*, op. cit.; Fernando Silva, *Tierras y pueblos de indios en el Reino de Chile* (Santiago, 1962); M. A. Illanes, *Chile Des-centrado. Formación socio-cultural republicana y transición capitalista* (Santiago: LOM, 2004).

9 Sobre este tema, Luis Berger, «La matanza de colonos de Loncoche. Lucha social por el dominio de la propiedad de la tierra en el sur de Chile., 1910», Ponencia ADHILAC, Buenos Aires, 3013, inédito.

excelencia y el lugar secular de habitar, de producir y de vivir de la mayoría de la población y fundamento, en última instancia, de la dominación y subordinación social y de clase. El proceso de modernización de la política y de las instituciones se había realizado cuidando no tocar ese basamento estructurador de las relaciones sociales.

Abundaban, sin embargo, desde principios de siglo xx y con especial énfasis desde la crisis salitrera y capitalista –décadas de 1920 y 1930–, las críticas a dicho régimen de tenencia de la tierra, visibilizando la concentración de la propiedad y su poca eficiencia en materia productiva, así como la pobreza extrema campesina y los abusos patronales en los campos, mientras en las ciudades y faenas campeaba la cesantía de trabajadores y de la clase media[10].

En medio de un panorama de alta cesantía (crisis de 1930) y grave carestía de los artículos de primera necesidad, al momento de formarse la coalición radical-izquierdista del Frente Popular (1936) y de llegar dicha coalición a la presidencia (1938), los partidos de izquierda que conformaban dicha coalición, especialmente el recién creado Partido Socialista (1933), instalaron el problema de la tenencia de la tierra y de la explotación y subordinación campesina en el centro de la mesa de debate y de la acción política. En esa hora salieron a la luz, hacia los cuatro puntos cardinales, las voces de denuncia y de protesta acerca de las abominables condiciones de vida y las injustas relaciones de trabajo que debían soportar los campesinos chilenos ancestralmente. Siguiendo las directrices del Código del Trabajo vigente, dichos partidos estimularon la organización campesina, generándose un fenómeno de alta sindicalización y de presentación de pliegos de peticiones por parte del campesinado chileno en demanda de cambio y mejoramiento[11]. Por su parte, el Partido Socialista presentó en 1939, a través de su senador Marmaduque Grove, un primer proyecto de *Reforma Agraria* que, bajo el lema de *«Ni hombres sin tierras ni tierras sin hombres»*, promovía y afianzaba la intervención del Estado en torno a una política de expropiación de tierras no cultivadas y/o dedicadas a la renta por parte de grandes propietarios y su distribución por el Estado a quienes deseasen efectivamente trabajarlas. Acompañado de un discurso justiciero, este proyecto despertó, por vez primera, las esperanzas del campesinado y el pueblo de tener acceso redistributivo a la tierra como acción legal e institucional[12] .

Pero no solo esta esperanza, sino también la movilización y organización de los campesinos chilenos fue gravemente negada y obstaculizada en esos años. El gobierno Frente Popular y radicales, desviando su discurso electoral y siguiendo los pasos del gobierno derechista anterior, levantó fórmulas y accionó prácticas políticas, legales, reglamentarias y policiales

---

10 Sobre la crítica de comienzos de siglo xx acerca del sistema agrario en Chile, ver Tancredo Pinochet-Le Brun, «Inquilinos en la hacienda de Su Excelencia», *Antología Chilena de la Tierra* (Santiago: 1970), 81-112.

11 Ver al respecto, Brian Loveman, *Struggle in the countryside*, op. cit

12 M. Grove, *Reforma agraria. La tierra para el que la trabaja* (Santiago: Departamento de Publicaciones, Secretaría Nacional de Cultura, 1939).

para tapar la boca a dichas voces, haciendo zancadillas a las nuevas organizaciones del campo y obstaculizando toda posibilidad de sindicalización campesina y de cambio en el agro por la fuerza de la ley. Así, los gobiernos radicales de la época siguieron la tradición colonial y republicana y apoyaron legal y policialmente, una vez más, a los terratenientes, quienes demostraron su autoritarismo y prepotencia de clase, violando gravemente los derechos humanos de los campesinos que entonces osaron organizarse, no solo despidiéndolos de su trabajo, sino *des-alojándolos* de la tierra de su habitar junto a sus mujeres y sus hijos: arrojando masivamente a los caminos a cientos de familias trabajadoras campesinas, como simple demostración de su voluntad-de-poder-patronal, exiliándolos de la tierra de su habitar como negación de su *Ser* (o su *habitar*; Heidegger) o como forma radical de muerte. Acción de *des-alojar* que manifestaba, una vez más, la violencia y la violación del habitar o del ser-campesino, como vía para la mantención del orden social ancestral basado en relaciones de dominación/subordinación, ordenamiento que hallaba en la propiedad privada de la tierra el fundamento de su construcción y la propia legitimidad de su acción de violación[13].

En suma, la mirada sobre el proceso histórico vivido en tierra de América/Chile, nos muestra la activa y protagónica acción de un Estado construyendo violentamente propiedad privada y privativa de una clase determinada: la clase terrateniente o propietaria privada de la tierra. Lejos de construir una Nación –inclusiva en su diversidad y legítimamente viviente su sociedad en la tierra de su habitar o de su cultivar–, nuestros Estados (coloniales, republicanos y modernos s. xx) fueron agentes históricos de una clase a la que se le otorga la tarea de fundar y construir cotidianamente, desde el propio seno de la tierra que nos cobija y alimenta, el orden social como relación jerárquica y radical-dicotómica de dominación/subordinación, ordenamiento generador por excelencia de *des-igualdad*: principio anti-ético de toda política.

Necesariamente y «más temprano que tarde»... «las mareas de la historia», al decir de Allende, presionarán por el cambio de signo, de dirección y de sentido de la acción del Estado en torno al problema de la tierra en Chile/América.

3. El camino hacia la Tierra Prometida: la esperanzadora Alianza Estado-Pueblo/campesino.

Si bien los derechos del campesinado no fueron reconocidos en esos tiempos de su despertar en el Frente Popular y la esperanza campesina fue entonces ahogada, esta esperanza ya vivía en su tiempo y su siglo. Siglo xx que se había iniciado en América Latina con el levantamiento campesino-indígena de la Revolución Mexicana, y que continuaría moviéndose

---

[13] M. Angélica Illanes, «Despertar campesino-desalojo patronal. Chile, 1936-1950», artículo en elaboración, Proyecto Fondecyt Nº 1110285.

en *AméricAmérica* en busca de la recuperación de la tierra donde afincar nuevamente las raíces de su pueblo. Mejor tarde que nunca, en un panorama clásico y anquilosado de grave concentración de la propiedad de la tierra, de persistente pobreza y subordinación del campesinado, de la necesidad de modernizar e integrar al modelo de desarrollo al agro chileno y, especialmente, ante un ambiente de miedo a la revolución social que se sentía ad portas... Así, la ya muy atrasada e impostergable tarea de organizar al campesinado y de realizar una *Reforma Agraria* surgió como una de las urgencias sociales y políticas más agudas de los años sesenta y setenta.

Los programas y las leyes de Reforma Agraria de los años sesenta y setenta en América-Latina y Chile llegaban con el retraso de la opresión social y con el apuro del mandato del siglo, pero llegaban al fin. Leyes decisivas y emblemáticas en cuanto ellas encarnaban el cambio de orientación que debía tomar el Estado respecto de su tradicional alianza con los «privados», especialmente en el campo de su clásica intervención sobre el modo de tenencia de la tierra. Cambio de orientación que quedaba definido por el compromiso del Estado de construir Nación y, por ende, de terminar con su alianza unilateral con la clase propietaria, haciendo con el pueblo despojado y marginalizado un pacto de inclusión, de compensación y de igualdad, a través, especialmente, de su participación en la propiedad de la tierra como lugar donde realizar-recuperar su poder-de-habitar/cultivar al modo ancestral cooperativo y comunitario americano.

a) Camino de reforma en tres fases

Este pacto de construcción de nueva Nación como inclusión popular campesina en el ejercicio del poder y como participación en la distribución de propiedad se realizó en *tres fases*: **a)** La *fase conservadora* (gobierno de Jorge Alessandri R., 1958-1964) , en que dicho nuevo «pacto» con el pueblo campesino se expresó en la dictación de la *primera Ley de R.A.* (Ley Nº 15.020, promulgada el 27 de noviembre de 1962), cuyo objetivo era «... dar acceso a la propiedad de la tierra a quienes la trabajan; mejorar los niveles de vida de la población y aumentar la producción agropecuaria y la producción del suelo». En esta primera fase la R.A. se realizó muy mínimamente, pero sirvió de base legal para comenzar a realizar dicha reforma agraria en el gobierno siguiente[14]; asimismo, levantó las principales instituciones que se encargarían de llevar a cabo dicha R.A. en las etapas sucesivas: principalmente, el Instituto de Desarrollo Agropecuario (INDAP) y la Corporación de

---

[14] El área afectada por la aplicación de la Ley de R.A. de Alessandri «fue de aproximadamente 60.000 has., de las cuales 40.000 pertenecían a una propiedad del Estado, la Hacienda Mariposas de Talca. Del resto, 18.000 has. fueron adquiridas de propietarios privados y 2.000 has. fueron transferidas a la CORA», Francisco Vío, op. cit, 157 y 175.

Reforma Agraria (CORA).[15] b) La *fase demócratacristiana* (gobierno de Eduardo Frei M., 1964-1970), en la que se da un paso decisivo y progresista hacia la construcción de Nación a través de la integración del pueblo campesino al ejercicio del poder sindical a través de la *legalización de los sindicatos rurales* (abril de 1967) e impidiendo el mecanismo histórico de obstaculización a la organización campesina por parte de los patrones, cual era el desalojo. Dicha legalización otorgaba «inmunidad de despido para todos los trabajadores agrícolas durante el período de organización sindical y para los dirigentes sindicales elegidos durante la totalidad de su mandato»[16]. En esta segunda fase se dicta una *segunda Ley de R.A.* (Ley Nº 16.640, publicada el 28 de julio de 1967), cuyo objetivo era «promover en forma simultánea el aumento de la producción y la productividad agrícola, mediante una mejor y más justa distribución de la propiedad de la tierra y de los derechos de aguas, así como la transformación del campesinado en una fuerza social de carácter dinámico que participe activamente en el proceso económico, social y cívico del país»[17]. Con esta ley se dio inicio a una amplia redistribución de la propiedad de tierra y de construcción de un modo colectivo de habitar/cultivar, a través de una organización denominada «asentamiento», modalidad transitoria previa a su acceso a la propiedad privada familiar campesina[18]. Desatada en esta fase la abierta oposición de la derecha terrateniente y económica al proceso de R.A. que se llevaba a cabo, mientras los propietarios acometían la división artificial y familiar de sus predios con el fin de evitar su expropiación, en esta fase se logró también dictar una ley modificatoria de la Ley Nº 16.640 que agilizaba las expropiaciones e impedía y prohibía la subdivisión de predios (Ley Aylwin Nº 17.280, publicada el 17 de enero de 1970). Significativa ley «que terminó siendo mucho más amplia que lo concebido originalmente en el proyecto, casi constituyéndose en una nueva y drástica ley de R.A. (...) cuyas disposiciones serían ampliamente utilizadas en la administración Allende»[19]. c) La *fase Unidad Popular* (gobierno de Salvador Allende G., 1970- 11 sept. 1973), en que continúa la aplicación de la *2da. Ley de R.A.*, alcanzando todo el territorio y llevándola a su culminación y progresiva irradiación

---

15 Artículo 3 de la Ley 15.020 de 1962. Citado en José Garrido, op. cit., 116.

16 Asimismo, «la ley de inamovilidad estableció un procedimiento de despido tan complejo... que se hizo difícil despedir a un trabajador sin gastar una gran cantidad de tiempo y dinero. Además, los patrones debían pagar un impuesto para financiar las actividades de los sindicatos rurales». Como resultado, en 1967 se formaron 262 sindicatos rurales con un total de 50.309 miembros; en 1970 dichos sindicatos alcanzaban el número de 483, los que agrupaban un número de 140.292 miembros. Citado en Francisco Vío, op. cit., 159.

17 Chile, Ministerio de Agricultura, Ley de Reforma Agraria Nº 16.640, citada en F. Vío, op. cit., 121.

18 En la administración de Frei Montalva se expropió un total de 1.388 propiedades, equivalentes a 3.564.553 has., beneficiándose 29.567 campesinos, mayoritariamente inquilinos y voluntarios.

19 Este proyecto de ley lo presentó el senador demócratacristiano Patricio Aylwin. José Garrido, op. cit., 126.

hacia el resto de los segmentos campesinos de cada comuna[20]. Al mismo tiempo, aumentó notablemente el número de trabajadores agrícolas sindicalizados[21], mientras se desarrolló un *democracia social ampliada* desde los territorios a través de los *Consejos Comunales Campesinos*, donde se integraban todas las capas y rostros campesinos con el fin de diseñar y proponer políticas agrarias y conducir el proceso social a nivel territorial en esa decisiva hora de transformación de Chile.

De este modo, a través de estas tres fases legales y gubernamentales consecutivas, se llevó a cabo la *Reforma Agraria-S.XX* en Chile, la que, portando su propia energía transformadora, tocó el clarín de la justicia a los campesinos, erosionando, a su paso, las estructuras de dominación.

Si bien en este texto nos interesa analizar, en un acápite especial, la *3ra. fase*, pensamos que la comprensión de la R.A.-U.P. debe surgir desde la pregunta por la *transición* de dicha R.A. desde su *2da. fase*, desde donde emana tanto el mandato legal de la R.A., como su continuidad y culminación como necesidad histórica. Para ello, nos interesa identificar y encarnar la transición entre la 2da. y la 3ra. fase de la R.A. en la significativa persona de Jacques Chonchol Chait. ¿Quién es este personaje y qué papel jugó en dicha R.A. y proceso de transición entre la 2da. y 3ra. fase de la misma?

b) Las tareas pendientes. Transición desde la Reforma Agraria DC a UP: Jacques Chonchol

Nacido en 1926 y agrónomo de profesión, con estudios de postgrado en Ciencias Políticas en París y en Economía aplicada a la agricultura en Londres, Jacques Chonchol se desempeñó en distintos cargos públicos antes de los años 60: en el Ministerio de Tierras y Colonización, en el Ministerio de Agricultura, en CORFO, en la FAO, etc. Como militante del Partido Demócrata Cristiano, cuando Eduardo Frei Montalva asume la presidencia en 1964, se le encomienda a Chonchol la vicepresidencia de INDAP[22], donde le cabe la responsabilidad de dirigir en gran medida todo el proceso de la Reforma Agraria, participando activamente

---

20 El número de fundos expropiados durante el gobierno de Salvador Allende, entre diciembre de 1970 y 1972, alcanzó a un total de 3.282, equivalentes a un total de 5.296.756 has. Citado en F. Vío, op. cit., 167.

21 El número de trabajadores agrícolas sindicalizados se duplica, aumentando de 103.643 en 1969 a 216.219 en 1972. C. Kay, «La participación campesina bajo el gobierno de la UP», *Revista Mexicana de Sociología*, (abril-junio, 1974), citado en F. Vío, op. cit., 166.

22 EL INDAP fue creado por Ley Nº 15.020, de Reforma Agraria del 27 de noviembre de 1962, promulgada por el gobierno de Jorge Alessandri Rodríguez, a partir de la transformación del Consejo de Fomento e Investigación Agrícola (1953) en el INDAP. El INDAP fue creado para apoyar a la pequeña agricultura, en el marco de la esta ley, que formulaba una política de impulso a la producción agropecuaria, permitiendo el acceso a la propiedad de la tierra a quienes la trabajaban (www.wikipedia).

en la redacción de la *2da Ley de R.A.* y dirigiendo dicha R.A. en su primera etapa[23], la que creó, como modalidad transitoria, los «asentamientos campesinos»: lugar de tierras expropiadas en las cuales se «asentó» a un grupo de «campesinos-reformados» y sus familias, trabajando colectivamente dicha tierra y recibiendo apoyo económico y asesoría técnica de CORA; asentamientos que, según dicho mandato legal, adquirían un carácter transitorio, debiendo ser luego adjudicados ya en forma individual, ya en forma cooperativa, a los «campesinos-reformados».

Profundo conocedor en el terreno de la realidad agraria en transformación, Chonchol era partidario de acelerar el cumplimiento de la ley de R.A. y de transformar los «asentamientos campesinos» en «propiedad comunitaria», dada la importancia que adquiría en la práctica la eficiencia del trabajo de la tierra en colectivo: postura que expresaba, a nivel de la R.A., la «vía no capitalista al desarrollo» de la que Chonchol era fehaciente partidario e impulsor, y que fue chocando con una posición dubitativa y de moderación de la R.A. por parte del gobierno de Frei –ante una creciente y concertada oposición de la derecha económica y terrateniente–, lo que le haría distanciarse cada vez más del gobierno. Distanciamiento que terminó en ruptura, renunciando Chonchol a INDAP en 1969, saliéndose de la DC y contribuyendo a la formación de una nueva organización partidaria izquierdista, el Movimiento de Acción Popular Unitaria (MAPU), que lo nombra como su candidato a la presidencia de la república ante la mesa de la Unidad Popular. En términos laborales, Chonchol se incorpora ese año 1969 a la Universidad Católica como director del Centro de Estudios de la Realidad Nacional (CEREN) que, tal como su nombre lo indica, buscaba reunir a los intelectuales en torno al reconocimiento de la sociedad chilena en su proceso histórico, diagnosticando sus problemas a partir de las preguntas y desafíos que se planteaban en ese momento en que se vivían transformaciones estructurales.

¿Cuál era la visión que planteaba Chonchol sobre la R.A.-DC que le había tocado presidir? ¿Cuáles las características propias de la R.A. chilena y cuales los problemas y desafíos que, a su juicio, planteaba dicha R.A. para una segunda etapa de su aplicación por un nuevo gobierno?

En una conferencia dictada en junio de 1969, luego de valorar el hecho de que, al fin, se había logrado pasar en Chile «de las palabras a los hechos» en materia de R.A., Chonchol identifica algunas características de la R.A. chilena que resultan interesantes para su comprensión histórica. Al respecto, significativo era comprender que la R.A. chilena se trataba de un «esfuerzo de cambio que afecta a un sector significativo de nuestra sociedad», pero que se realizaba «mientras en el resto de la misma sociedad no ha habido cambios significativos, de tipo revolucionario, que tocaran las relaciones económicas y sociales». Ello, dentro de un «sistema democrático tradicional», en que «las posibilidades

[23] A pesar de que la 2da. Ley de R.A. se aprobó recién en 1967, el gobierno D.C. comenzó a realizar expropiaciones con la 1ra. Ley Alessandri 15.020 de 1962.

de expresión que detentan otros sectores sociales (...) son mucho más importantes que el sector campesino». A partir de esta característica propia de la R.A. chilena, Chonchol plantea una serie de problemas que habían surgido de su aplicación en la primera fase D.C. Por una parte, aquellos problemas derivados de las dificultades de alcanzar –más allá del consenso programático electoral– el apoyo de los sectores empresariales, enfocados más bien en generar temor social ante los cambios que se realizaban. «Tal fue concretamente la táctica: crear un clima de incertidumbre favorable para una oposición política amplia de los sectores empresariales y de cualquiera que tuviera algún bien, al proceso de R.A.»[24]. En segundo lugar, había serios problemas tanto a nivel de la representación social de los Consejos de los organismos públicos (donde estaban representadas principalmente las organizaciones empresariales), como a nivel de la mentalidad de los técnicos y profesionales que operaban en los ministerios y reparticiones públicas, quienes «estaban acostumbrados a trabajar exclusivamente para los latifundistas», mientras, promovidos por su título profesional, mantenían cierto «desprecio o menosprecio hacia el hombre de pueblo, especialmente hacia el campesino, ignorante y analfabeto»[25].

Por su parte, otros problemas derivaban de la mentalidad «apatronada» del propio campesinado, especialmente entre los empleados de fundo, mientras «existe falta de conciencia política entre la mayor parte del campesinado (...) no perciben, por lo general, las relaciones de dominación, las relaciones sociales que se dan en el campo ni aquellas del campo con el resto de la sociedad. Recién ahora, a través de una labor organizada de capacitación comienza a surgir una nueva conciencia, aparecen nuevos líderes. Pero todo ello es muy incipiente», plantea Chonchol en su conferencia. Mención especial, respecto del campesinado, decía relación con el problema de la división al interior de los mismos, mirando en menos los pequeños propietarios a los trabajadores asalariados, sintiéndose superiores. Que la mitad de los campesinos no eran asalariados, explica, sino comuneros, minifundistas, medieros, advirtiendo que «un programa de acción que plantea exclusivamente la organización sindical en el campo, deja al margen de esa organización a la mitad del campesinado que no tiene cómo expresarse en ella, dado que la organización sindical se expresa contra un patrón ... y ellos no tienen patrón. Hay, pues, que pensar en una pluralidad de formas necesarias y complementarias de organización campesina». Al respecto, Chonchol prosigue:

> En el proceso de R.A. se plantea el caso de los que reciben tierras y de aquellos que no la reciben. Los que las reciben... son mirados en la comunidad local como privilegiados

---

24 Jacques Chonchol, «Poder y Reforma Agraria en la experiencia chilena», Conferencia dictada en el Centro de Estudios Socio-Económicos (CESO) de la Universidad de Chile, el 18 de junio de 1969, en: *Cuadernos de la Realidad Nacional*, Nº 4 (Santiago, junio 1970), 50-60.

25 Ibíd., 73-79.

por los que no las han recibido. Otra fuente, pues, de separación (...) Y este sentimiento de frustración existe y es muy hábilmente explotado por quienes quieren oponerse a la R.A.. Uno de los argumentos más clásicos de la oligarquía rural chilena ha sido decir a los miles de pequeños propietarios: «La R.A. no es para ustedes, es para los puros 'patipelaos' que están en los fundos; ustedes, los que realmente tienen capacidad de trabajo, que son empresarios, que son los que más saben hacer producir la tierra, no cuentan. La R.A. no es para Uds» (...)

Lo dicho nos lleva a la conclusión que es fundamental diseñar una política destinada a crear un sentido de unidad campesina con distintas formas de organización complementarias, cuidando evitar esa separación y esa oposición que tiende a producirse y que es utilizada muy hábilmente para crear tensiones y conflictos en contra de la R.A.[26]

Luego de apuntar a otros problemas suscitados por la R.A. en marcha (problemas económicos y financieros, así como problemas derivados de la estrecha relación entre la agricultura y el resto de la economía), el exvicepresidente de INDAP, Jacques Chonchol, con una clara conciencia del profundo proceso de transformación que se vivía en el agro chileno, caracteriza a la R.A. como «una lucha política permanente. (...) La ley es sólo un primer paso, un instrumento. Realizar una reforma agraria verdadera es una lucha larga y constante»[27].

Habiendo renunciado a su candidatura a la Presidencia de la República en favor de la de Salvador Allende (diciembre de 1969), Jacques Chonchol se dispuso a continuar con «la lucha política permanente» que significaba la R.A. en su 2da. fase: el momento de la R.A.-UP. En la redacción del programa de Gobierno de la U.P. se nota la mano y/o la orientación de Chonchol en el acápite sobre la Reforma Agraria, donde se recogen las inquietudes y desafíos por él planteados en 1969. Al asumir el gobierno Salvador Allende, este nombra a J. Chonchol como ministro de Agricultura, donde podrá, como sólido eslabón de continuidad y energía renovadora, proseguir «la lucha política permanente» por la Reforma Agraria en Chile.

4. La reforma Agraria-Unidad Popular

La Reforma Agraria es concebida como un proceso simultáneo y complementario con las transformaciones generales que se desea promover en la estructura social, política y económica del país. (...)La experiencia ya existente en esta materia y los vacíos o inconsecuencias que de ella se desprenden, conducen a reformular la política de distribución y organización de la propiedad de la tierra en base a las siguientes directivas: 1) Aceleración del proceso de Reforma

[26] Ibíd., 80-82.

[27] Ibíd., 84.

Agraria expropiando los predios que excedan a la cabida máxima establecida ... incluso los frutales, vitivinícolas y forestales, sin que el dueño tenga derecho preferencial a elegir la reserva. (...); 2) Incorporación inmediata al cultivo agrícola de las tierras abandonadas y mal explotadas de propiedad estatal; 3) Las tierras expropiadas se organizarán preferentemente en formas cooperativas de propiedad. Los campesinos tendrán títulos de dominio que acrediten su propiedad sobre la casa y el huerto y sobre los derechos correspondientes en el predio indivisible de la cooperativa. Cuando las condiciones lo aconsejen, se asignarán tierras en propiedad personal a los campesinos, impulsando la organización del trabajo y la comercialización sobre bases de cooperación mutua. También se destinarán tierras para crear empresas agrícolas estatales con la tecnología moderna; 4) En casos calificados se asignarán tierras a 1os pequeños agricultores, arrendatarios, medieros y empleados agrícolas capacitados para el trabajo agropecuario; 5) Reorganización de la propiedad minifundaria a través de formas progresivamente cooperativas de trabajo agrícola; 6) Incorporación de los pequeños y medianos campesinos a las ventajas y servicios de las cooperativas que operen en su área geográfica; 7) Defensa de la integridad y asegurar la dirección democrática de las comunidades indígenas, amenazadas por la usurpación, y que al pueblo mapuche y demás indígenas se les asegure tierras suficientes y asistencia técnica y crediticia apropiadas[28].

Con estas palabras, el *Programa de Gobierno de la Unidad Popular*, en su acápite titulado «Profundización y extensión de la Reforma Agraria», sentaba las bases de su política agraria, en tanto segundo momento del proceso de R.A. iniciado en Chile de acuerdo a la Ley Nº 16.640 de 1967. En cuanto 2do. momento de dicha R.A., la Unidad Popular dejaba claro que la R.A.-UP buscaba acelerar, expandir y radicalizar el proceso de expropiaciones, así como tomar el control productivo de las propiedades agrícolas del Estado (1er. y 2do. punto del programa). Los restantes cinco puntos buscaban superar y responder a los problemas de la 1ra. etapa de la R.A., de acuerdo al diagnóstico proporcionado por el exvicepresidente de INDAP y responsable de la R.A.-DC, Jacques Chonchol: se referían a la voluntad de construir, de estimular y de proteger las formas *cooperativas* de producción en el seno de *todo el campesinado*, en sus distintas figuras, incluyendo el pueblo mapuche; asimismo, dichos puntos del programa manifiestan la voluntad de ampliar los beneficiarios de la R.A.-UP a todas las figuras del campesinado, más allá de los trabajadores agrícolas e inquilinos: a pequeños agricultores, arrendatarios, medieros, empleados agrícolas, afuerinos, etc. Es decir, la *continuidad* y, al mismo tiempo, la *diferenciación R.A.-UP* consistía básicamente en la decidida voluntad política de seguir avanzando en las expropiaciones y en construir un *modo de producción cooperativo ampliado* en el campo chileno que formase una red territorial social, productiva y comercial, contando con el apoyo técnico y crediticio del Estado y erigiéndose como una modalidad de *propiedad social cooperativa* paralela a la

---

28 *Programa básico de gobierno de la Unidad Popular*, op. cit, 21-22.

propiedad privada tradicional a nivel territorial, conformando una nueva fuerza social en los territorios y comunas del país.

¿Cómo y en qué medida se llevaría a la práctica esta modalidad de relación social y económica cooperativa en el campo chileno en la fase de la R.A.-UP? En los párrafos que siguen intentaremos delinear algunos de los caminos que se trazaron en la fase R.A.-UP en vista de la construcción de lo que llamaremos una «Reforma Agraria como Democracia Social» (RADS).

a. aceleración y profundización de la R.A.-UP

Con la voluntad férrea de poner todo el aparato gubernamental al servicio del cumplimiento del mandato de la *Ley de R.A. Nº 16.640*, Jacques Chonchol tomó el timón de dicho proceso en 1970 en su calidad de ministro de Agricultura bajo el lema de hacerla rápida, drástica y masiva. «El deseo del Gobierno es acelerar al máximo el proceso de expropiaciones. Ojalá, antes de terminar el actual año agrícola y empezar el nuevo, pudiéramos expropiar todo lo que en el programa de 1971 tiene que ser expropiado»[29]. Esto, con el fin de cuidar el ciclo anual de producción agrícola y de evitar la exacerbación del conflicto que, naturalmente, el proceso de R.A. en democracia conllevaba. En efecto, las cifras muestran esta voluntad política en acción:

Avance de las expropiaciones anuales

	Nº Predios	Hectáreas Totales	% expropiaciones	% de tierras expropiadas
1965-1970	1.408	3.563.554	30	40
1971-1972 (30 junio)	4.690	8.860.310	70	60

FUENTE: SUSANA BRUNA, «LUCHAS CAMPESINAS EN CHILE», OP. CIT., P. 121

Así, el proceso de transformación de la tenencia de la tierra en Chile se realiza en un tiempo total menor de siete años, alcanzando su *culminación* en el último tramo de 1 ½ año, correspondiente a la fase R.A.-UP. Proceso de aceleramiento de la R.A. que, al mismo tiempo, contemplaba «la restitución de tierras a los mapuche», asunto que quedó en manos de la Dirección de Asuntos Indígenas, con el «respaldo material y humano de otros organismos del sector del agro»[30].

---

29 «Resolución del Gobierno: acelerar expropiaciones», *Poder Campesino*, Santiago, 2da. quincena de febrero, 1971, 12.

30 «Expropiar todos los latifundios antes del próximo año agrícola: tarea de los servicios del agro», *Poder Campesino*, ibíd., 5.

La R.A. despertaba los sueños de miles de campesinos a lo largo del país, percibiendo en ella la llegada, al fin, de la justicia y de la protección, superando su centenario desamparo, iluminando su esperanza y activando sus proyectos de futuro.

> Con un acto público de hondo significado, los campesinos de Ninhue celebraron algo que para ellos ya parecía un sueño: la aplicación de la reforma agraria en esa comuna. Y no era para menos. Después de sufrir las más increíbles explotaciones, miseria y abandono y luego de dar una larga y hasta ayer, infructuosa pelea, por fin vieron que un gobierno, el Gobierno de la Unidad Popular se acordó de ellos y ordenó la expropiación de los siete latifundios que los tenían verdaderamente en la desesperación. En la provincia de Ñuble y también fuera de ella, hablar de Ninhue era referirse al símbolo del sufrimiento y de la humillación de los campesinos. Los trabajadores del fundo «Coroney», por ejemplo, cuentan que su ex propietario, Federico Benavente, no los dejaba acercarse a él sino hasta una distancia de 20 metros y que jamás les escuchaba sus peticiones. (...) Los predios expropiados servirán de base para la creación de una gran empresa regional campesina. (...) Galvarino Andrade agradeció a nombre de todos los campesinos de Ninhue al gobierno del compañero Allende, a INDAP, a CORA, al SAG, «por lo que se ha hecho, por estas expropiaciones: lo que antes era un sueño para nosotros y hoy es una realidad. Unidos y organizados saldremos adelante y haremos más grande y masiva la R.A. para bien nuestro y de nuestro país»[31].

De modo que, en los dos primeros años del gobierno de la UP, el fenómeno legal y legítimo de R.A. es ya un hecho consolidado, habiendo alcanzado su culminación, transformándose radicalmente el ancestral sistema de latifundio en nuestro país, construyéndose una nueva modalidad de tenencia de la tierra: el «asentamiento campesino» o el «Centro de Reforma Agraria», como figuras transitorias de tenencia colectiva hacia su consolidación, ya como propiedad cooperativa o como asignación individual y, especialmente, como espacio de liberación de los trabajadores agrícolas exapatronados y sus familias –conformando un total de 55.800 familias[32]– que llegaban, al fin, a la Tierra Prometida que acogía y realizaba su histórica desproletarización.

La R.A.-UP no solo se preocupó del cumplimiento de las expropiaciones determinadas por ley, las que hacían justicia principalmente a los trabajadores asalariados de los latifundios, sino que también buscó hacer justicia en el ámbito de otras relaciones sociales campesinas que ancestralmente sufrían de explotación y abuso, cual era el caso de los *medieros*. Trabajador de tierra ajena, en que, a cambio de la cesión temporal por parte de un propietario, de un pedazo de tierra para trabajar, el mediero ponía toda la fuerza de su trabajo, debiendo repartirse a

---

[31] «La reforma agraria llegó por fin a Ninhue», *Poder Campesino*, Santiago, 2da. quincena de febrero, 1971, 10.

[32] *Poder Campesino* Nº 7, Santiago, abril, 1971, 8-9.

medias los frutos producidos[33]. Al momento de intervenir la UP sobre estos sujetos, ellos estaban regidos por el Decreto Ley Nº 9 de 1968 que mantenía el hecho de que «el dueño es quien pone las condiciones y el trabajador mediero no tiene a quien recurrir para defenderse en forma efectiva, (...) encontrándose en sus derechos totalmente limitado porque no tiene ni dinero, ni tierra, ni contactos sociales para defenderse». Ante lo cual Allende envió al Congreso, el 31 de marzo de 1971, un Proyecto de Ley que planteaba que las medierías o aparcerías imperantes en los campos tienen la «verdadera calidad de un contrato de trabajo, puesto que las modalidades usadas constituyen un verdadero vínculo de subordinación o dependencia del campesino en relación al dueño de la tierra, que es la característica de la relación laboral»[34].

> Lo natural sería que este tipo de trabajador campesino tuviera la misma causa que sus compañeros de clase como son los obreros agrícolas. Esto es justamente lo que persigue el proyecto de ley del compañero Allende: hacer del mediero un verdadero trabajador agrícola con las mismas posibilidades de defensa a través de las organizaciones sindicales campesinas y de las leyes laborales y de previsión. El proyecto le reconoce su calidad de trabajador agrícola al mediero para que así pueda obtener «los beneficios de la explotación de la tierra, de la cultura, de la educación y de la vivienda»[35].

Un proyecto que buscaba, así, integrar al mediero –una de las figuras ancestrales del trabajo sufrido y expoliado de los campos– al proceso de R.A., especialmente buscaba incorporarlo al proceso de construcción de su sujeto como parte del sujeto colectivo-trabajador campesino que en esos momentos vivía la revolución de su condición, de sus derechos y de su conciencia histórica.

El proceso de Reforma Agraria buscaba alcanzar su culminación el año 1971 con la expropiación de 1000 latifundios, especialmente avanzando hacia el sur del país (Malleco, Valdivia, Llanquihue), casi intocado en el período de gobierno anterior, incluyendo varias estancias ganaderas de Tierra del Fuego («561.386 hectáreas de ricas tierras de praderas y

---

33 «Se entenderá por contrato de mediería o aparcería aquel en que una parte se obliga a aportar el uso de una determinada superficie de terrenos y la otra el trabajo para realizar cultivos determinados, con el objeto de repartirse los frutos o productos que resulten...». Decreto Ley 993, del 24 abril de 1975; decreto que quitó los beneficios para los medieros estipulados por el proyecto de Allende.

34 «Los medieros también son de la clase trabajadora», *Poder Campesino*, Nº 7, Santiago, 1971, 5.

35 «Estas son las modificaciones a los contratos de mediería», Ibíd. En dicho proyecto de Ley se establecía: «que todas las formas de medierías o aparcerías [...] constituyen un contrato de trabajo. Los medieros o aparceros a que ellas se refieren, tienen la calidad de obreros agrícolas y los cedentes tienen el carácter de patrón respecto de aquellos». El proyecto especificaba que: «las medierías hortícolas, de leña, carbón y pecuarias (deberán) sujetarse a las siguientes normas especiales: a) el mediero tendrá derecho a recibir, a lo menos, el 50% de los productos o su valor y b) el cedente tendrá la obligación de pagar las imposiciones previsionales al mediero, sin derecho a reembolso». Firman: S. Allende y J. Chonchol.

bosques maderables»). Al mismo tiempo, el gobierno procedía a crear un «gigantesco complejo maderero en Panguipulli» a través del traspaso de 19 fundos expropiados por la CORA a la CORFO, ubicado en la zona precordillerana de Valdivia[36]. Realizadas estas expropiaciones, el ministro de Agricultura Jacques Chonchol anunciaba a la Confederación Nacional de Asentamientos que «en mayo se iniciarán las asignaciones de tierras a los asentados», abocándose la CORA «a la entrega de los títulos de dominio a más de 5.000 campesinos asentados», abriéndose para ellos los «créditos del Banco del Estado», para lo cual «cada asentamiento tendrá su propia cuenta corriente previa presentación del plan de explotación del predio»[37].

Es así que en 1971 el campo agrario chileno se encontraba configurado en base, al menos, a cinco modalidades de tenencia de la tierra: a) el ancestral de «*comunidad indígena*»; b) el tradicional de *propiedad privada* familiar o individual; c) el tradicional de *propiedad fiscal o estatal* (0,5%)[38]; d) formas *cooperativas* de tenencia y producción y e) el área reformada como preparación al modo cooperativo de propiedad de la tierra (2% de los predios)[39]. Cinco modalidades entre las que la propiedad privada seguía siendo hegemónica, principalmente en cuanto *pequeña propiedad* (80% de los predios de menos de 5 HRB). Cinco modalidades que significaban el reconocimiento histórico al modo diverso de habitar, producir y relacionarse con la tierra los distintos grupos y sujetos en Chile; modos plenamente legítimos y avalados por la legalidad vigente en Chile, llamados a incorporar a todos los rostros del campesinado a participar del habitar la tierra con pleno derecho de pertenencia y propiedad.

b. La R.A.–UP como democratización social ampliada: los Consejos Comunales Campesinos.

Simultáneamente con el activo y masivo proceso de expropiaciones y fiel al sentido democratizador del gobierno UP, con especial énfasis puesto en la generación de instancias a través de las cuales el pueblo, en este caso, el campesino organizado, ejerciese poder directamente, influyendo con sus decisiones las propias políticas de gobierno, apenas asumido el gobierno de la Unidad Popular, el presidente salvador Allende dictó el Decreto Nº 481 del 21 de diciembre de 1970 que creó los Consejos Campesinos a nivel comunal, provincial y nacional, «en virtud del cual todas las grandes definiciones en materias agrarias debían tratarse en dichos consejos para asegurar la participación consciente del movimiento campesino en la marcha del proceso»[40].

---

36 «Gigantesco complejo maderero será creado en Panguipulli», *Poder Campesino* Nº 7, Santiago, abril 1971, 12-13.

37 «En mayo empezarán las asignaciones de tierra» y «Rápida toma de posesión de predios expropiados», Ibíd.

38 «Allende pone en su lugar a un senador de la DC», Ibíd., 10-11.

39 Susana Bruna, op. cit., 122.

40 Palabras de Allende en «Real participación de los campesinos en la campaña», *Poder Campesino*, N° 7, Santiago, abril, 1971, 9.

Dichos Consejos estarían compuestos por representantes de los sindicatos agrícolas, de las cooperativas, de los comités de asentamientos y centros de reforma agraria[41].

> La creación de los *Consejos Campesinos* (C.C.) permite a los trabajadores agrícolas transmitir sus propias opiniones al gobierno en materias que tienen que ver con los planes nacionales de desarrollo rural, producción agropecuaria y reforma agraria. El sistema de los C.C. permite que sean ellos los que aporten sus sugerencias ante el Ministro de Agricultura respecto de los programas y presupuesto de los organismos públicos, semi-fiscales y de administración autónoma del sector agrícola. Corresponderá a estos campesinos así organizados dar su opinión en relación a los problemas generales en materia social y económica del sector laboral campesino[42] .

Estos Consejos Campesinos se constituirían a lo largo del país a partir de las comunas, donde estarían los Consejos Comunales Campesinos, desde los cuales se formarían los Consejos Provinciales Campesinos y de estos saldría el Consejo Nacional Campesino. «Los campesinos y sus organizaciones tendrán las mayores responsabilidades en la elaboración, discusión y ejecución del proceso de R.A.», por lo que el gobierno llamaba «a los campesinos a actuar en conjunto con el gobierno y no en forma aislada para favorecer la R.A.» hacia su total cumplimiento[43].

A poco andar, las autoridades se dieron cuenta de que la representación campesina vista a través de las «organizaciones» señaladas se había quedado corta, quedando muchos campesinos fuera de dicha representación, principalmente «los afuerinos», que representaban «el 32% de los hombres activos de la agricultura (los que), por su movilidad... no pueden estar en un sindicato»; además de «los pequeños propietarios que, por no estar organizados ni legalmente reconocidos, quedan sin representación oficial en los Consejos Campesinos». En efecto, el gobierno estaba consciente del diagnóstico realizado por el ministro de Agricultura, Jacques Chonchol en 1969 –así como por parte de otros estudiosos de la realidad agraria de la hora–, de que las transformaciones profundas que necesitaba la agricultura chilena no pasaban solo por reformar parcialmente la tenencia de la tierra, sino que ello también exigía un proceso largo, progresivo y continuo, de articulación entre todos los sujetos campesinos, en sus distintos rostros, a nivel territorial, con el fin de realizar una alianza social campesina que tendiese a generar relaciones cooperativas y de amplia participación social en la toma de decisiones relativas al agro en proceso de transformación; esto, a través de instancias de organización para la toma de decisiones conjuntas y de socialización hacia formas de asociación cooperativa, tanto en el plano de

41 *Poder Campesino*, Santiago, 2da. quincena de enero, 1971, 3.

42 «Los Consejos se formarán por las bases campesinas», Ibíd.

43 «UP reafirma posición frente a R.A.», *Poder Campesino*, 2da. quincena de febrero, 1971, 3.

la comercialización como de la producción. Planteamiento de Chonchol que surgía de un sólido conocimiento de la realidad agrícola y la histórica situación de pobreza, falta de capacidad productiva y de acceso al capital, así como de subordinación de los pequeños propietarios (que eran la mayoría de los propietarios agrícolas) respecto de hacendados y comerciantes locales y nacionales, poderosamente organizados a través del país y en centrales gremiales como la Sociedad Nacional de Agricultura. Con el fin de contrarrestar este poder hacendal, la R.A.-UP debía invitar a participar a los pequeños y medianos propietarios de un proceso profundo de reforma de la estructura agraria, que decía relación con el empoderamiento social amplio en cada territorio por parte del campesinado en sus distintos rostros, con el fin de propiciar la toma de decisiones conjuntas en vista de constituir un poder de influjo y demanda ante el Estado (especialmente crediticias y técnicas), así como para incentivar formas cooperativas de producción y comercialización de sus productos.

Ante este vacío, el Ministerio de Agricultura determina, en enero de 1971, la ampliación de la representación campesina en dichos C.C., generando un impacto progresivo y decisivo, tanto a nivel de la correlación de fuerzas sociales en los territorios agrarios como en el plano de la democratización de las estructuras de decisión sobre las políticas agrarias en el país.

> La posibilidad de representación de estos grupos campesinos permitirá que el Consejo Comunal Campesino quede constituido realmente por la base, lo que implica una representación democrática. Serán los campesinos, entonces, quienes determinarán el ritmo y la profundidad que quieren imponerle a la revolución agraria. Salvaguardaremos, así, los intereses de la gran mayoría que no ha tenido respuesta a sus inquietudes. ¿Cuál será el beneficio de una mayor representatividad campesina en los Consejos Comunales? El más importante: constituir un Consejo generado por las bases integradas por campesinos que nunca antes tuvieron voz en las organizaciones. Evitaremos, así, los hechos del pasado cuando la R.A. se hizo un poco a nombre de los campesinos, pero realizada por los técnicos, sin que los campesinos tuvieran voz. Nosotros creemos que la participación campesina tiene que ser fundamental en la planificación de la R.A. y en que el campesino diga dónde, cómo y en qué forma la desea. Este cambio nos parece revolucionario e indispensable para el desarrollo campesino»[44].

De este modo, la Unidad Popular no solo estaba realizando y llevando a su culminación la R.A., sino que estaba transformando, en el terreno mismo de su accionar histórico, el propio sistema político democrático, al propiciar una «democracia social» surgiendo desde el seno mismo del campesinado (en todas sus expresiones sociales), el segmento social históricamente más excluido y marginalizado de toda representación y participación en el ámbito de la toma de decisiones políticas. Esto, obviamente generaría un fenómeno de politización ampliada

---

44 Ibíd.

en los territorios agrarios y, especialmente, un proceso de empoderamiento y concienciación acerca de su ser-sujeto-colectivo-campesino: una cuestión sin duda trascendente, desde el punto de vista de la superación de la autoinferiorización de clase y del desarrollo social y político chileno como construcción de comunidad. Esto lo podemos apreciar, por ejemplo:

> En la ceremonia realizada en Lautaro, la Asamblea Comunal Campesina acordó que las tierras nuevas que se consignan a través de las expropiaciones se pondrán bajo el control de la Asamblea Comunal y serán trabajadas por todos los compañeros sin tierra de la comuna en beneficio propio y de todos los trabajadores de nuestro país[45].
>
> Con la asistencia de más de 2.000 campesinos se constituyó en Carahue el C.C.C. de esa localidad. En el acto participaron representantes de los pequeños y medianos agricultores, de los mapuche, de los trabajadores agrícolas y autoridades de gobierno. (...) Adrián Vásquez, Vice-Presidente de INDAP, señaló la importancia que tiene para el campesinado chileno la constitución de estos C.C., ya que ellos aseguran la construcción de un verdadero poder campesino. (...) Expresó que es necesario crear una responsabilidad común para que las cosas salgan adelante con el esfuerzo de todos y no solamente con la participación del gobierno. Mora, del campamento A. Ríos, de Rucalán, señaló que la creación del nuevo C.C. permitirá a los campesinos defender sus derechos aún a costa de sus vidas. Agregó que él estaba dispuesto a luchar por sus demás compañeros, porque tenía una conciencia clara de las injusticias que han tenido que soportar hasta ahora los trabajadores de la tierra. Dijo que serán los campesinos quienes, con su apoyo al gobierno, hagan realidad la R.A. en Chile[46].
>
> «Ha llegado el día en que levantemos la voz como Caupolicán y Lautaro. Este Consejo se levanta para apoyar al mapuche pobre, pero que puede ser verdaderamente hombre y para que pueda elevar su condición de vida. (...) Nosotros, que hemos sido tan postergados, tenemos ahora la oportunidad de participar, con nuestras opiniones y experiencia, en la política agraria del gobierno (...) la voz de los campesinos nunca habría sido escuchada si no hubiera triunfado en Chile un gobierno popular». Así se expresó Francisco Llanquinao, representante de la Confederación Mapuche, al iniciar el acto de constitución del Consejo Comunal Campesino de Temuco, el nº 15 que se formaba en la provincia de Cautín. (...) A la Asamblea asistieron representantes de los pequeños agricultores, de los mapuche, de los obreros agrícolas y del gobierno. Todos los oradores estuvieron de acuerdo en que la formación del gran frente de masas con obreros, campesinos, estudiantes y las fuerzas políticas de izquierda permitirá la auténtica toma de poder por parte del pueblo chileno[47].

---

45 «Consejos Comunales Campesinos se constituyen en Cautín», *Poder Campesino*, Santiago, 2da. quincena enero 1971, 6.

46 «Constituido CC de Carahue», *Poder Campesino*, Santiago, 2da. quincena enero 1971, 14.

47 «Constituido el Consejo Comunal de Temuco», *La Nación*, 30 de marzo, 1971

Con este discurso, tendiente a generar conciencia entre el campesinado acerca del profundo cambio histórico que se estaba generando en Chile y en sus propias vidas, se estaba construyendo el poder campesino en Chile a través de los Consejos Comunales Campesinos, elegidos por sus propias bases, los que se comenzaban a levantar progresivamente a lo largo del país. Dichos CC, como lo decían sus dirigentes, constituían un espacio para que, por primera vez en la historia republicana tuviese lugar la manifestación pública de la voz de sujetos no solamente explotados, sino también dominados y subordinados a través de su invisibilidad y silenciamiento. La democracia popular chilena entonces en gestación estaba levantando, por todas partes y territorios, los escenarios donde ocurriese lo opuesto, es decir, su visibilidad, su voz y su encuentro colectivo, formando una nueva unidad social y un frente social y político de lucha por sus derechos.

> Los Consejos Campesinos están orientados en el sentido de dar unidad al movimiento de los trabajadores de la tierra, terminando con el divisionismo que significan las distintas organizaciones. Esta unidad significa, al mismo tiempo, mayor fuerza para enfrentar a la burguesía del campo y la ciudad que está empeñada en impedir el proceso de R.A.. Con la organización de los campesinos a través de los Consejos, se pretende crearles una conciencia de clase para vencer, de este modo, la división natural que existe entre los trabajadores de la tierra debido a sus distintos estratos sociales[48].

En este esfuerzo de construcción de un poder campesino ampliado a lo largo del país se estaba realizando, en su real profundidad, el cambio estructural en Chile, no solo puntualmente en el agro chileno, sino a nivel de toda la sociedad, hacia la cual aquel cambio irradiaba. En efecto, la remoción del estrato más rígido de la sociedad histórica chilena cual era el estrato rural, donde anidaba, se criaba y fundaba históricamente la relación dominación/subordinación social, irradiando su ordenamiento hacia el resto de la sociedad, configuraba un panorama de pacífica pero, al mismo tiempo, telúrica revolución político-social en Chile: se trataba de un fenómeno removedor de la estructura social más profunda de Chile.

El 26 y 27 de marzo se efectuó en Temuco el 1er. Encuentro de Consejeros de los Consejos Comunales Campesinos de la Provincia de Cautín. Los campesinos discutieron un amplio temario que se refirió a la participación en el proceso de R.A. y visión crítica de la Ley de Sindicalización Campesina, participación en el crédito y en el proceso de comercialización y organización de la producción, (...) el nuevo decreto de los Consejos Campesinos, constitución del Consejo Provincial Campesino y la sedición que tiene orquestada la burguesía agraria.

En el acto inaugural del Encuentro habló el presidente de la Federación de Estudiantes de la U. de Chile con sede en Temuco, Antonio Coloma, quien llevó el saludo de los universitarios a los campesinos:

---

48 Palabras de Zila Branco, funcionaria de ICIRA. «La unidad hace la fuerza», *La Nación*, Santiago, 1º de junio, 1971, 2.

Quiero hacer llegar el saludo revolucionario y fraternal de los estudiantes universitarios a los compañeros campesinos por esta iniciativa que Uds. han comenzado a gestar en toda nuestra patria, que es la constitución de estos C. C. C. (...) La verdad es que si antes la historia de nuestra patria la escribía un grupo reducido de personas, ahora la están escribiendo la mayoría de los chilenos. La historia la están escribiendo los propios campesinos que, cansados de la tramitación a que fueron sometidos en regímenes anteriores, cansados de la explotación y de la humillación, hoy día alzan la voz, se organizan y se incorporan, junto al gobierno de la UP, a dirigir su destino y a escribir su propia historia[49].

30.000 trabajadores del campo y la ciudad, estudiantes y otros sectores obreros se reunieron el domingo 28 de marzo en la *Asamblea Provincial de Trabajadores con el Presidente Allende en Temuco.* (...) Fue la ocasión en que los campesinos se encontraron con el compañero Allende para plantearle sus inquietudes y problemas. No fue una concentración política, fue una auténtica Asamblea (en que) los Consejeros Comunales Campesinos entregaron al Presidente Allende las conclusiones del Encuentro del 26 y 27 de marzo. (...) Fue el día en que se juntaron trabajadores del campo y de la ciudad, estudiantes y otros sectores laborales. El domingo 28 sirvió para demostrar con hechos el empuje y la fuerza del movimiento popular que se juntó en el corazón mismo de la burguesía agraria[50].

Al diferenciar «una asamblea» de un «encuentro político», al afirmar positivamente la primera y negar lo segundo, el discurso de los C.C.C. apunta a valorar la presencia allí de una voz que surge desde el pueblo, voz que se emite ante las autoridades en su propio lugar de emisión y donde aquella ha acudido especialmente a escucharla. Se trata, por otra parte, de una voz que ha construido previamente un discurso y texto escrito propio, el que porta su opinión y sus demandas colectivamente establecidas. Expresión del ejercicio de una práctica de democracia social que estaba llamada a cambiar el contenido y significado de la democracia en Chile, generando descentralización en las decisiones y democracia social territorial; como decía uno de los oradores, esta amplia participación popular y social territorial estaba escribiendo, con otros lápices y otros actores, una nueva historia de Chile.

Reclamo con legítimo orgullo el honor de haber establecido la participación real de los campesinos, que no sólo puede medirse por entrevistas más o entrevistas menos con altos ejecutivos, sino básicamente en la participación real y consciente de todas las masas campesinas en el avance del proceso de Reforma Agraria y en la campaña de producción agropecuaria[51].

---

49 «Primer Encuentro de los Consejeros Campesinos Comunales de Cautín», *La Nación*, 30 de marzo, 1971.

50 «Cautín: primer paso», *La Nación*, ibíd.

51 Palabras de Salvador Allende, «Real participación de los campesinos en la campaña», *Poder Campesino*, Nº 7, Santiago, abril 1971, 8-9.

* * *

Habiendo, efectivamente, finalizado el gobierno de la Unidad Popular el proceso de expropiaciones determinadas por la ley a inicios del año agrícola de 1971 (1.400.000 hectáreas ya reformadas), Salvador Allende y su ministro de Agricultura, Jacques Chonchol, hicieron un llamado a la responsabilidad de los campesinos reformados y productores agrícolas en general, a producir bien la tierra para generar los alimentos que la población chilena requería –especialmente en un momento histórico de ampliación social de la demanda–, proceso que debía ser controlado por los propios Consejos Campesinos. Con el fin de alcanzar el gran objetivo productivo –en el cual se jugaba el éxito inmediato de la R.A.–, el gobierno constituyó el Comando Nacional de la Campaña de Aumento de la producción Agropecuaria para 1971, presidido por el ministro de Agricultura, Jacques Chonchol; comando constituido por los jefes de los Servicios Agrícolas y representantes de la CUT, y de los Consejos Campesinos[52].

Como parte y motor de esta «campaña por la producción agrícola», el gobierno y los trabajadores del agro, a través de sus representantes, firman un Acta de Compromiso por el aumento de la producción agrícola: «Los trabajadores agrupados en la Confederación Nacional de Trabajadores del Agro, conscientes de que nuestro destino e intereses son los de la clase obrera y el campesinado, hemos firmado un Acta de Compromiso para luchar por el aumento de la producción agropecuaria, junto a las organizaciones campesinas y a la Central Única de Trabajadores»[53].

En el acto de firma de este pacto de compromiso, al que asistieron las autoridades de gobierno y los representantes de los trabajadores agrícolas, el gobierno dio inicio, en abril de 1971, a la «campaña nacional de aumento de la producción agropecuaria». En dicho acto, el ministro Chonchol señaló que

> la batalla por el aumento de la producción, es también la batalla por el éxito de la Reforma Agraria. Debemos demostrar que la tierra en poder de los campesinos es capaz de producir más que en poder de los latifundistas. (...) Tenemos que ayudar a los campesinos a trabajar con mayor eficiencia, pero teniendo cuidado de no convertirnos en los nuevos patrones, de no asumir una actitud paternalista. (...) En la campaña de aumento de la producción el pueblo debe tener plena participación ya que se trata de constituir un país más libre, en el que cada chileno tenga la posibilidad de ser un hombre integral[54].

---

52 «La producción será el motor del Chile Nuevo», *Poder Campesino* Nº 7, Ibíd.

53 «Confederación del Agro: nuestros intereses son los de la clase trabajadora», Ibíd.

54 «Trabajadores del agro firmaron compromiso para producir más», Ibíd.

En dicho acto habló el presidente de la Confederación de Trabajadores del Agro, Ulises Manríquez: «Estamos conscientes de la responsabilidad que hemos asumido y a las tareas a que nos hemos comprometido. Con este Acto nos estamos incorporando como trabajadores a una tarea patriótica en beneficio de todos los chilenos»[55].

Por otra parte, el gobierno define su política agraria hacia los latifundistas, transparentando el proceso de R.A., y hacia los pequeños y medianos productores, facilitando el crédito e incentivando la producción en estos sectores. Asimismo, el gobierno ya había procedido al reparto de semillas, pesticidas y fertilizantes a los campesinos, disponiéndose el otorgamiento de asistencia técnica a todos los sectores reformados, trabajadores agrícolas, pequeños propietarios y medianos agricultores: los principales sujetos a través de los cuales se buscaba construir el Chile Nuevo en el campo nacional.

Nos gustaría que pudieran ver lo que son estas tierras ahora y
lo que haremos con ellas
trabajándolas con empeño y cariño[56].

5. El caso de la Reforma Agraria en la comuna de Los Lagos: la experiencia vivida por sus protagonistas[57].

Durante el gobierno de la Unidad Popular, el proceso de Reforma Agraria logró materializarse en la comuna de Los Lagos (Región de Los Lagos): cientos de campesinos tuvieron la oportunidad de cumplir aquel tan anhelado sueño, trabajar autónomamente un pedazo de tierra. Así, frente a la necesidad de redistribuir la propiedad de la tierra y entregarla a los campesinos para su producción, se expropió una gran cantidad de fundos de extensas proporciones. En el transcurso de los años de la Unidad Popular se formaron en la comuna de Los Lagos alrededor de treinta y siete asentamientos campesinos, quienes se organizaron en conjunto con la CORA y el apoyo permanente de INDAP y el Banco del Estado, produciéndose durante este tiempo un avance significativo en cuanto a la producción y organización de los campesinos tanto en los asentamientos como en sindicatos agrícolas. Las palabras de don Jorge Fuentes Espinoza, quien fue un arduo dirigente sindical y de asentamiento campesino durante

---

55 Ibíd.

56 Palabras de Osvaldo González, presidente del Asentamiento de Huiticalán en Aculeo (42 familias, 218 hectáreas), «Asentados de Huiticalán preparan sus tierras para hacerlas producir», Ibíd., 10-11.

57 Este escrito (punto Nº 5 de este texto) es de autoría de Flor Recabal Vega y está basado en la Tesis de Grado de su autoría titulada, «Campesinos del área reformada en la comuna de Los Lagos durante la Unidad Popular: memoria de algunos de sus protagonistas», Tesis de Grado para optar al título de Profesora y al grado de Licenciada en Historia y Ciencias Sociales, Instituto de Historia y Ciencias Sociales, Universidad Austral de Chile, Valdivia, 2013.

aquellos años, muestran el sentir que tuvo la reforma agraria como proceso de cambio en la comuna, señalando que:

> en el periodo de la Unidad Popular de Allende tuvimos una oportunidad muy grande todos los campesinos (...) se aprovechó mucho la oportunidad que la gente pudiera tener un pedazo de tierra (...) por medio de los asentamientos que se crearon, hubo un gran despertar dentro de la gente, una gran facilidad para poder hacer producir la tierra, se dio la oportunidad de poder tener, algo que no se había dado antes[58].

Dentro de las particularidades que tuvo la reforma agraria en la comuna de Los Lagos respecto de la situación nacional, podemos destacar que el proceso de expropiaciones realizado bajo la normativa del programa de reforma agraria de la Unidad Popular no fue muy resistido por parte de los propietarios de la tierra; según los testimonios recogidos, en muchos casos este proceso se realizó por la propia voluntad de los dueños de fundos, acogiéndose a la ley y entregando la tierra bajo mutuo acuerdo con los trabajadores. De este modo se pudieron evitar las expropiaciones forzadas y los conflictos que de esta situación pudieron surgir, tal como ocurrió en otras zonas de nuestro país.

Tanto la reforma agraria como la sindicalización campesina fueron dos procesos que se vieron fuertemente profundizados en la comuna de Los Lagos, significando positivamente las vidas de los campesinos y de sus familias, representando una posibilidad efectiva de acceso a la tierra, con la consiguiente mejora en las condiciones de vida y de trabajo.

El proceso de Reforma Agraria vivido por los campesinos y dirigentes en la comuna de Los Lagos durante el periodo de la Unidad Popular fue muy relevante, ya que marcó un antes y un después en las vidas de estos protagonistas; de igual modo, fue un cambio significativo que vivió la sociedad rural de la comuna de Los Lagos en su conjunto, pues permitió la transformación de una comuna caracterizada por la presencia de grandes propiedades, a una con presencia de muchos pequeños productores agrícolas que lograron, con gran esfuerzo familiar, mantener su parcela asignada, fruto de la Reforma Agraria, tal como la podemos ver hoy día.

La historia vivida por los campesinos en la comuna estuvo caracterizada por una fuerte dependencia patronal, generaciones tras generaciones trabajando la tierra del patrón, con condiciones de vida y de trabajo bastante deficientes. Sin embargo, el proceso social, económico y político que comenzaba a surgir hacia fines de la década del sesenta, principalmente la Reforma Agraria, trajo para los campesinos de estas latitudes, la esperanza y la firme convicción de que todo aquello que ya estaba ocurriendo en otras zonas del país (zona centro principalmente) llegaría por fin a tocar estas tierras sureñas. Y estos son los recuerdos que tiene don Manuel Quilaqueo, excampesino asentado y dirigente de asentamiento, al decirnos con profunda emoción que:

---

58 Jorge Fuentes Espinoza, entrevista realizada en Los Lagos el 7 de octubre de 2012.

aquí ya se iba escuchando de que con el tiempo la tierra iba ser del campesino... queríamos que se hiciera la reforma agraria... después llegó Allende y profundizó este planteamiento... y los campesinos lo apoyamos, porque veíamos que había mucho sufrimiento en nosotros, estábamos marginados... como postergados... los dueños de fundos hacían lo que querían con nosotros, nos explotaban a su manera, nos miraban como ellos querían...[59].

Cuando la reforma agraria tocó estos campos sureños, surgió paulatinamente el despertar de los campesinos y de los trabajadores del campo, la toma de conciencia, la necesidad de cambio, la lucha por lo anhelado, por el trabajo colectivo y la producción de la tierra. Don Evaristo Barra Ibáñez, excampesino asentado y exdirigente sindical, nos grafica este sentir al contarnos que «la reforma agraria para nosotros los campesinos, fue un cambio muy grande... después trabajábamos a nuestra voluntad de lo que podíamos hacer... mientras que cuando era fundo era lo que nos decían que hagamos y lo hacíamos... después teníamos que ingeniarnos para hacer lo que teníamos que hacer... tomamos conciencia... cuando estábamos apatronados era recibir órdenes no más, igual que un perro, después uno se organizó como una familia no más»[60]. Por su parte y como un fiel impulsor de la reforma agraria en el sur, don Santiago Acuña, exfuncionario de la CORA, nos cuenta que «con esto de terminar con el latifundio a su vez se termina con el inquilinaje en Chile y esa situación le devolvió dignidad al campesino propiamente tal, como ser humano, o sea se sintió más libre, se sintió con derechos... la sociedad lo pasaba a reconocer como sujeto importante en el proceso que se estaba llevando a cabo...»[61].

Don Santiago nos habla de libertad y dignidad, dos palabras claves para entender el proceso de cambio que estaba viviendo la sociedad rural chilena en su conjunto y la comuna de Los Lagos en particular. Libertad del campesino, en el sentido de verse desvinculado de la antigua condición de trabajador apatronado, libertad de poder ser parte y verse favorecido de un proceso de carácter nacional y que los estaba poniendo a ellos como protagonistas, a la vez que se les instaba y motivaba a la organización sindical. Por otro lado, ahí está presente la dignidad, al tener la oportunidad de cambiar su condición de marginalidad, pobreza y miseria por una condición más justa y con mayor reconocimiento por parte del Estado y de la sociedad. El trabajador del campo chileno fue sacado del estado de postergación en que se encontraba y conducido a través del trabajo y la organización a una vida más justa.

El trabajo colectivo en el sistema de asentamiento campesino fue muy valorado por los campesinos asentados, desde el momento en que se formaron los asentamientos y se elegían democráticamente los dirigentes de los mismos; existió la conciencia de que debían trabajar, producir la tierra, pues estaban aportando a la economía nacional y solventando las

---

59 Manuel Quilaqueo, entrevista realizada en Los Lagos el 2 de septiembre de 2012.

60 Evaristo Barra Ibáñez, entrevista realizada en Los Lagos el 4 de junio de 2012.

61 Santiago Acuña, entrevista realizada en Los Lagos el 2 de junio 2012.

necesidades de ellos mismos. Se formaban Comités de Producción, los que se encargaban de coordinar lo relativo a una determinada área productiva, tal como lechería, agricultura, explotación maderera, etc. Los asentamientos contaron con la ayuda y el apoyo técnico requerido a través de los técnicos agrícolas, funcionarios de la CORA, que los orientaban en materias de producción.

La vida en comunidad que se vivía en este espacio de producción y organización fue muy favorable para los campesinos asentados, así lo recuerda don Manuel Quilaqueo, quien nos cuenta que «aquí nosotros trabajábamos muy bien, no había problema, no habían vicios, era responsable la gente»[62]. La organización democrática de este espacio es apreciada por don Jorge Fuentes Espinoza, excampesino asentado y exdirigente sindical, quien nos dice que: «todas las decisiones se tomaban de forma democrática, en tranquilidad, todo en común acuerdo, todos apoyaban, porque nunca hacíamos acuerdos para destrucción, sino para cosas buenas, para ir avanzando cada día más»[63].

La comuna de Los Lagos destacó por la eficiente producción especialmente de trigo, remolacha y avena. Los asentamientos se organizaron de tal manera que lograron, la mayoría de ellos, cumplir con las metas de producción y solventar los gastos de insumos y sueldos, también para responder con la deuda que contraían con el Banco del Estado en ese periodo. Don Francisco Guajardo, subdelegado comunal en el gobierno de la Unidad Popular, señala que hacia el año 1973, Los Lagos lideraba el ranking de productores de trigo en esa temporada; se sembraron cerca de 2.500 hectáreas de trigo:«*... para poder dar cumplimiento a esto, como autoridades (...) teníamos que ir al campo, conversar con los 5 ó 6 representantes de cada asentamiento y decirles que la tarea era hacer producir la tierra, no era para tenerla tirada, se expropió esta tierra para hacerla producir más que cuando estaban en manos de propietarios, los patrones (...) tenemos la tierra y debemos poner el esfuerzo para producir, de lo contrario nadie nos va a venir a dar...*»[64].

Lo significativo de la reforma agraria para los campesinos asentados de la comuna de Los Lagos en los años de la Unidad Popular se puede visualizar también en la creciente organización sindical que se llevó a cabo en aquel periodo. En la comuna se lograron organizar cuatro sindicatos agrícolas: sindicato «Esperanza del Sur», sindicato «El Despertar Campesino», «Venceremos Unidos» y el sindicato «Porvenir». La situación previa a 1970 mostraba a una sociedad rural escasamente organizada en la actividad sindical; al respecto, don Alberto Chacón, exfuncionario de la CORA, nos dice: «*Bueno, aquí en Los Lagos, hasta ese momento la parte sindical poco se conocía, o sea en las zonas rurales; claro que en las áreas urbanas había empresas que fomentaban la sindicalización, pero en la parte*

---

62 Manuel Quilaqueo, entrevista realizada en Los Lagos, el 9 de septiembre de 2012.

63 Jorge Fuentes Espinoza, entrevista realizada en Los Lagos, el 7 de octubre de 2012.

64 Francisco Guajardo, subdelegado comunal durante el gobierno de la Unidad Popular, entrevista realizada en Los Lagos el 29 de mayo de 2012.

rural no se conocía mucho, porque al patrón no le convenía y por desconocimiento de los propios trabajadores, tampoco se organizaban... entonces había un adormecimiento y no se avanzaba en ese aspecto»[65].

En relación a la labor ejercida por los sindicatos, don Rodolfo Rojas, excampesino asentado y dirigente del asentamiento «Los Valientes de Santa Julia», nos cuenta: *«Yo por mi parte hallaba bueno tener representación...muchas cosas se hacían por medio de los sindicatos... yo hallaba que era bueno, muy bueno que hubiera un intermediario, era más fácil... los sindicatos se ayudaban unos con otros, fue bueno, fue un apoyo...»*[66]. Así también lo recuerda don Joel Leal, excampesino asentado, al contarnos sobre las gestiones que realizaban los sindicatos en apoyo a los asentamientos y a los campesinos, *«aquí recibimos mucho apoyo de los sindicatos, todos los meses se hacían reuniones, se daban a conocer las metas... todo se hacía a través de una asamblea, cuánta era la producción de leña, madera, y todo tipo de cosechas»*[67].

La labor de los dirigentes campesinos de los asentamientos y de los sindicatos agrícolas fue muy importante durante este periodo, pues ofrecieron apoyo y orientación en cuanto al trabajo, motivándolos a elevar el nivel de producción de los campos, promoviendo la cooperación mutua y sirviendo de representantes de los campesinos en el ejercicio de sus derechos.

Así, la reforma agraria permitió al campesino visualizar críticamente su condición de campesino apatronado y semimarginado de la sociedad chilena, así como su derecho histórico a la propiedad de la tierra. Desde el inicio del proceso de Reforma Agraria en la comuna, este fue visto como una oportunidad real de acceso a la tierra, en un sentido de colectividad, es decir, para trabajarla organizadamente, en este caso en el sistema de asentamientos campesinos.

La nueva situación que caracterizó la vida de los campesinos asentados en la comuna de Los Lagos, de la mano de la Reforma Agraria, contribuyó al fortalecimiento de la propia identidad campesina, proceso que se caracterizó por el logro de la igualdad y la justicia que tanto se había difundido. Los campesinos pasaron a transformase en los nuevos actores sociales, conscientes del proceso que estaban viviendo y con nuevas y mejores expectativas de vida y de trabajo, situación que se manifestó en la creciente participación en la actividad sindical que tuvieron los campesinos asentados de la comuna de Los Lagos durante los años de la Unidad Popular.

Sin embargo, el intenso proceso llevado a cabo en la comuna de Los Lagos durante los años de la Unidad Popular se vio abruptamente interrumpido con la intervención de la dictadura militar, comenzando a gestarse un nuevo escenario político, social y económico

---

65 Alberto Chacón, entrevista realizada en Los Lagos el 2 de octubre de 2012.

66 Rodolfo Rojas, entrevista realizada en Los Lagos, el 1 de junio de 2012.

67 Joel Leal, entrevista realizada en Los Lagos el 31 de agosto de 2012.

en la zona, caracterizado por la represión a los dirigentes de asentamientos y sindicatos, y la trasformación en el sistema de asignación de la tierra. La interrupción del proceso de reforma agraria en la comuna de Los Lagos provocó un gran impacto en las vidas de los campesinos asentados y los dirigentes, pues significó una transformación, un retroceso de todo lo logrado hasta ese periodo. En relación a la intervención de la dictadura en el proceso, don Alberto Chacón, exfuncionario de la CORA, nos señala que: «El golpe de Estado fue un quiebre totalmente brusco, un golpe represivo, un golpe a todas las personas, que detuvo abruptamente todo lo que se había echado a andar en el campo, la producción, los créditos, con el golpe se viene todo abajo»[68].

Si bien varios asentamientos campesinos en la comuna de Los Lagos siguieron funcionando por dos o tres años después del golpe, la realidad que caracterizó el trabajo y las relaciones de los campesinos en este sistema de tenencia de tierra sufrió abruptas transformaciones. En un breve tiempo comenzó a desarticularse la organización sindical, se originaron cambios en los funcionarios de la CORA y en los dirigentes de asentamientos. Sumado a todo esto, comienza a efectivizarse la asignación de tierra de manera individual, lo cual produjo entre los asentados un hondo desconcierto, puesto que la falta de apoyo por parte del Estado los dejó entregados a su suerte, sin tener acceso a créditos para continuar produciendo sus predios y sin asistencia técnica, dificultando gravemente las posibilidades de gestión adecuada de sus tierras. Esta situación los llevó a desprenderse de aquello por lo cual tanto habían luchado: la tierra. Así lo recuerda don Santiago Acuña, exfuncionario de la CORA, al contarnos que: *«A poco andar un alto porcentaje de parceleros vendieron sus tierras y emigraron a la ciudad, pasando a engrosar los bolsones de pobreza, miseria y cesantía.*[69] Así, los campesinos asignatarios de la comuna de Los Lagos, en su mayoría, se vieron en la necesidad de vender su tierra, si bien algunos todavía conservan unas hectáreas de lo asignado, muchos de ellos debieron desprenderse de la totalidad de su parcela por no contar con el apoyo financiero requerido y de la ayuda técnica y preparación personal que necesitaban. Ciertamente, esta situación provocó en muchos casos una desvinculación con la vida del campo, como también pérdida de identidad.

Conjuntamente con los cambios producidos en la tenencia de tierra en la comuna de Los Lagos, durante los primeros años de dictadura se reprimió violentamente la organización sindical campesina; los dirigentes de sindicatos fueron apresados y violentados física y psicológicamente. En efecto, una vez que el gobierno socialista de Salvador Allende es derrocado, la dictadura deja caer toda su violencia hacia los sectores rurales, elevándose a miles las muertes en el campo. «Campesinos activistas, dirigentes sindicales, beneficiarios de la reforma agraria e indígenas fueron las víctimas principales en la represión llevada a

---

68 Alberto Chacón, entrevista realizada en Los Lagos el 22 de octubre de 2012.

69 Santiago Acuña, entrevista realizada en Los Lagos el 28 de agosto de 2012.

cabo por la dictadura en el campo»[70]. Según nos relató don Santiago Acuña, exfuncionario de la CORA, en la comuna de Los Lagos, «*se desata una represión generalizada a campesinos, destruyendo el sindicalismo en el campo, declarando ilegales a los sindicatos y federaciones, reprimiendo la ardua labor realizada por los dirigentes campesinos en aquellos años*»[71].

La represión ejercida específicamente en la comuna de Los Lagos, se puede ejemplificar a través de la experiencia que tuvieron los campesinos asentados del asentamiento Pancul, donde un número de entre 10 a 16 campesinos son detenidos y llevados a prisión. En un primer momento fueron detenidos y torturados en la Comisaría de Los Lagos y posteriormente son trasladados a la cárcel Isla Teja de Valdivia. De los siete campesinos entrevistados, cuatro de ellos estuvieron en prisión a lo menos ocho meses, mientras el subdelegado comunal estuvo en prisión por más de cuatro años. Sin duda que los testimonios de aquellos que sufrieron la represión de la dictadura impactan profundamente, puesto que al preguntar sobre la intervención de la dictadura en el proceso de Reforma Agraria, son rememorados con precisión aquellos duros y amargos episodios.

De este modo, el proceso conocido como «contrarreforma agraria», propiciado y conducido por la dictadura, vino a generar un hondo desconcierto entre aquellos que estaban viviendo uno de los procesos más trascendentes de Chile. Todos los avances hasta ese momento conseguidos fueron frenados por la dictadura militar, avances tanto a nivel de la redistribución de la propiedad de la tierra, como también lo conseguido en términos de organización sindical, provocando inevitablemente un fuerte remezón en las vidas de los campesinos y dirigentes. El temor, la angustia y la incertidumbre se apoderaron de ellos, mientras la violencia y la represión cayó especialmente sobre los dirigentes y defensores de la Reforma Agraria. En múltiples casos, aquel tan anhelado sueño de ser beneficiado con un pedazo de tierra, se vio truncado.

En este sentido, la situación antes expuesta provoca una pérdida de identidad campesina, al verse desvinculados de la vida en el campo, sobre todo entre los que quedaron fuera del proceso de parcelación y debieron buscar nuevas oportunidades, migrando en este caso a la ciudad de Los Lagos, donde claramente tuvieron que sortear grandes dificultades como la falta de apoyo y la presencia de escasas fuentes de trabajo.

Aun así, en el día de hoy sigue existiendo entre los excampesinos asentados y exdirigentes campesinos un fuerte apego a la tierra, a las actividades que en este espacio se realizan, mientras la Reforma Agraria es recordada como un proceso que marcó sus vidas y la vida de la comuna misma, formando parte de la historia y la memoria individual y colectiva de este territorio.

---

70 Cristóbal Kay, «Estructura agraria y violencia rural en América Latina». Revista *Sociologías* N° 10, Porto Alegre (2003): 223.

71 Santiago Acuña, entrevista realizada en Los Lagos el 28 de agosto de 2012.

A modo de conclusión

Desde la perspectiva de la R.A., los años sesenta-setenta constituyen una manifestación de la presencia de un gran florecimiento de la conciencia humana, cansada de la injusticia y la desigualdad con que hasta ese momento se había construido la historia. Conciencia activa, que se mostró dispuesta, comprometida y políticamente decidida a construir lo contrario, es decir, justicia e igualdad social en la tierra.

Más allá de las conveniencias político-económicas y de los temores sociopolíticos del momento –todos muy reales–, podemos apreciar en aquellos grupos que emprendieron la tarea de la R.A. por la vía legal-estatal, la presencia de una íntima convicción acerca de la necesidad y la urgencia de poner límite a la opresión del hombre por el hombre, tal como se daba ancestralmente en la tierra de Chile/América. Sobre este fundamento ético y en este horizonte de sentido, en el lapso de tres gobiernos sucesivos, que representaron a los tres espectros políticos existentes en Chile, la R.A. fue realizándose como un proceso que encarnaba y portaba en sí aquella voluntad política amplia y consensual. Intentando superar los intereses particulares de una clase privilegiada, la R.A. se puso en marcha, en la década de 1960 hasta septiembre de 1973, en pos de la construcción de una nueva nación, desde la justa distribución de la propiedad agraria y desde la voz de aquellos más silenciados de la Tierra.

Desde esta perspectiva procesual, hemos querido comprender el fenómeno de la R.A.-UP como parte de este proceso ampliado que, en tres etapas sucesivas, fue preparando al Estado chileno y entregándole las herramientas legales e institucionales necesarias para acometer, con toda legitimidad política, dicha tarea histórica. Es así que, como *tercer momento* del proceso de Reforma Agraria, la R.A.-UP contó con el terreno legal e institucional preparado y el proceso de reforma iniciado, pudiendo realizar, desde este doble puntal, la finalización y culminación de la tarea y misión comprometida, desde los años sesenta, por el Estado chileno ante la sociedad y la historia.

Cuando hablamos de finalización y culminación nos referimos a la continuación y cumplimiento total de la tarea de las expropiaciones según mandato de la ley, a lo largo y ancho del territorio nacional, así como a la ampliación de la participación y organización del campesinado a través de los Consejos Comunales Campesinos, abarcando más allá del campesino-reformado y del sindicato campesino, a todos los sectores y rostros del campesinado, quien se constituía en el sujeto-eje articulador de la participación de los diversos grupos sociales no patronales de los territorios, comunas y localidades del país. La R.A.-UP fue el momento en que el «campesinado» fue visualizado como «sujeto» autónomo, en y por sí mismo, siendo apoyado institucionalmente por el Estado para construirse como «poder campesino» propiamente tal, capaz de diseñar sus propias políticas y de decidir sus formas de relacionarse y sus modelos de trabajo, incluyendo a todas las figuras del campesinado territorialmente configurado y cooptando a otros grupos sociales aledaños. Se llevaba, así, a cabo una histórica inversión del secular pacto Estado-clase terrateniente, hacia un pacto Estado-campesinado, que suponía el reconocimiento del campesino como sujeto con plena soberanía: acto de «inversión» de pacto que, sin duda, constituía un fenómeno revolucionario por sí mismo; revolución que aún vive en la conciencia herida de sus testigos y protagonistas.

En definitiva, a través de esta culminación histórica que adquiría la Reforma Agraria como organización y poder campesino, se ponían los fundamentos en Chile de una Democracia Social y Territorial ampliada, llamada a transformar, desde la base misma, el régimen político y social en Chile. Democracia Social Territorial que era una clara manifestación de que la R.A.-UP, lejos de dar paso a una centralización-estatización de la reforma y del agro, generaba una amplia democratización social que irradiaba hacia todos los territorios del país, descentralizándolos desde la voz y el mentón levantado de los otrora oprimidos, quienes poco a poco supieron nombrar, a cielo abierto, sus derechos, sus proyectos y sus sueños.

El golpe militar-civil de 1973 y el terror institucional que ello desencadenó fue la violenta vía política-institucional utilizada por las clases terratenientes y la derecha económica y política para la interrupción de este proceso. Violencia a través de la cual se violaron, una vez más, los derechos humanos y la vida de los campesinos y, en segundo lugar, se violó la legalidad vigente en materia de Reforma Agraria, la cual había sido fruto de un largo proceso de concordancia política nacional: es decir, se violó la soberanía ciudadana chilena propiamente tal. En suma, dicha violencia estatal-civil violó el amplio consenso histórico alcanzado en vista de levantar un pacto Estado-Pueblo/campesino para la construcción de un proyecto de nación inclusiva, justa y democrática. A través de la liquidación del proceso de R.A., se involuciona históricamente y se regresa al pacto Estado-clase propietaria y terrateniente, violándose la propia nación.

El campesinado chileno, una vez más, con el despliegue de todas las armas de hierro, fue violentado y engañado por el propio Estado que, días antes, en nombre de la Ley, lo liberaba...; la nación chilena, era así negada e imposibilitada de ser y de construir su democracia o su sociedad como «comunidad».

Somos sobrevivientes de esta violación, cuyo acto de pedofilia política construye nuestra sociedad hace cuarenta años. Ha llegado ya el tiempo propicio para la apertura de su caso, de su revisión y reparación. Así lo anhelan los campesinos que sufrieron directamente sobre sus cuerpos la violación; así lo espera la nación que aún busca su «comunidad» y su «democracia».

Es la tarea de la nueva generación que ya está abriendo la alameda de su conciencia.

Niebla, octubre, 2013

Los años de la Unidad Popular: cuando los pobladores recreaban las ciudades chilenas[1]

MARIO GARCÉS D.
DOCTOR EN HISTORIA
DOCENTE UNIVERSIDAD DE SANTIAGO DE CHILE

Se cumplen 40 años del golpe de Estado de 1973 y si bien proliferan los escritos de la memoria, aún los estudios propiamente históricos sobre la UP son escasos. La historiografía chilena, por diversas razones, se ha tomado, tal vez, demasiado tiempo para ingresar al campo más crítico de toda la historia del siglo XX. Mientras tanto, se recrean una y otra vez las tesis de «la polarización social, política e ideológica», de las «planificaciones globales», del vaciamiento del centro político, como explicaciones de la crisis chilena y del derrumbe de la democracia y de la Unidad Popular[2]. Todas estas lecturas tienen, a mi juicio, un sesgo *politicista*, es decir, buscan explicar la Unidad Popular –una época de grandes movilizaciones populares, que tomaba progresivamente la forma de una revolución popular– como un asunto exclusivo del Estado (las disputas institucionales, los equilibrios entre los poderes del Estado, los liderazgos, el papel de las Fuerzas Armadas, etc.) y, por supuesto, como un asunto de los partidos políticos como los grandes protagonistas de la historia. Las «bases sociales», según estos enfoques, aparentemente al menos, no cuentan, decidían poco o nada, seguían a los partidos que las organizaban y señalaban los principales derroteros a seguir. Desde este punto de vista, se podría sostener que el «social-ismo» chileno tendía a confundirse con una especie de «partid-ismo» local. Es decir, en los enfoques *politicistas*, lo social o no es objeto de análisis específico o termina asociado o subsumido en el partido. Lo social adquiere sentido y forma cuando interviene el partido, que conduce «a las masas» hacia un estadio superior de desarrollo.

---

1 Este capítulo recoge los principales resultados del Proyecto de Investigación FONDECYT Nº 1100142, «El movimiento de pobladores durante la Unidad Popular: De las "tomas" de sitios a la formación de poblaciones».

2 En relación a la tesis de la «polarización», ver «Capítulo I, Marco Político» del Informe de la Comisión Nacional de Verdad y Reconciliación. Ministerio Secretaría General de Gobierno, Santiago, febrero 1991, 33-53; sobre las planificaciones globales, Mario Góngora, *Ensayo histórico sobre la noción de Estado en Chile en los siglos XIX y XX*, octava edición (Santiago: Editorial Universitaria, 2003), 280 y ss.; sobre el vaciamiento del centro político, Arturo Valenzuela. *El quiebre de la democracia en Chile* (Santiago: Ediciones FLACSO, 1989), y Luis Corvalán M. *Los partidos políticos y el golpe del 11 de septiembre* (Santiago: Ediciones CESOC, 2000).

Pero la historia de la Unidad Popular no se entiende ni se puede explicar sin el «pueblo» (en lenguaje político de época, «sin las masas»). Y como el pueblo fue barrido de la escena histórica por la dictadura y luego relegado a un discreto segundo plano por los pactos neoliberales de la transición, cuesta a los chilenos de hoy entender o admitir que este pueblo tuvo «su hora», su tiempo, su propio protagonismo histórico en los años sesenta y especialmente durante la Unidad Popular. Cuando la política deviene en un asunto exclusivo de las elites o de una «clase política», el pueblo juega inevitablemente roles secundarios y es relegado a las esferas de menor conflicto –en la actualidad al consumo y a los eventos electorales–. Su historicidad no alcanza mayor impacto público, salvo como objeto de humor (la picardía chilena) o del crimen (narcotráfico, robos, violencia urbana, etc.), todas materias en las que se han especializado los medios de comunicación en la etapa de la recuperación de la democracia.

En realidad, la Unidad Popular requiere ser estudiada y comprendida tanto en su dimensión política estatal como en su dimensión política social. O dicho de otra manera, en las complejas relaciones que en Chile se han establecido entre lo social y lo político, entre la sociedad civil y la sociedad política, entre las bases sociales y el sistema institucional. En términos generales, se trata de relaciones de subordinación, colaboración, distanciamiento, pero sobre todo de conflicto en el siglo XX chileno, con reiteradas acciones represivas desde el Estado hacia la sociedad. Desde un punto de vista social, se pueden reconocer coyunturas especialmente críticas y movilizadoras, por ejemplo, la de 1903 a 1907, en que se hizo visible el movimiento obrero chileno sin más respuesta que la represión estatal a sus demandas (el paradigma de esta etapa es, sin dudas, la huelga de los obreros del salitre y la masacre de la Escuela Santa María de Iquique); la crisis social que se abre en 1918 con las «marchas del hambre» y que culmina con la reforma de la Constitución de 1925; la coyuntura 1967-1973, la de mayor movilización popular de todo el siglo y que culmina con el golpe de Estado del 11 de septiembre. Cada una de estas coyunturas marca puntos de inflexión en las relaciones entre lo social y lo político, especialmente las coyunturas de los años veinte y la de los años sesenta. La primera porque señaló el ingreso definitivo de las clases medias y la clase obrera a los asuntos de la política en el Estado y en la sociedad; la segunda, la de los años sesenta, porque amplió el campo de los sujetos sociales y políticos en las disputas por el poder, cuando entraron en escena los campesinos y los pobladores.

Siguiendo esta línea de análisis, la mayor novedad de la UP no está solo en el hecho de que la izquierda ganara las elecciones presidenciales y que un líder de sus filas ingresara a La Moneda. Por cierto que este era un hecho crucial que desestabilizaba los equilibrios geopolíticos de Occidente –así lo vieron Nixon y Kissinger para poner en marcha un golpe de Estado en 1970, que culminó con la muerte del general Schneider– pero tanto más relevante, desde el punto de vista nacional, era que el triunfo de la izquierda expresaba el incremento de las movilizaciones sociales de amplios y variados sectores. En sentido estricto, ya no solo de las clases medias y los obreros, sino que también de los campesinos y los pobres de la ciudad. Dicho de otro modo, Allende ingresó a La Moneda cuando la mayoría del pueblo se había puesto en movimiento y la mayor movilización social –de las bases, de la sociedad civil– interpelaría los alcances, las formas y los contenidos de la democracia construida hasta esos años. Tal vez, en ese sentido, uno de los mayores *errores de apreciación estratégica* de la izquierda chilena, fue pensar y sostener que la democracia y la institucionalidad alcanzadas eran suficientes para contener las movilizaciones sociales y los cambios estructurales que proponía el Programa de Gobierno de la Unidad Popular.

1. Las luchas de los pobladores

Se ha discutido mucho, desde los años sesenta, si los pobladores no son simplemente los obreros en la población o más amplio aún, los trabajadores en el barrio. Los pobladores no representarían una identidad específica, sino que sería la misma clase obrera y popular en su lugar de residencia. También se ha discutido, qué es lo que permite a los pobladores constituirse en un movimiento social si sus demandas y contradicciones no se constituyen en el campo de la producción, sino que en el campo del consumo (viviendas, servicios, etc.), razón por la cual, en realidad, constituirían un movimiento de tipo secundario, cuyo *logos* no puede ser sino asimilado al de la clase obrera. Se pueden discutir latamente estos enfoques y puntos de vista, sin embargo, para la historia lo que cuenta es la experiencia –o la primacía de la práctica– y en consecuencia, nos parece más importante, antes de discutir con estos enfoques, preguntarnos sobre qué ha acontecido con los pobladores o más ampliamente los «pobres de la ciudad» en la historia de Chile reciente.

La primera constatación es que los pobres de la ciudad se han organizado y han luchado por modificar sus condiciones de existencia en el medio urbano. Lo hicieron en los años veinte, sumándose a las manifestaciones populares a favor de la «alimentación nacional»[3], pero también organizando ligas y comités en los conventillos para conseguir mejoras de sus precarias viviendas[4]. Lo hicieron también en los años treinta y cuarenta generando diversas organizaciones reivindicativas o de mejoramiento y desarrollo local. Pero nuestra segunda constatación es que los pobladores alcanzaron la mayor visibilidad, cuando decidieron «tomar sitios», como una estrategia encaminada a resolver sus problemas de vivienda e inserción en las principales ciudades chilenas. La toma de La Victoria, en 1957, fue el punto de partida de este ciclo de luchas urbanas[5].

3 Patricio de Diego, Luis Peña y Claudio Peralta. *La Asamblea Obrera de Alimentación Nacional: un hito en la historia de Chile* (Santiago: Ediciones Sociedad Chilena de Sociología y Universidad Academia de Humanismo Cristiano, 2002), passim.

4 Vicente Espinoza, *Para una historia de los pobres de la ciudad* (Santiago: Ediciones SUR, 1988), capítulos 2 y 3.

5 Mario Garcés, *Tomando su sitio. El movimiento de pobladores de Santiago, 1957-1970* (Santiago: LOM ediciones, 2002), 121 y ss.

La «toma de La Victoria», en efecto, marcó en 1957 un punto de inflexión, en el sentido de que se produjo cuando el problema de la «habitación popular» se volvía exasperante en los conventillos de Santiago y en las poblaciones «callampas» del Zanjón de La Aguada y las riberas del río Mapocho –un verdadero cordón de miseria que rodeaba la capital– y cuando desde el Estado se ponían en marcha importantes iniciativas para enfrentar el problema de la vivienda (en 1953 se creó la CORVI y ese mismo año se anunciaron los primeros «planes nacionales de vivienda). Sin embargo, los nuevos planes y las casas que construía la CORVI no alcanzaban para los más pobres, razón por la cual los pobladores de La Victoria –como un moderno movimiento social– le indicaron al Estado que si este no construía para los pobres, ellos *tomarían sitios* e iniciarían, con sus precarios medios, la construcción de sus propias viviendas y de su propia población. Y así fue como nació y se construyó La Victoria, a punta de esfuerzo y protagonismo de sus propios moradores. Y así también se dibujó el tiempo histórico por venir, si el Estado no atendía las demandas de los pobres de la ciudad, estos «tomarían sitios».

En líneas muy generales, entre 1957 y 1973, el proceso comprometió las políticas públicas de distintos gobiernos y también diversos ciclos de movilización popular. Luego del relativo fracaso de los planes de vivienda de Ibáñez y de los límites de la CORVI, la administración Alessandri dio lugar a nuevos planes de vivienda más masivos y de menor costo, conocidos como «soluciones habitacionales». En esta etapa, surgieron grandes poblaciones, como San Gregorio y José María Caro, en el sector sur de Santiago, iniciativas que generaron también grandes expectativas entre «los sin casa», lo que llevó a una nueva y simbólica «toma» en julio de 1961, la de Santa Adriana, también en la zona sur de Santiago, que desató una gran polémica pública en torno a la «legitimidad» de las «tomas» y diversos debates en el Congreso Nacional.

La expansión urbana y la presión de los pobladores que generaban sus propias organizaciones, llevó a la administración demócrata cristiana, en 1964, a proponer no solo más ambiciosos planes de vivienda (construir 360 mil viviendas en seis años, destinando dos tercios de ellas para los más pobres) y apoyos concretos a los pobladores, a través de la agenda estatal –la Consejería Nacional de Promoción Popular– sino que a la constitución del Ministerio de la Vivienda y Urbanismo (MINVU). Estas nuevas políticas públicas vendrían a modificar por completo las dinámicas de organización y presión popular, ya que se creaba un nuevo cuadro de *oportunidades políticas*, los pobladores contarían ahora con un interlocutor especializado en sus asuntos y demandas. La historia que viene es relativamente conocida, la administración DC hizo significativos esfuerzos por cumplir con sus promesas, pero la demanda y la presión poblacional la superó por completo. En efecto, a partir de marzo de 1967, cuando se produjo la emblemática toma de «Herminda de la Victoria», en el sector poniente de Santiago, las tomas de sitios y las peticiones por abrir nuevas «operaciones sitios» se multiplicaron: 13 tomas en 1967; 4 en 1968; 35 en 1969; y, 103 en 1970, es decir 155 tomas de sitios en cuatro años[6]. A estas alturas, los pobladores habían constituido Comités de Sin Casa, por barrio, y en muchos casos articulados en el nivel comunal, y el recurso de la «toma» como estrategia de presión y solución –inicial al menos– para la consecución de una vivienda se mostraba altamente eficiente.

Cuando Allende asumió el gobierno, a fines de 1970, se estimaba que el déficit de viviendas todavía alcanzaba a 592 mil unidades, pero además la ciudad de Santiago se hallaba poblada de «campamentos», producto de «tomas de sitios» y de «Operaciones sitio» que se incrementaron en el trienio 1967-1970. Según informaciones del MINVU, en 1971 existían 238 campamentos en la capital, y se estimaba que en ellos habitaban unas 85 mil familias; en 1972, el arquitecto Ignacio Santa María hacía subir esas cifras a 275 campamentos y 117 mil familias, tomando en cuenta los datos de la «Operación Invierno» de ese año, lo que hacía estimar que «1 de cada 6 habitantes del Gran Santiago era poblador de campamento»[7]. Los partidos de la Unidad Popular, especialmente comunistas y socialistas, habían promovido muchas «tomas de sitios» y Allende, en la campaña presidencial, se había comprometido con los pobladores a impulsar nuevas políticas de vivienda. De este modo, la Unidad Popular debía generar un programa muy activo y de gran magnitud para enfrentar el problema de la vivienda popular, el que tomó forma en el Plan de Emergencia de 1971. Este contempló, entre otras medidas, iniciar la construcción de 79 mil viviendas y la urbanización de 120 mil sitios, obras que efectivamente se iniciaron el año indicado, con resultados variables en cuanto al tiempo estimado, en especial, para la construcción de viviendas definitivas. El Ministerio de la Vivienda se reestructuró, creándose un Sub-departamento de Campamentos; una Oficina del Poblador; y, además un Departamento de Ejecución Directa de obras de construcción (que por cierto abriría una zona de conflictos con la Cámara Chilena de la Construcción).

En suma, entre 1953 y 1973, es decir en veinte años, la presión de los pobladores organizados se incrementó, pero también las políticas del Estado se modificaron, volviéndose este más poroso y flexible a las demandas de los pobres. En este sentido, más que una coyuntura política favorable a los pobladores en términos de «oportunidades políticas» se trató de un «proceso político» que modificó, en esta etapa, las relaciones entre el movimiento social de pobladores y el Estado[8]. El principal resultado de la movilización popular y las nuevas

---

6 Garcés, *Tomando su sitio*, op cit., 350. Los números de «tomas de sitios» son referenciales, ya que es difícil establecer con claridad un número exacto de este tipo de acciones porque unas tomas permanecían, otras eran desalojadas, otras trasladadas a lugares distintos de su lugar de origen.

7 Ignacio Santa María. «El desarrollo urbano mediante los "asentamientos espontáneos": El caso de los "campamentos" chilenos». En: *EURE*, Nº 7, v. III (abril de 1973): 103-112. Centro de Desarrollo Urbano y Regional, CIDU, Universidad Católica de Chile.

8 Tengo como referencia esta distinción a propósito de los debates teóricos relativos a los movimientos sociales. Ver en: D. Mc Adam, J. Mc Carthy y M. Zald, *Movimientos sociales: perspectivas comparadas* (España: Ediciones Itsmo, 1999), 23.

formas de relación con el Estado fue que los pobres urbanos, es decir los pobladores, comenzaron a acceder a viviendas definitivas, modificaron su «posición en la sociedad» y transformaron las principales ciudades chilenas, haciendo surgir nuevos barrios populares.

2. Las movilizaciones de los pobladores durante la Unidad Popular

Durante la Unidad Popular, las movilizaciones de los pobladores se incrementaron y multiplicaron a lo largo del país, de tal modo que las políticas públicas, en especial la política de vivienda, se vio más exigida y obligada a interactuar con los pobladores. Un seguimiento sistemático de la prensa, tanto de Santiago como de Valparaíso y Concepción, nos ha permitido ponderar la magnitud y las orientaciones de las movilizaciones así como el dinamismo de la política pública. Por una parte, los pobladores se constituían en un «actor social urbano» de gran relevancia y, por otra parte, el Estado atendía crecientemente las demandas de los pobladores, generando planes de vivienda que buscaban atender especialmente a los más pobres[9].

La revisión de los diarios *Las Noticias de la Última Hora* de Santiago, *El Mercurio* de Valparaíso y *El Sur* de Concepción nos permitieron identificar un total de 1000 movilizaciones de pobladores y 909 anuncios de políticas públicas relativas a las movilizaciones y demandas de los pobladores[10].

Cuadro Nº 1
Movilizaciones de pobladores y anuncios de Políticas Públicas entre 1970 y 1973

	Valparaíso	Concepción	Santiago	Totales
Movilizaciones de pobladores	244	586	170	1.000
Anuncios de políticas públicas	146	395	368	909

FUENTE: ELABORACIÓN PROPIA SOBRE LA BASE DE LOS DIARIOS *EL MERCURIO* DE VALPARAÍSO; *EL SUR* DE CONCEPCIÓN, *LAS NOTICIAS DE ÚLTIMA HORA*, DE SANTIAGO

---

9 Algunos de los resultados de estas indagaciones han sido publicados por las revistas *Tiempo Histórico* Nº 3, Academia de Humanismo Cristiano, 37-53; *Trashumante* Nº 1, Revista Americana de Historia Social, Universidad de Antioquia, Colombia, 75-95, y se encuentra en prensa en la Revista *Atenea*, de la Universidad de Concepción.

10 El registro se realizó teniendo en cuenta los siguientes descriptores. Para consignar las movilizaciones distinguimos: 1.- Tomas de sitios; 2.- Lucha por la vivienda y operación sitio; 3.- Transporte; 4.- Urbanización; 5.- Conflictos intra pobladores; 6.- Abastecimiento; 7.- Otros. Y, para el registro de los anuncios de políticas públicas, distinguimos cinco descriptores: 1.- Vivienda; 2.- Operación sitio, autoconstrucción, asignación de terrenos; 3.- Urbanización; 4.- Abastecimiento; 5.- Otros.

Las movilizaciones, en un variado «repertorio de acciones», se orientaron a obtener viviendas mediante «tomas» de terrenos u «operaciones sitio», precedidas de petitorios a la autoridad y seguidas de diversas formas de presión y negociación (reuniones, marchas, nuevos petitorios, etc.). En términos generales, luego de una «toma» y la formación de un «campamento», que fue el origen de muchas nuevas «poblaciones», le siguió otro conjunto de movilizaciones orientadas a resolver problemas de urbanización e infraestructura (agua, luz, transporte, así como servicios de salud y educación). Por su parte, la política pública que ya había definido una clara «orientación social» al crearse el Ministerio de la Vivienda y Urbanismo en 1965, fue objeto de una fuerte presión que estimuló los procesos de negociación por sobre el componente represivo hacia las movilizaciones. Este último componente no estuvo completamente ausente, pero fue moderado o francamente inhibido durante el gobierno de la Unidad Popular[11].

Los «ciclos de movilización» siguieron un curso semejante en Santiago y provincias, aunque con un desfase temporal. Santiago precedió a las provincias, de tal forma que la mayor parte de las grandes «tomas» de la capital se realizaron en la etapa previa a la asunción de Allende a la presidencia, mientras que en las provincias que hemos estudiado (Valparaíso y Concepción, las actuales regiones V y VIII) nos mostraron que las «tomas» y movilizaciones se incrementaron durante la Unidad Popular.

El seguimiento de las movilizaciones nos ha permitido, además, distinguir dos fases o dos tipos de movilizaciones de naturaleza diferente. Por una parte, las movilizaciones orientadas a la obtención de vivienda y equipamiento urbano, que si bien cubren todo el período, fueron especialmente activas entre 1970 y 1972. Por otra parte, a partir de 1972, es posible distinguir otra fase o ciclo de movilizaciones, cuyo eje principal fue la cuestión del abastecimiento de productos de primera necesidad. Este fue un problema crítico, que movilizó y confrontó al conjunto de la población, tanto con relación a la resolución del problema como a propósito de sus causas y de sus efectos. Surgieron nuevas organizaciones, como las Juntas de Abastecimientos y Precios (JAP), Almacenes Populares o Comités de Distribución Directa, que fueron permanentemente objeto de disputas y polémicas, en las que estaban implicados los pobladores, pero también vastos sectores de la población y los principales actores sociales y políticos de la época. Las fuentes, particularmente

---

11 La última acción represiva de envergadura en contra de los pobladores se produjo bajo el gobierno de Eduardo Frei, el 9 de marzo de 1969, en la ciudad de Puerto Montt. Carabineros desalojó entonces a 91 familias que habían invadido unos terrenos conocidos como «Pampa Irigoin», con un resultado de 10 pobladores muertos y 51 heridos. El hecho provocó revuelo nacional y variados efectos políticos. Más detalles en, *Tomando su sitio*, 370 y ss. Durante el gobierno de Allende, el 5 de agosto de 1972, se produjo una violenta intervención policial en la Población Lo Hermida, en Santiago, en que resultó muerto un poblador y decenas de heridos. El hecho provocó la visita de Allende a Lo Hermida y variados efectos políticos en las disputas del Partido Comunista con el Movimiento de Izquierda Revolucionaria, MIR. Ver, *Lo Hermida, la cara más fea del reformismo* (Santiago: Ediciones El Rebelde, 1972).

de prensa para esta fase, se vuelven complejas, críticas y sesgadas, ya que los medios de comunicación formaban parte de las disputas sociales y políticas. A diferencia, además del ciclo anterior –el de la vivienda, que es reconocido por diversos actores como un problema social relevante– en el caso del desabastecimiento se trataba de un conflicto en que los disensos crecían, se politizaban y materializaban la crisis política en la vida cotidiana que precede al golpe de Estado de 1973.

Los resultados de nuestra indagación, por ciudad, y de acuerdo con los descriptores indicados, nos muestran los siguientes resultados:

Movilizaciones y anuncios de políticas públicas en Valparaíso

Del total de las 244 movilizaciones de los pobladores en Valparaíso, ellas se distribuyeron del siguiente modo para todo el periodo en estudio

Cuadro Nº 2
Totales de movilizaciones Valparaíso, según objetivos 1970-73

Año	Toma sitio, vda.	Luchas por la vda. y/o sitio	Transporte	Urbanización	Conflicto intrapobladores	Abastecimiento	Otras
1970	2	0	2	14	2	0	8
1971	22	1	7	23	2	2	14
1972	3	3	7	37	8	3	13
1973	1	0	7	32	5	18	8
Total	28	4	23	106	17	23	43

Total de movilizaciones, 1970 – 1973: 244.

FUENTE: ELABORACIÓN PROPIA SOBRE LA BASE DEL DIARIO *EL MERCURIO* DE VALPARAÍSO

Como se aprecia en este cuadro, el mayor número de movilizaciones se orientó a la obtención de mejoras en la urbanización, casi el 50% de las movilizaciones tuvieron este fin. Las razones para el predominio de este tipo de demandas son diversas, desde las precarias obras de infraestructura en los cerros que habitaban los pobres de Valparaíso, hasta la expansión de Operaciones Sitio y Tomas en Viña del Mar, que se inician bajo la administración demócrata cristiana en la década del sesenta y que requerían de nuevas obras de infraestructura urbana. Las *tomas de sitios*, siendo importantes, ocupan un lugar secundario, justamente por el mayor impacto de la política pública de vivienda en los años sesenta. Finalmente, el año 1973, como ocurrió en todo el país, las movilizaciones en torno al abastecimiento tendieron a subir y hacerse dominantes en el campo poblacional.

Cuadro Nº 3
Totales de anuncios de políticas públicas, Valparaíso, 1970 – 1973

Año	Vivienda	Operación sitio, autoconstrucción, asignación de terrenos	Urbanización	Abastecimiento	Otras
1970	11	5	9	0	5
1971	34	0	8	4	7
1972	19	0	10	1	9
1973	10	0	3	2	9
Total	74	5	30	7	30

Total de anuncios de políticas públicas, 1970 – 1973: 146

FUENTE: ELABORACIÓN PROPIA SOBRE LA BASE DEL DIARIO *EL MERCURIO* DE VALPARAÍSO

En el caso de los anuncios de políticas públicas totales por descriptores, entre 1970-73, estas se concentraron en temas de viviendas, lo que pudo haber incidido en que se produjeran menos «tomas de sitios». En correspondencia más visible con las movilizaciones, el segundo lugar lo ocupan los temas de urbanización.

Movilizaciones y políticas públicas en Concepción

La actual región del Bío Bío (Ñuble, Concepción y Los Ángeles), cuya capital es la ciudad de Concepción, fue, en un sentido proporcional, la región donde los pobladores protagonizaron el mayor número de movilizaciones en el período 1970-1973.

Cuadro Nº 4
Totales de movilizaciones Concepción, según objetivos 1970- 1973

Año	Toma sitio, vda.	Luchas por la vda. y/o sitio	Transporte	Urbanización	Conflicto intrapobladores	Abastecimiento	Otras
1970	35	38	0	38	12	0	12
1971	117	27	0	40	5	5	24
1972	12	21	5	47	8	24	27
1973	8	11	5	12	17	28	8
Total	172	97	10	137	42	57	71

Total de movilizaciones, 1970 – 1973: 586.

FUENTE: ELABORACIÓN PROPIA EN BASE AL DIARIO *EL SUR* DE CONCEPCIÓN

En este cuadro es posible destacar que las principales movilizaciones de pobladores del periodo 1970 a 1973 son por *toma de sitio, vivienda y departamentos en edificios* (172). A su vez, si se suman movilizaciones semejantes, como es *la lucha por la vivienda y operación sitio*, da como resultado 269 movilizaciones, lo que indicaría que en las provincias de Concepción, Ñuble y Bío Bío la demanda principal de los pobladores fue por el acceso a la vivienda. Además, si a estas dos demandas sumamos una tercera, las demandas de «urbanización» (137), podríamos inferir que los pobladores, de modo semejante a Valparaíso, no solo se movilizaron por el acceso a la vivienda propia, sino también por la mejora de las condiciones ambientales de sus nuevos barrios.

Cuadro Nº 5
Total de anuncios de políticas públicas, Concepción, 1970- 1973

Año	Vivienda	Operación sitio, autoconstrucción, asignación de terrenos	Urbanización	Abastecimiento	Otras
1970	40	23	14	0	6
1971	96	12	31	6	11
1972	74	5	35	9	21
1973	7	0	3	1	1
Total	217	40	83	16	39

Total de anuncios de Políticas Públicas, 1970 – 1973: 395.

FUENTE: ELABORACIÓN PROPIA EN BASE AL DIARIO *EL SUR* DE CONCEPCIÓN

Con respecto al anuncio de políticas públicas relativas a Vivienda, es notorio que el énfasis mayor estuvo en dar respuesta a la demanda originada por las tomas de sitio. Si a estos anuncios relativos a la vivienda se agregan los relativos a operación sitio, autoconstrucción y asignación de terrenos, la tendencia se refuerza. Lo que resulta también visible en la región del Bío Bío es que se requirió de una política pública muy activa frente a la mayor presión de los pobladores, tanto en el Gran Concepción como en Los Ángeles y Chillán.

Movilizaciones y políticas públicas en Santiago

En Santiago, la ciudad capital de Chile, las movilizaciones de base siguieron dos cursos predominantes; por una parte, las luchas por la vivienda, mediante «tomas» y «operaciones sitio»; y por otra parte, a partir de 1972, tendieron a centrarse en los temas del abastecimiento

Cuadro Nº 6
Totales de movilizaciones Santiago, según objetivos 1970 - 1973

Año	Toma sitio, vda.	Luchas por la vda. y/o sitio	Transporte	Urbanización	Conflicto intrapobladores	Abastecimiento	Otras	Total
1970	12	28	-	5	3	-	2	50
1971	3	14	2	2	2	2	25	50
1972	1	7	2	3	-	19	9	41
1973	-	1	1	-	1	19	8	30
Total	16	50	5	10	6	40	44	171

FUENTE: ELABORACIÓN PROPIA SOBRE LA BASE DEL DIARIO *LAS NOTICIAS DE ÚLTIMA HORA* - SANTIAGO

Este cuadro, que elaboramos a partir del seguimiento de noticias relativas a los pobladores del diario *Las Noticias de la Última Hora*, es por cierto parcial, si se contrasta con otras fuentes que nos informan de «tomas de sitios» en la ciudad de Santiago, sobre todo el año 1970. Por ejemplo, Manuel Castells estimó en 103 las tomas para ese año, a partir de los archivos de Ernesto Pastrana, y el reciente recuento de distintos periódicos santiaguinos realizado por Boris Cofré logró identificar 64 tomas para este mismo año y 166 para todo el período[12]. Es decir, el número de movilizaciones en este caso es solo referencial, ya que si anotáramos solo las «tomas» del periodo, las movilizaciones subirían al doble, y si sumáramos todas las movilizaciones relativas al «abastecimiento», a partir de 1972, se triplican o cuadruplican.

12 Existen diversas dificultades para precisar bien el número de «tomas» que se produjeron en Santiago en la coyuntura de mayor movilización de los pobladores entre 1967 y 1972. Unas provienen de las fuentes de prensa, que varían según la atención que pusieron al movimiento; otras, de la reiteración de cifras entre los diversos autores de la época que apelan a un Informe de Carabineros entregado al Senado, en julio de 1971, del cual solo tenemos referencias generales y que no ha sido posible encontrar; finalmente, generan también confusión para la cuantificación de las tomas los mapas elaborados por el MIVU, en 1971, para actuar en los campamentos. El más conocido de 1971 suma 238 campamentos en Santiago, pero claro, unos son el resultado de tomas, otros de operaciones sitio y otros de antiguas zonas de deterioro de la ciudad. Para un estudio reciente que cuantifica el número de tomas en Santiago, ver Boris Cofré, «El movimiento de pobladores del Gran Santiago, 1970-1973». Tesis de Mestría en Historia, Universidad de Santiago de Chile, Santiago, 2011.

Cuadro Nº 7
Total de anuncios de políticas públicas, Santiago, 1970- 1973

	Vivienda	Operación sitio, autoconstrucción, asignación de terrenos	Urbanización	Abastecimiento	Otras	Total
1970	18	3	2	-	8	31
1971	98	4	24	2	17	145
1972	60	-	3	19	15	97
1973	36	-	6	39	14	95
Total	212	7	35	60	54	368

FUENTE: ELABORACIÓN PROPIA SOBRE LA BASE DEL DIARIO *LAS NOTICIAS DE ÚLTIMA HORA* - SANTIAGO

La mayor cantidad de anuncios de políticas públicas, sobre todo relativas a la vivienda, se produjeron en 1970 y 1971, es decir, en el último año del gobierno de Eduardo Frei, en que el MINVU vivía cotidianamente la presión por ampliar los programas de Operación Sitio, y en 1971, cuando debutaba el gobierno de Salvador Allende y se ponía en marcha el mayor plan de vivienda popular conocido hasta esa fecha, el Plan de Emergencia de 1971.

3. Los cambios en las principales ciudades chilenas y el surgimiento de nuevas poblaciones

Las movilizaciones de los pobladores, especialmente por viviendas, transformaron significativamente las principales ciudades del país, dando lugar a nuevos barrios y a un significativo número de nuevas «poblaciones», la denominación chilena de los barrios populares.

En la región de Valparaíso, la movilización de pobladores influyó en el Estado para que se pusieran en marcha una diversidad de proyectos de mejoramiento urbano en toda la región, en especial, ampliación de redes de agua potable y alumbrado público, amén de que fue necesario generar políticas de emergencia para enfrentar los efectos del terremoto de julio de 1971.

Por otra parte, desde el punto de vista de la creación de nuevas poblaciones y barrios populares, las principales zonas que se expandieron fueron el sector norte de Viña del Mar, en especial Achupallas, Santa Julia, Concón y Reñaca Alto. También se densificaron los pueblos y ciudades interiores de la Región, en particular, Quilpué, Limache, Quillota y La Calera.

La mayor cantidad de tomas de sitios, que ampliaron el sector norte de Viña del Mar, se produjo en los primeros meses de 1971. Un informe de la policía indicaba a principios de marzo de este año que se contabilizaban doce predios tomados, algunos como producto de ocupaciones de pobladores y otros locales de empresas tomadas por sus trabajadores[13].

13 Diario *La Estrella de Valparaíso*, 12 de marzo de 1971, 6.

La toma más importante fue la del Fundo Santa Julia, que dio origen al Campamento «Salvador Allende», donde se estimaba llegaron a instalarse unas 800 familias, que sumaban 4 mil personas[14]. Sin embargo, otro conjunto de tomas se consignaba en Viña del Mar y Valparaíso, en mayo de 1971, que indicaban que el número de familias en tomas ascendía a 9.342, y de este total 1.886 corresponderían a Valparaíso, mientras que el mayor número se concentraba en Viña del Mar y sus alrededores[15]. El detalle del informe nos da una idea de los nuevos barrios que estaban emergiendo:

1.- Fundo Santa Julia, Reñaca Alto, 800 familias, 4000 personas en 8 hectáreas de terreno.

2.- Población Achupallas, 84 familias que integran 378 personas organizados en los Comités Chile Nuevo, 4 de septiembre, Unión Popular, Primera Dama, los cuales ocupan 5,5 hectáreas de terreno.

3.-En Casablanca, 60 familias con 350 personas ocupan 2, 5 hectáreas, organizados en el Comité Hombre Nuevo.

4.-En Población Las Palmeras de Forestal Alto en Viña del Mar, 230 familias con un total de 1500 personas permanecen en 2 hectáreas. Organizados en el Comité Elmo Catalán. (6 de marzo).

5.-En Valparaíso, Cerro Esperanza Comité Sin Casa, 20 familias, con un total de 160 personas ocupan 8.000 metros cuadrados de terrenos desde el 6 de marzo.

6.- En el sector Granadilla, Country Club, 14 familias con un total de 56 personas. Comité M. Rodríguez.

7.- En el sector norte de Villa Miraflores, en Viña del Mar, 400 personas del Comité Ariel Tacchi.

8.- El Fundo Las Siete Hermanas, en Chorrillos Alto, el Comité R. Schneider agrupa a 50 familias con un total de 250 personas. Ocupan 30 mil metros cuadrados.

9.-En Miraflores Alto, 34 familias con 230 personas han levantado viviendas provisorias y permanecen desde marzo.

10.-En Concón, 30 familias con 130 personas ocupan una hectárea de terreno. Comité Tencha Allende.

11.-En Placilla de Peñuelas, 30 familias con un total de 400 personas ocupan 3 hectáreas. Comité Salomón Corbalán.

12.- En Camino a Valparaíso, a la altura de los paraderos 3 y 4, se encuentran ocupados 2000 metros cuadrados por el Comité 1 de mayo, con 10 familias y 60 personas.

---

14 A este campamento, de gran impacto simbólico durante la UP, luego del golpe de Estado de 1973 le fue cambiado el nombre –como muchas poblaciones populares en Chile– y pasó a llamarse «Glorias Navales».

15 Diario *La Estrella de Valparaíso*, 20 de mayo de 1971, 3.

13.- En Quintero, en Calle Viña del Mar esquina Luis de la Cruz, 37 familias con 147 personas. Comité de Sin Casa Tencha de Allende.

14.- En Viña del Mar, en el paradero 6 y ½ de Reñaca Alto Sur, viven varias comunidades en 25.200 m^2.

15.-En Reñaca Sur, 63 familias con 380 personas se mantienen instaladas en viviendas provisorias.

16.-En Artificio, en calle Godoy, 50 familias con 300 personas ocupan 2000 metros cuadrados. Comité de Sin Casa[16].

En Concepción, se terminó de constituir el Barrio Norte de esa ciudad y las tomas alcanzaron gran impacto en Talcahuano, Dichato, Lirquén, Penco, Coronel y Chiguayante. Todas estas localidades se expandieron, en esos años, como producto de la movilización de los pobladores. En la prensa local, en enero de 1972, se informaba de un cuadro resumen de tomas de terreno, en el nivel intercomunal, que sumaban 76 campamentos, en los que habitaban 2.678 familias[17]. El detalle era el siguiente:

4 campamentos (Concepción-284 familias)

22 campamentos (Talcahuano-776 familias)

1 campamento (Tomé-sin número)

4 campamentos (Dichato- 124 familias)

20 campamentos (Lirquén y Penco-652 familias)

22 campamentos (Chiguayante y Manquimávida-722 familias)

1 campamento (Coronel-92 familias)

1 campamento (San Pedro-28 familias)[18]

El caso de Santiago es, por cierto, paradigmático, no solo porque la transformación de la ciudad –con la construcción de nuevas poblaciones– se inició a fines de los años 50 y principios de los años 60, sino porque el Programa de Viviendas de la Unidad Popular centró su atención en la resolución de los movilizados «sin casa», que en 1971, la CORVI estimaba en 85 mil familias que vivían en campamentos; otros 65 mil en «operaciones sitio»; y 10 mil que habían completado sus cuotas para postular a viviendas básicas[19]. Ello implicaba no

---

16 Diario *La Estrella de Valparaíso*, 13 de mayo de 1971, 2.

17 Si se acepta el promedio de la familia popular, que se estimaba en la época en 5,5 miembros, nos da un total de 14.729 personas.

18 Diario *El Sur* de Concepción, 6 de enero de 1972, 1 y 14.

19 Declaraciones del vicepresidente de la CORVI al diario *Las Noticias de la Última Hora*, Santiago, 2 de abril de 1971, 9.

solo iniciar la construcción de nuevas viviendas, sino «urbanizar» sitios, es decir, dotar de elementos básicos de infraestructura urbana a los más de 200 campamentos –productos de tomas u operaciones sitios– que se estima que hacia 1972 sumaban aproximadamente medio millón de personas[20].

A partir de la revisión de diversas fuentes; entre otros, informes técnicos de la CORVI; mensajes presidenciales; estudios del CIDU; mapas del MINVU; tesis de grado y postgrado, logramos establecer para Santiago un registro de 273 «obras iniciadas», que estaban dando lugar a 180 nuevas poblaciones. Es decir, en el caso de Santiago, la presión de los pobladores y los planes de vivienda de la Unidad Popular, en particular el Plan de Emergencia de 1971, estaban transformando por completo el trazado urbano de Santiago, ampliando el radio de la ciudad al hacer crecer las comunas populares.

Cuadro Nº 8
Obras iniciadas y nuevas poblaciones en Santiago, entre 1970-1973

Comunas de Santiago	Nº de obras iniciadas	Nº de nuevas poblaciones
Las Barrancas	50	34
Maipú	19	16
Quinta Normal	1	1
Santiago	2	2
Colina	5	4
Renca	5	3
Conchalí	32	15
Quilicura	25	13
San Miguel	2	2
La Granja	42	26
La Cisterna	21	20
La Florida	14	10
San Bernardo	27	23
Puente Alto	8	6
Ñuñoa	20	5
Total de obras iniciadas	273	180

FUENTE: ELABORACIÓN PROPIA SOBRE LA BASE DE LA NÓMINA DE LA LABOR CORVI EN «URBANIZACIÓN Y VIVIENDA. 1970-1973», CORVI, COMISIÓN TÉCNICA DE LA VICEPRESIDENCIA. SANTIAGO, 15 DE ENERO 1973. ARCHIVO MINVU.

20 Ignacio Santa María, «Las tres vías en la historia del campamento chileno». Documento de trabajo, Departamento de Urbanismo y Vivienda, Universidad Católica de Chile, 1973, VIII.

5. Las memorias de los pobladores

Los pobladores, si bien luchaban por la vivienda desde fines de los años cincuenta, fue en el período 1967-1973 cuando más expandieron sus capacidades organizativas y de presión sobre el Estado para que sus demandas fueran atendidas. Y como hemos visto, tanto las movilizaciones de los pobladores como la acción del Estado, que ponía en marcha grandes planes de vivienda, transformaron las principales ciudades del país, dando origen a nuevas «poblaciones» y barrios populares.

Desde el punto de vista subjetivo, este fue un proceso de gran intensidad, por cuanto para muchos pobladores implicaba no solo dejar atrás un pasado de vivienda precaria, sino que vivir o experimentar el valor de la organización, la unidad, la solidaridad, el compromiso, la participación, la capacidad de tomar decisiones. Teniendo en cuenta nuestras pesquisas, podemos sostener que los pobladores más activos vivieron dos grandes transformaciones en sus vidas: por una parte, contar con un sitio o una casa, es decir, un lugar propio donde vivir, y, por otra parte, «sentirse» parte de la sociedad», participando de alguna experiencia de organización local comunitaria.

En el desarrollo de nuestras indagaciones más recientes, hemos realizado entrevistas en profundidad a pobladores de poblaciones emblemáticas de Santiago: Pablo Neruda, en Huechuraba; Villa Francia, en Estación Central, y Nueva Habana en La Florida. A todos ellos les preguntamos sobre el modo en que llegaron a sus nuevas poblaciones, su participación en las organizaciones de la época y el balance que realizan de su experiencia durante la Unidad Popular. Nuestros principales resultados, al menos hasta ahora, son los siguientes:

a) Cada una de estas emblemáticas poblaciones siguió sus propios caminos y desarrollos: La Población «Pablo Neruda» fue el resultado de una «toma de sitios» en la Comuna de Conchalí (octubre de 1969) que derivó –luego de intensas negociaciones con el Ministerio de la Vivienda– en la asignación de sitios en la actual comuna de Huechuraba, en terrenos colindantes con la Población La Pincoya[21]; Villa Francia surgió en 1969, en el exfundo San José de Chuchunco, como producto de una operación sitio, en la que convergieron diversos «Comités de Vivienda» y algunas pequeñas «tomas» en 1970[22]; la Población Nueva Habana surgió en el sector este de La Florida, en 1970, como producto del acuerdo entre el Ministerio de la Vivienda y tres tomas de sitios realizadas por pobladores, en la zona sur de Santiago (Campamentos Magaly Honorato; Elmo Catalán y Ranquil)[23].

---

21 Mario Garcés, *Historia de la comuna de Huechuraba. Memoria y oralidad urbana* (Santiago: Ediciones ECO, 1997), 43 y ss.

22 Eugenio Cabrera, *Historia y protagonismo popular en Villa Francia*. Tesis de Licenciatura e Historia (Santiago: Universidad ARCIS, 2007).

23 Boris Cofré, *Campamento Nueva Habana-El MIR y el Movimiento de Pobladores, 1970-1973* (Concepción: Ediciones Escaparate, 2007).

b) Para la mayoría de los pobladores involucrados en estas «tomas», su principal aspiración era contar con «un sitio». La construcción de una casa definitiva fue un logro posterior, favorecido por sus capacidades de organización y presión y el Programa de Construcción de Viviendas de la Unidad Popular (Plan de Emergencia, 1971). Este fue el caso de Pablo Neruda y Nueva Habana. Para todos nuestros entrevistados esta experiencia representa un importante sentimiento de logro individual y colectivo. Luzmenia Toro, dirigente histórica de Huechuraba, recuerda que cuando organizaron los Comités de Sin Casa en Conchalí, entre 1967 y 1969, reunían a los que carecían de vivienda, invitándolos a luchar por un sitio:

> Le dijimos a la gente que era para obtener un sitio, era un sitio, no era una casa. Nosotros nunca le mentimos a la gente, siempre les dijimos a lo que íbamos y la gente igual se interesaba por inscribirse y rápidamente con esfuerzo ponía las 20 cuotas» (20 cuotas era lo que exigía en esa época la CORVI, para iniciar la postulación a los programas de Operación Sitio). Y cuando la interrogamos por los logros alcanzados, nos indica: «La unidad, el compromiso de cada uno de adquirir su casa propia, de tener los valores socio políticos que existían en ese tiempo, que fue fuerte. Yo creo que eso ayudó a madurar a la gente, a entenderse (...) con la lucha que se dio pudimos conquistar eso y eso fue valorable... nosotros nunca nos imaginamos que pudimos hacer esto (la población)[24].

También para Manuel Díaz, obrero de la construcción, que trabajaba en los Planes de «Operación Sitio», su salario no le permitía postular a una vivienda, por lo que decidió sumarse a las tomas para obtener un sitio:

> Bueno, llegando al Campamento, empezamos a ver la organización que había y cómo se organizaban para exigir un sitio definitivo, no hablemos de casa, no se planteaba aún eso, pero sí dónde poder vivir y hacer su casa. Entonces, en las organizaciones se hacían tomas de universidades, eso ya en el 70, todo ese año, el apoyo de los estudiantes hacia nosotros. Bueno, las peleas con los servicios represivos que siempre ha tenido el Estado. Conociendo eso, yo empiezo a ver que es bueno que los obreros, los pobres de la ciudad, nos organizáramos y lucháramos por nuestros propios intereses[25].

c) El punto de partida de las tres poblaciones estudiadas fue, sin lugar a dudas, muy precario y pobre. Cuando llegaron a sus sitios, todos nuestros entrevistados, reconocen que «no había nada»: ni luz, ni agua, ni alcantarillado. Todo estaba por hacerse. En el mejor de los casos, la primera habitación fue una mediagua, en otros «una mejora» (es decir, una construcción provisoria, de maderas, cartones, plásticos, etc.). Los logros, de esta etapa, son evaluados

---

24 Entrevista a Luzmenia Toro, de la Población Pablo Neruda, 31 de enero de 2012.

25 Entrevista a Manuel Díaz, de la Población Nueva Habana, 13 de mayo de 2011.

como producto de un gran esfuerzo en condiciones de extrema pobreza. Carlos, que muy joven llegó a ser dirigente del CAP (Comité de Abastecimiento Directo) en Villa Francia, nos relata la llegada de su familia a la población del siguiente modo:

> Llegué en 1969, desde la comuna de Estación Central. Mi mamá y mi padre consiguieron un sitio que les fue asignado y partimos a colonizar San José de Chuchunco en ese entonces (...) Bueno, lo que había era mucha maleza, los sitios estaban divididos por unas estacas y en sus finales como unos cuartones de malla de gallinero y nada más que eso (...) Por lo menos el sector donde nosotros llegamos, los signos de vida se daban ahí, en la noche, porque se hacía fogatas para contener un poco el frío y para hacer la vida social de la familia que estaba en una carpa (...) Mi papá acampó en carpa y se quedó por algún tiempo largo hasta empezar a construir las viviendas, que inicialmente fueron de madera, algunas de cartones, de fonolas, de pedazos de lata; precario, precario[26].

Luzmenia también nos cuenta que cuando se trasladaron del Campamento a los sitios que les asignó el Ministerio, el panorama no era el más alentador:

> No me gusto nada, porque no había agua, no había luz, no había nada, habían chacras (...)

> Yo no tenía carpa. Era un pedazo de sábana, pedazo de frazada, sacos harineros, cartón piedra. Yo tenía una piececita que instalé aquí con cartón piedra y que me cabían dos camas, una cocina y la mesa afuera[27].

d) La mayoría de nuestros entrevistados eran jóvenes o no habían tenido participación política militante con anterioridad a la toma u operación sitio, excepto en la Población Pablo Neruda, que surgió de diversos Comités de Sin Casa organizados por el Partido Comunista entre 1967 y 1969. En el caso de Nueva Habana, conocido como un campamento emblemático del Movimiento de Izquierda Revolucionaria (MIR), sus militantes eran en su mayoría jóvenes que hacían sus primeros pasos en la política militante. Para todos ellos, la militancia significó un nuevo marco de experiencias y expectativas, así como una potente fuente de sentidos para sus vidas. Manuel Paiva, de Nueva Habana, había emigrado a los 15 años desde el campo, del interior de Talca, hasta la ciudad de Santiago, a mediados de los sesenta. Trabajó en una imprenta, luego le tocó hacer el «servicio militar» y hacia fines de los sesenta participaba en una organización juvenil de su barrio. Desde allí se vinculó al Campamento 26 de Enero, la primera «toma de sitios» vinculada al MIR, y luego a Nueva Habana.

---

26 Entrevista a Carlos, de Villa Francia, 10 de mayo de 2011.

27 Entrevista a Luzmenia Toro, ya citada.

Mi vinculación con la «26 de Enero» va por ese lado de trabajo paralelo de organizaciones poblacionales, las organizaciones juveniles. En los años 1968-1969, hay un gran auge de las organizaciones juveniles, por los programas que tenia Eduardo Frei. Entonces, no me acuerdo cómo se llamaba el proyecto que intervenía en poblaciones, y llegaban tipos y asesoraban a las organizaciones de jóvenes. Y organizamos ahí un Centro Juvenil. Éramos como 200 jóvenes en la población y nos coordinábamos con otros centros juveniles de otras poblaciones. Y nos movíamos como unos 500 jóvenes solamente en la cosa juvenil: hacíamos paseos, contratábamos una micro y nos íbamos al cerro; realización de festivales de la canción y la gente se inscribía... y yo era animador de los festivales. (...) Bueno, viene la campaña presidencial y se quiebra el Centro Juvenil. La organización poblacional la dirigía gente que tenía que ver con la DC, así que a todos los izquierdosos nos echaron y éramos como unos cien jóvenes (...) juntamos el Comité de la Unidad Popular y fue espectacular el trabajo que hicimos (...) No me picaba el bicho de la política como tal, yo no sé si entendía algo de política (...) de alguna forma nos identificábamos como allendistas, pero no nos identificábamos con un partido. La gente de partido que venía, venía de afuera, los jóvenes de la Jota no eran de ahí, eran jóvenes estudiantes. Y, en esto, después de las elecciones, no sé, me empecé a encontrar con jóvenes estudiantes que estaban haciendo un trabajo con pobladores y empezaron a hacer un trabajo conmigo y yo no me di cuenta. (...) Entonces, a mí me trabajan, en este período entre la elección de Allende y pocos días después, y ya ni me acuerdo quién era, un cabro estudiante y me invita a participar en una toma de terrenos que tenían en la 26 de Enero...[28]

e) Todos nuestros entrevistados atribuyen a la «organización» el principal valor como experiencia social, política y cultural. Si no se hubiesen organizado, nada habrían conseguido. Más aun, sienten que la principal herencia y el principal rasgo, que permanece hasta hoy en sus barrios, es la capacidad para organizarse.

Luzmenia: «Porque aquí, en este sector, a raíz de que nos pudimos organizar, luchar por las casas, tuvimos mucha organización de todo tipo. Aquí se dio mucha organización de jóvenes, y es que hasta hoy día, esta es una de las comunas muy enriquecida en organización, y es que así, de la nada sale una organización»[29].

Manuel: «Yo siento que lo que pasó con la UP es que se fue dando un espacio donde los pobladores pudieron crear este tipo de organización, sin que hubiese una acción represiva como se daba anteriormente. Entonces se puede decir que el período de la UP fue un período donde hubo espacios para hacer cosas diferentes, sin que tuviéramos la represión encima... Yo no sé si la UP como UP tenía la intención hacer cosas distintas, no sé. Pero sí se dio el

28 Entrevista a Manuel Paiva, Población Nuevo Amanecer (ex-Campamento Nueva Habana), 7 de mayo de 2011.

29 Entrevista a Luzmenia Toro, ya citada.

espacio, se crearon las condiciones donde podían salir proyectos que podían ser distintos a los anteriores. Yo diría que esa es la gracia de la UP.

«El proyecto Nueva Habana, mi impresión es que nunca estuvo en la mente, así, de la Dirección del MIR como partido. Creo que la Dirección del MIR, como partido, lo que pretendía era organizar a los pobladores para desde ahí dar un paso hacia el movimiento de trabajadores. Entonces, esto de Nueva Habana, ya con las experiencias previas, como la 26 de Enero, empieza a madurar, en el sentido de que «vamos a hacer las cosas de esta forma», y de repente alguien da una opinión y empieza a enriquecerse el proyecto, pero no estaba como esta perspectiva de que ese proyecto fuera efectivamente revolucionario, sino que se fue dando en el camino. Ni siquiera, el partido se dio cuenta en ese momento que este era un proyecto de una sociedad alternativa, eso lo puedo definir años después, o sea, un poco reflexionando, uno llega a la conclusión, este era un proyecto alternativo, esto era una sociedad socialista en miniatura, que era distinto al resto de la sociedad... Pero, yo creo que en ese momento, la militancia del MIR no logro cacharlo, no logro darse cuenta...

«Esta capacidad que existe dentro del mundo popular, de poder solucionar sus problemas comunitariamente. O sea, lo que fue en Nueva Habana, en un principio, era solamente esta aspiración a la casa, después se aspiró a que la casa propia podía ser diseñada por la propia gente, y tú podías detectarlo, estaba como en el ambiente, son capaces de diseñar nuestro propio lugar de vida, con una casa, con su plaza, con su equipamiento comunitario, donde incluía... el colegio, la atención de salud y una administración alimenticia...»[30].

f) La solidaridad es reconocida como una experiencia fundamental, sobre todo en el inicio de la población, ya sea en el «campamento» (cuando se trató de una toma) o en las tareas colectivas para dar forma a la «población»: el acceso al agua, «colgarse» de la luz de un barrio vecino, construir los primeros «pozos negros», instalar las primeras mediaguas. Ello reforzaba sentimientos de igualdad, vecindad, identidad. Como nos relata Hernán, de Villa Francia:

Tal vez no nace una organización, pero sí nace el conocernos, porque cuando llegamos no sabíamos quiénes eran, o sí sabíamos quiénes eran, pero no qué hacía el vecino de enfrente, y entonces nos fuimos descubriendo que había, carpinteros, albañiles, relojeros, chóferes, textiles, como el caso mío, diferentes «pegas» (trabajos) y ahí nació una amistad y descubrimos que teníamos el potencial que mueve al país, la mano de obra y designamos a las personas que más sabían que nos indicaran el tema de la corriente (la electricidad) y cómo se ponían los techos, o la arena para hacer el radier, o hacer un hoyo y sacar arena. Es que todos los recursos eran muy pocos, la situación de un trabajador manual era muy difícil (...)

30 Entrevista a Manuel Díaz, ya citada.

> El balance hasta hoy está latente, la confianza, la solidaridad entre nosotros, la confianza, la confianza fue muy grande, realmente solidario el uno con el otro. Si yo le prestaba un martillo y el otro me prestaba una huincha de medir, me prestaba el serrucho, nace la solidaridad dentro de lo que teníamos...[31].

g) En las tres poblaciones estudiadas, sus dirigentes recuerdan sucesos o eventos significativos, en cuanto a la «acción colectiva» que recrean en sus memorias: en Pablo Neruda, los recuerdos se concentran en «la toma», la llegada a Huechuraba y la asignación de sitios, el triunfo de Allende, la instalación de las mediaguas, la «llegada del agua», la nevazón de 1971. En Villa Francia, la llegada a los sitios, la instalación precaria de la luz, las amenazas de «tomas» y la defensa de los sitios conquistados; pero de manera especial, en la «toma» de los buses del Estado, para asegurar el acceso al transporte público y en la organización del Comité de Abastecimientos Popular (el CAP), que les permitió enfrentar organizadamente el desabastecimiento de productos básicos, entre 1972 y 1973. En Nueva Habana, los recuerdos se multiplican, pero se concentran en la formas de organización que se dieron: los delegados de manzana, el directorio y la jefatura; los «frentes» de salud, vigilancia, educación, construcción. También todos nuestros entrevistados recuerdan la «acción directa» de llevar las basuras, que el Municipio no recogía, hasta la residencia del alcalde de La Florida (fue una decisión consensuada y en consecuencia masiva); las cuestiones relativas a la »justicia popular», que reconocen como problemática e inicial; las marchas y la presencia de estudiantes que hacían «trabajo voluntario».

En todos los sucesos que se narran y recrean en la memoria, un aspecto fundamental no era solo el valor de la organización, sino la capacidad para «tomar decisiones». La población podía decidir realizar acciones para acercar el servicio de transporte, de recolección de basuras, la organización del abastecimiento, pero también para interactuar con los funcionarios de la CORVI o el Ministerio de la Vivienda y «decidir» sobre el tipo de viviendas que querían construir. Allí se maceraban nuevos sentidos de «actoría social» y de ciudadanía política. Fernando Parra, de Villa Francia, joven militante en aquellos años, nos indica que la gente sentía que podían cambiar la realidad:

> Fernando: «Yo creo que la gente sentía que podía construir, la gente funcionaba y con sus acciones se daba cuenta que su realidad cambiaba, o sea, se tomaban los buses y tenían locomoción; se organizaban en el Comité de Abastecimiento Popular y tenía alimentos más baratos y tenía acceso a la distribución de alimentos»[32].
>
> Manuel Díaz: «Nosotros planificamos las casas en conversaciones con todo el mundo, las conversaciones para las casas, toda discusión se daba en les manzanas, cómo iban a ser,

[31] Entrevista a Hernán Figueroa, de Villa Francia, 15 de abril de 2011.

[32] Entrevista a Fernando Parra, de Villa Francia, 12 de abril de 2011.

pero eso se aprobaba después en una asamblea general. Se discutía primero en el directorio, después en las manzanas y después de eso iba a la asamblea general, donde aprobaba o se rechazaba. Y bueno, ese era el estilo; la gente participaba, es que había mucha gente que trabajaba en la construcción...»[33].

h) Para todos nuestros entrevistados, la Unidad Popular representa una etapa muy importante en sus vidas, porque se sintieron «tomados en cuenta», participando de un proyecto colectivo, enriqueciendo sus vidas con un sentido social, «siendo parte» de la sociedad, y con un logro fundamental: un nuevo lugar digno donde vivir (su casa, su población).

Luzmenia: «Para mí, los días más lindos que he vivido en mi vida fueron los de la UP por todas estas cosas, por conquistar un sitio, por conquistar mi casa, *por sentirme parte de la sociedad,* que nos hizo valorizar tantas cosas».

Para Eugenio, que llegó muy joven a la Villa Francia y que junto a Carlos se hicieron dirigentes del Comité de Abastecimiento Directo, también la experiencia de la UP fue muy importante, ya que representó un verdadero cambio de vida para su familia.

Eugenio: «Entonces, para nosotros era muy novedoso todo lo que estaba ocurriendo; entonces fue muy notable para nosotros incorporarnos y, en lo particular, incorporarme en este proceso, *donde uno era tomado en cuenta,* donde uno se sentía parte de todo este proceso que se estaba viviendo. Sí, era muy bullente, si todo el mundo comentaba y yo creo que ahí había como muchas sensaciones, ideas cruzadas, muchas sensaciones, porque, por una parte, estaba todo el fenómeno psicológico de la adolescencia, también que atravesaba esta situación de sentirse importante y sentirse dirigentes y compartir con políticos mayores, y por tanto, era muy atractivo (...)

Entonces, existía una cierta reciprocidad entre estas políticas populistas o populares emanadas desde el gobierno y la incorporación nuestra a este fenómeno, que para nosotros desde el punto de vista de la política era como si antes no nos sentíamos tomados en cuenta, y luego con la UP y el abastecimiento popular, sentíamos que éramos alguien...Sí, bueno, me emociono en realidad en pensar en la experiencia de vida; yo creo que hay un antes y un después, tanto en lo personal como en la vivencia que nos tocó vivir como pobladores y como parte de una organización que se venía construyendo y que estábamos absolutamente convencidos que íbamos en la dirección correcta. O sea, para nosotros, el fin y la meta era como ver casi a la vuelta de la esquina y para nosotros tenía una resolución absolutamente tangible: teníamos la casa, teníamos para comer, podíamos estudiar, podíamos vestirnos, o sea, para nosotros era la senda de la vida en la cual se nos resolvía nuestro tema de pobreza»[34].

---

33 Entrevista a Manuel Díaz, ya citada.

34 Entrevista a Eugenio Cabrera, de Villa Francia, 8 de abril de 2011.

Conclusiones

Que los pobladores son los trabajadores en el barrio, se puede sostener sin mayores dificultades; que son lo mismo que la clase obrera en su lugar de residencia, coloca más de un problema en el sentido de la heterogeneidad de la clase obrera chilena –y más ampliamente de la noción de «trabajadores» en América Latina–. En este sentido, en la «población» hay trabajadores «formales», pero también muchos trabajadores «informales», que nunca alcanzaron ni alcanzarán la condición de «proletarios» en sentido estricto. Por otra parte, en la población han adquirido visibilidad y actoría otros sujetos colectivos, otras identidades colectivas, que para nuestras sociedades son muy importantes: las mujeres y los jóvenes. En la historia de los pobladores en Chile, las mujeres y los jóvenes emergen una y otra vez como protagonistas principales (las mujeres en las «tomas» de los años sesenta; los jóvenes en la protesta social de los ochenta).

En sentido amplio, entonces, es evidente que los pobladores son una vertiente de la clase popular chilena y que ampliaron y enriquecieron las movilizaciones populares en los años sesenta y durante la Unidad Popular. El problema entonces para la historia y las Ciencias Sociales es reconocer y valorar su protagonismo histórico, su actoría social y sus contribuciones para la democratización de la sociedad chilena. Es también una invitación a pensar que «el socialismo» no puede ser concebido solo como la disputa entre la propiedad privada y la propiedad social de los medios de producción, sino que el socialismo entre nosotros tiene tanto más que ver con los procesos de democratización que se verifican históricamente en la sociedad. La experiencia de los pobladores, durante la Unidad Popular, no se tradujo en el asalto a los barrios ricos y pudientes de la capital –como muchos sectores de la clase media acomodada llegaron a pensar– sino que especialmente en la construcción de sus propias viviendas y sus propias poblaciones. El socialismo para los pobres de la ciudad, en realidad, fue dejar atrás el pasado precario y marginal de los conventillos y las poblaciones callampas para comenzar a vivir en barrios nuevos, creados por ellos mismos y en interlocución con un Estado que se hacía responsable socialmente de sus deberes hacia los más pobres de la sociedad.

Historia y memoria. Villa Francia y su experiencia en la Unidad Popular

EUGENIO CABRERA MOLINA

El año sesenta y nueve
al poniente de Santiago
recuerdos que no son vago›
me dicen el tiempo es breve
el olvido no se atreve
porque es firme mi memoria
así nació a la historia
esta noble población
villa Francia doy razón
se encamina a la victoria[1].

Para iniciar este trabajo hemos recurrido a las décimas de un poeta poblacional –que usaremos durante todo el relato– que utilizó esta forma literaria para narrar acontecimientos que le tocaron significativamente, de los cuales fue testigo y protagonista. Estas décimas relatan el proceso de asentamiento de los pobladores de Villa Francia y otros hechos fundamentales en el desarrollo y constitución de su identidad.

Este artículo nace producto de la crítica efectuada por el autor al texto *Cuando hicimos historia, la experiencia de la Unidad Popular*[2]. En la presentación del libro, Julio Pinto, coordinador de la publicación, señala que los trabajos que se han escrito respecto a la experiencia de la UP se han centrado mayoritariamente en la derrota o en el drama y rara vez en la fiesta, lo que, supuestamente, ocurriría en ese texto. En nuestra opinión no es así, ya que en la exposición de los artículos y el desarrollo de las experiencias tratadas, la fiesta no aparece.

Como respuesta a la crítica, se nos pidió trabajar, desde esa perspectiva, la experiencia de la Unidad Popular en la Población Villa Francia (1970-1973). Para ello recurrimos a la historia oral y a la memoria de los protagonistas, lo que nos permitió repasar lo que fue ese período de intensa vivencia política y social de los pobladores en el proceso de construcción de la población y plasmarlo en el texto a continuación. En él revisamos cómo su llegada a los

---

1 Historia de Villa Francia en Décimas.

2 Julio Pinto Vallejos. (comp.), *Cuando hicimos historia. La experiencia de la Unidad Popular* (Santiago: LOM ediciones, 2005), 5.

sitios les permitió poner en juego sus tradiciones organizativas, a través de la elaboración de distintas estrategias que buscaban resolver los problemas relacionados con las precarias condiciones de habitabilidad y urbanísticas que les tocó enfrentar.

Pasamos revista a las organizaciones que comenzaron a surgir a partir de ese año y la forma en que se fue configurando un «universo» poblacional que implicó el surgimiento de una cultura propia, que le dio identidad al modo de ser «villafrancino», fuertemente politizado y determinado por el devenir político de los casi tres años del gobierno de Salvador Allende.

Recurrimos a autores que han desarrollado construcciones teóricas que permiten iluminar desde varios ángulos conceptuales las experiencias poblacionales de nuestro pasado reciente, y los utilizamos para analizar, específicamente, la experiencia de los pobladores de Villa Francia y su proceso de construcción de la población. Nuestro punto de partida es el año 1969, momento en que llegaron los primeros vecinos a instalarse en los terrenos asignados mediante el programa de Operación Sitio, en el antiguo fundo San José de Chuchunco, sector poniente de Santiago, acontecimiento que estuvo enmarcado en el contexto de la campaña presidencial para las elecciones de 1970 y en el gobierno de la Unidad Popular.

Identidad popular y memoria

Un concepto relevante en el desarrollo de nuestro trabajo es el de identidad popular. María Angélica Illanes[3] la define como el modo de ser y estar de la sociedad popular en el mundo. Plantea que es una construcción de la cual participan activa e históricamente los sujetos, construyéndose a sí mismos y entre sí mismos, de manera individual, colectiva, social y familiar, principalmente a través de aquellos elementos que son parte de su cotidianidad.

Este concepto supone horizontalidad, democracia e integralidad, e implica una intensa pertenencia e identificación de los sujetos con su territorio. Los espacios donde se construye el habitar popular están llenos de significados y forman parte del patrimonio de los pobladores, producto de la vida local y pública de la que participan.

Fundamental en un proceso de construcción de identidad es la memoria. Pedro Milos señala que sin ella *no hay identidad*[4]. Es considerada por el autor como un recurso que ayuda a enfrentar los diversos desafíos que la realidad plantea. Contiene la materia prima que permite imaginar un futuro posible y nutre de la capacidad de soñar y de valorar el

---

3 María Angélica Illanes, «La cuestión de la identidad y la historiografía social popular». En Mario Garcés, *Historias locales y democratización local, ponencias, debate y sistematización del seminario sobre historias locales* (Santiago: Eco, educación y comunicaciones, 1993).

4 Pedro Milos, «Memoria colectiva, entre la vivencia histórica y la significación». En Mario Garcés, (comp.) *Memoria para un nuevo siglo* (Santiago: Ediciones Lom, 2000), 45.

patrimonio vivido. Las experiencias vividas, con sus aciertos y errores, conforman un repertorio, protagonizado y vivenciado, al cual se recurre y del cual se aprende.

Recurrir a la memoria es un ejercicio que implica resignificaciones y actualización de contextos. Los sujetos son actores o testigos de las experiencias contenidas en la memoria. El «yo estuve ahí» supone un vínculo con el pasado que permite traer al presente la música que se escuchaba, la estética de la moda de la época, los sentimientos de miedo, de alegría. En este caso particular, los recuerdos de las primeras casas que se levantaron en la población con la ayuda del vecino que ni siquiera se conocía hasta antes de la llegada al sitio, junto con todos los sentimientos e impresiones que acompañaron ese proceso. «La memoria, de este modo, no es un acto puramente intelectual, racional, objetivo; al revés, cada vez que se convoca la memoria o los recuerdos, se convocan sentimientos, pasiones, miedos, sentidos»[5].

La acción de recordar es un intenso ejercicio en que los recuerdos adquieren nuevos significados; una representación mental, en la cual las imágenes del pasado son recreadas en el presente, determinadas por las matrices culturales que forman parte de nuestro imaginario individual y colectivo.

Distintos factores se entrelazan para elaborar las concepciones de mundo de cada sujeto, entre ellos la memoria, *el presente del pasado*[6]. La forma en que se recuerda, supone, necesariamente, una toma de posición, que se encuentra determinada por ideologías, constructos culturales, y que depende, también, de cómo se vivió el evento o hecho recordado. En el caso del periodo de la Unidad Popular, si se era partidario u opositor a ella, los significados que se otorguen a los hechos que se recuerdan serán positivos o negativos, de valoración o no. Es este un campo de la memoria que algunos autores han llamado de disputa, y que implica que «diversos grupos de la sociedad luchan y se disputan en torno a los modos de narrar el pasado, y más todavía los modos de narrar sus propias historias»[7].

En algunas oportunidades las vivencias de historias anónimas, marginales y populares, que los sujetos sociales y políticos alguna vez protagonizaron, van relevándose y cobrando importancia a través de su resignificación al paso del tiempo y de los hechos políticos posteriores que ellos experimentan. De esta manera, creemos que son los miembros de la comunidad estudiada los que deben ejercer su derecho al «habla» y relatar aquellos acontecimientos que les resultan válidos de dar a conocer.

En este trabajo hemos optado por la metodología de la historia oral, porque permite a los protagonistas «hablar» de su pasado y hurgar en sus memorias a través del ejercicio de recordar, y traer al presente aquellas imágenes que conforman su patrimonio de recuerdos.

---

5 Mario Garcés y Sebastián Leiva, *El golpe en La Legua, los caminos de la historia y la memoria* (Santiago: LOM ediciones, 2005), 16-17.

6 Joel Candau, *Antropología de la memoria*, citado en Mario Garcés y Sebastián Leiva, *El golpe en La Legua, los caminos de la historia y la memoria* (Santiago: LOM ediciones, 2005).

7 Garcés Mario, op. cit., 21.

«Se entiende por historia oral una historia que nace de la memoria que las personas guardan de su pasado y que se expresa normalmente como testimonio de experiencias significativas del pasado individual y colectivo»[8].

La historia oral permite, como señala Daniel James[9], dar voz a los sin voz, crear espacios que legitimen y valoricen las memorias, experiencias y percepciones contadas por personas y grupos, cuyas voces, hasta entonces, habían sido excluidas o ignoradas. A través de esta metodología, son los mismos actores los que valoran y resignifican su pasado. El historiador debe proporcionar los recursos para que esa «habla», esa voz, se escuche, tratando de no actuar como filtro que haga variar lo que el testigo quiere decir, aunque ello no sea necesariamente compartido por el profesional.

Los primeros pasos de Villa Francia, hacia la construcción de una cultura solidaria

Cierto día llegó la gente
eran estos unos potrero'
muy cerca el botadero
el zanjón estaba al frente
unas chacras al poniente
por detrás los arenale'
por aquí los matorrale'
tapaban todos los sitio'
unos hoyos daban ripio
y otros tanto materiale'.

A fines del invierno del año 1969, casi simultáneamente a la campaña presidencial de Salvador Allende para las elecciones de 1970, llegaron los primeros vecinos a instalarse en los 1200 sitios en que se dividía la población San José de Chuchunco, actual Villa Francia, ubicada en el poniente de la capital. Este sector colindaba con el cordón que formaban otros asentamientos populares, como las poblaciones Nogales, Santiago, Alessandri y Robert Kennedy, en Las Rejas Sur, en la actual comuna de Estación Central.

Su límite meridional estaba conformado por unos antiguos pozos areneros, de los cuales se extraía ripio y arena; al oeste por chacras de pequeños agricultores; al norte por la avenida Cinco de Abril y al este por la vecina población Robert Kennedy.

---

8 Ibíd., 13.

9 Citado por Jodi Pavilack, *La Historia Oral: trayectoria, innovaciones y la crítica de los historiadores*, ponencia presentada en el Taller de Historia Oral e Historia Local, Centro Martin Luther King, La Habana, Cuba, 2000.

El año 1969, la población Villa Francia fue la última de aquella zona en establecerse, justo en la ribera del canal Ortuzano –que corre paralelo de sureste a noroeste de la población–, donde comenzaban las chacras, sembradas con distintos productos durante el año. Allí existía una población de viviendas campesinas que activaba a muchos pobladores su memoria rural. La actual avenida Lo Errázuriz era, por entonces, un camino polvoriento, muy poco transitado, salvo por carretelas y vehículos que sacaban la producción agrícola para la comercialización en las ferias libres del sector. Esto constituía una suerte de frontera entre lo urbano popular y lo campesino. La población Villa Francia era un asentamiento popular y marginal, marcado por la relación campo-ciudad.

El tipo de poblamiento de Villa Francia se enmarcó en el contexto de la Operación Sitio, programa de solución habitacional impulsado por el gobierno del presidente Eduardo Frei Montalva (1964 – 1970), «que consistió en la entrega de terrenos urbanizados, una instalación sanitaria mínima y mediaguas u otro tipo de vivienda económica a familias de escasos recursos y en extrema necesidad de habitación»[10].

Los primeros pobladores

La llegada de los primeros vecinos se produjo de forma intempestiva, debido a rumores que circularon respecto a la amenaza de toma de los sitios por parte de otros pobladores aquejados por la falta de vivienda. Escucharon por radio que había tomas en Villa Francia y optaron por irse rápidamente a cuidar sus sitios. Adela Loyola, una de nuestras entrevistadas, cuenta que, junto a su familia, decidieron ir de inmediato a su terreno. Su hijo de 14 años se hizo cargo, mientras llegaba el resto de ella. Era el sueño de su vida lo que estaba en juego y había que velar porque se cumpliera, aun a costa de sacrificios de parte de algunos integrantes del núcleo familiar.

Los primeros pobladores se encontraron con sus sitios cubiertos de pastizales y demarcados solo por alambres. La primera tarea fue desmalezar y limpiar, para dejarlos en condiciones de ser habitados. Los terrenos evocaban, a algunos pobladores, su pasado campesino. Muchos vecinos venían de la zona sur del país:

> Llegái acá y te encontrái con surcos, te encontrái con pasto, es un poco recordar tu vida en el campo que... había sido súper rica[11].

Las condiciones de urbanización eran precarias; sin embargo, muchos pobladores recuerdan esos momentos de construcción de mediaguas y casas prefabricadas positivamente.

---

10 Mario Garcés, *Tomando su sitio. El movimiento de pobladores de Santiago. 1957-1970* (Santiago: LOM ediciones, 2002), 301.

11 Entrevista a Carlos Zarria, en UmbralesTv, televisora popular Villa Francia. Santiago 14 de agosto de 2001.

Este proceso gatilló el surgimiento de una cultura comunitaria, con identidad y arraigada territorialmente. Los sitios estaban divididos por una malla de alambre, lo que hacía que los vecinos estuvieran en permanente contacto. Era inevitable la convivencia y el desarrollo de afectos.

Adela Loyola recuerda a este grupo como una comunidad. En ella se desarrollaron prácticas de solidaridad y colaboración que dieron un sello particular a la convivencia[12]. Los vecinos entrevistados relatan que, ante cualquier problema, siempre había alguien dispuesto a acudir en ayuda, lo que fue muy importante durante la dictadura, cuando la población se vio afectada por la violencia de la represión.

Una nueva década

El año 70 fue un periodo de asentamiento definitivo. Se comenzaron a cimentar las relaciones sociales entre los vecinos, que empezaron a reconocerse como iguales y a construir las bases de una identidad, a través de un proceso cotidiano de generación de prácticas de subsistencia y de elaboración de estrategias colectivas orientadas a resolver los múltiples problemas que los aquejaban.

Además de los sueños de la casa propia, los pobladores compartían las ansias de una sociedad más justa, que les brindara mayores posibilidades.

> En ese tiempo [se sentían] los aires de esperanza de ganar con la Unidad Popular, y eso nos hacía hacer un trabajo mucho más fuerte, más bonito[13].

La sensación de que era posible el triunfo del candidato que representaba la posibilidad de un cambio sustantivo en las condiciones de vida, hacía que las dificultades de la falta de urbanización se enfrentaran con un estado de ánimo distinto, optimista.

Al nulo equipamiento urbano, se sumaba la falta de calles pavimentadas. No existía red de alcantarillado, agua potable, energía eléctrica, ni movilización colectiva hacia el interior de la población. A pesar de este panorama adverso, la valoración que hacen los vecinos de ese periodo está cargada de positivos significados. Esto se aprecia, por ejemplo, en la visión que tienen de las relaciones que comenzaron a construir y que forman parte de una matriz cultural que con el correr de los años les permitiría enfrentar mayores desafíos.

> El fenómeno [fue] muy rico..., porque aquí [nació] la solidaridad propia de los trabajadores, de los pobladores, de los alejados de la fortuna, porque [nacimos] de forma muy solidaria, compartimos las experiencias, las herramientas. Compartimos todo para levantar nuestra

---

12 Entrevista a Adela Loyola, Santiago, 31 de enero de 2013.

13 Entrevista a Hernán Figueroa, Santiago, 9 de febrero de 2013.

> ruca, nuestra casita. Cuando llegamos aquí nuestra esperanza era, realmente, tener este pedacito de suelo, cobijar aquí la familia. Hasta el día de hoy, es mi palacio[14].

Avanzado el año 70, se había generado una intensa vida social y comunitaria, fuertemente fraterna y solidaria, lo que se hizo patente en las tareas de construcción de las casas de la naciente población. Lo propio era generosamente compartido con quien no tenía:

> Aquí todo era solidario, si al vecino tuyo le faltaba algo tú se lo prestabas y no tenía que venir a pedírtelo[15].

No se prestaban tan solo las herramientas, sino también apoyo y auxilio en otras situaciones. De ese modo, se echaron las bases de una cultura popular comprometida con la colaboración mutua. Siempre se contaba con la ayuda espontánea y desinteresada de otro. Si un vecino debía ausentarse y se veía imposibilitado de armar su casa, recibía la ayuda de otros pobladores:

> Nosotros le ayudamos a parar sus paneles y cuando llegó en la noche... le teníamos la mitad de la casa pará[16].

En el siguiente testimonio, un vecino recuerda esta solidaridad vecinal. Carecía de habilidad manual y recibió apoyo en la construcción de su vivienda:

> Yo me acuerdo... que le pegaba muy poco a los clavos y la madera,... pero encontré viejos que me decían: oiga, compañero, yo le traigo el cemento, yo le traigo la arena; oiga compañero, no le pega na' a la cuestión, yo le pongo los primeros clavos; y no [había] costo monetario de por medio[17].

Estas prácticas de resolución de problemas tuvieron siempre un carácter colectivo, se legitimaron por sobre las individuales, y modelaron un estilo de ser vecino comprometido con el otro. Hubo un fuerte componente comunitario en la identidad de un sector importante de villafrancinos.

> Sacábamos la luz de la [población Robert] Kennedy..., [íbamos] con unos rollos de cable..., y [llegábamos] hasta mi casa... Todos los vecinos se colgaban y ponían una ampolleta, no daba para más. La luz que daba era igual que una vela... fue una etapa muy chora, muy

---

14 Ibíd.

15 Entrevista a Carlos Zarria.

16 Ibíd.

17 Entrevista a Hernán Figueroa.

linda, por eso que la coloco, porque a mí me marcó mucho, me metió en el tema de la solidaridad, pero a concho[18].

Esta misma estrategia para obtener energía eléctrica fue utilizada por vecinos de otros sectores de la población, lo que demuestra la masificación de las iniciativas colectivas que se idearon:

Desde 5 de Abril [tirábamos] los cables, a veces pasaba[n] por la caca y quedábamos todos sucios, pero había que seguir tirando no más[19].

En este periodo, todavía existía la amenaza de toma de sitios asignados aún no habitados, lo que obligó a que muchas familias llegaran apresuradamente a instalar carpas o precarias viviendas para defenderlos de otros pobladores sin casa. Finalmente la toma se produjo, pero en terrenos eriazos destinados a áreas verdes. Se produjeron varias tomas simultáneas de vecinos que no fueron favorecidos con asignaciones. Esto generó diversas respuestas entre los pobladores ya asentados. En algunos casos no hubo conflictos entre quienes estaban habitando sus sitios y los recién llegados, incluso se generaron muestras de mucha solidaridad y apoyo hacia estos últimos, gestos que con el correr de los años aún perviven en la memoria:

Un día en la mañana nos levantamos y estaba lleno de gente. Entonces cualquiera podría suponer que se iban a levantar los vecinos y agarrarlos a palos y los iban a echar... falso, nunca fue eso, todo el mundo se levantó, puso sus teteras, les llevamos agua caliente, leche para los niños, les prestamos los baños... eso me gusta a mí del poblador, el poblador es solidario por naturaleza[20].

En otros casos, las relaciones no fueron muy cordiales, aunque no se llegó a un conflicto declarado. Esto se produjo básicamente por la defensa que hacían –quienes llegaron inicialmente– de las áreas verdes. Pasado un tiempo la relación mejoró:

Empezó a cambiar la relación cuando empezaron a conocerse... empezó a tomar forma todo eso y hubo una relación mejor entre los vecinos[21].

En la acción directa de aquellos pobladores que se tomaron los terrenos, se observa la presencia de un sujeto activo y consciente, que elabora estrategias colectivas para resolver

18 Entrevista a Carlos Zarria.

19 Entrevista a Georgina, Santiago, 9 de febrero de 2013.

20 Entrevista a Carlos Zarria.

21 Entrevista a Gerardo Arenas, Santiago, 12 de febrero de 2013.

problemas de vivienda. El camino elegido estuvo fuera de los marcos legales que el Estado diseñó. De ese modo, esta acción los transformó en sujetos que interpelaron el modelo de solución oficial, restándole cuotas de legitimidad y, de paso, reivindicando un camino propio, que los ubicó en una posición de poder, como interlocutores válidos, a los cuales no fue posible ignorar.

Las estrategias colectivas llevadas a cabo por los pobladores sin casa que llegaron a tomarse terrenos a Villa Francia, con el correr de los años se instalaron como una forma legítima y eficaz, orientada a mejorar las condiciones de vida. Fueron referente de futuras acciones sociopolíticas que con el tiempo demostraron su eficacia.

La campaña presidencial y la memoria organizativa de los pobladores

Corrían los años setenta
venían las presidenciale'
rojos y radicale'
candidatos que se enfrentan
los momios hacían la venta
ofreciendo regalar
un buen sueldo que ganar
y un mundo ni soña'o
pero no fuimos engaña'o
ganó la Unidad Popular.

La campaña presidencial de Salvador Allende no pasó desapercibida para un importante sector de pobladores. Vivieron simultáneamente la experiencia de construcción, tanto de su población como del sueño de una nueva sociedad, encarnado por Allende:

> A medida que fuimos construyendo la casa fuimos construyéndonos como vecinos[22].

Algunos participaron activamente de la campaña, asistiendo a un comité de Unidad Popular en una población vecina, un poco más antigua:

> Allí íbamos nosotros. Me acuerdo que un día fuimos..., y Allende bajó del estrado y nos dio la mano a todas..., yo siempre estuve en ese contacto, en esa aspiración de que Allende fuera presidente[23].

---

22 Entrevista a Adela Loyola.

23 Ibíd.

Para los pobladores de Villa Francia fue una época de sueños: uno representado por la Unidad Popular, el otro por la casa propia. El primero sembró esperanzas para un sector importante de la sociedad, simbolizado por la figura de Allende, que finalmente llegó a La Moneda; el segundo, luego de muchas esperas y anhelos, de luchas y desvelos por tener algo propio donde vivir. Ambas experiencias fueron de gran importancia y marcaron sus vidas profundamente. Tenían un común denominador: todo estaba por construirse.

En la población, por todos lados se veía precariedad: en las calles y veredas sin pavimentar, y en la ausencia de tendido eléctrico y agua potable en muchas viviendas. Estas carencias motivaron a los pobladores a asociarse, reconocerse y articular la búsqueda de variadas estrategias de solución a estos problemas, facilitando, de paso, su proceso de politización.

En este contexto, reemergieron con fuerza las tradiciones cívicas de muchos vecinos. El ejercicio de votar tuvo un especial significado, ya que en él se vislumbraba la posibilidad de construir una sociedad mejor:

> La gente le tenía más cariño, más amor a su voto, yo me acuerdo que [cuando] cumplí los 21 años, al otro día me fui a inscribir. El [día del] voto era un día de fiesta, y cuando salió Allende, ¡imagínate![24].

Había anhelos de cambio en un importante porcentaje de la sociedad chilena. «Más del 60% de la población se pronunció por programas de transformaciones basados en una mayor participación social y política de las mayorías populares»[25], las que estaban representadas en las candidaturas de Salvador Allende y Radomiro Tomic. Esta voluntad de avanzar en trasformaciones sociales y políticas tuvo eco en Villa Francia. Surgieron varias organizaciones en las que se apreció esta racionalidad de creciente participación.

A los pobladores, este proceso les permitió encontrarse con vecinos que «hablaban» su mismo idioma político, lo que significó, al poco tiempo, el establecimiento de relaciones que culminaron en la fundación del Partido Socialista y el Partido Comunista en Villa Francia. Varios de los militantes de este último integraban un Comité de Vivienda creado en la población Nogales:

> El Partido Comunista [llegó] con el comité de la vivienda... yo tengo [el] recuerdo [de] [que una dirigente histórica] venía de Los Nogales[26].

---

24 Ibíd.

25 Taller Nueva Historia, Serie: *Historia del movimiento obrero*, Tomo IV, N° 10, «El movimiento popular y la vía chilena al socialismo 1970 – 1973» (Santiago: ECO, Taller Nueva Historia, 1990).

26 Entrevista a Gerardo Arenas.

Surgieron diversas orgánicas partidarias que animaron un temprano proceso de politización, incorporando nuevos elementos a la cultura poblacional. Había un fuerte compromiso con la realidad política nacional. Ejemplo de esto es la fundación del comité de la Unidad Popular para la elección de Salvador Allende

> Entonces nace [el comité de la Unidad Popular], con los amigos comunistas que estaban por otro lado organizándose..., nos juntábamos en diferentes lugares..., en la escuela de madera [una antigua escuela hoy inexistente], éramos unas 50 o 70 personas militantes[27].

Se reprodujo localmente la politización que vivía el país. En un escenario político nacional tensionado y polarizado, las organizaciones populares en Villa Francia asumieron un rol protagónico, con el objeto de enfrentar, por un lado, los problemas que les afectaban en tanto pobladores, y por otra, sintiéndose parte de los desafíos del gobierno de la UP, con el cual un sector importante de la población simpatizaba o derechamente sentían suyo.

Muchos pobladores traían a cuestas una tradición organizativa y política que significó que dispusieran de una eficaz herramienta de memoria participativa, que permitió afrontar de una forma más creativa y dinámica su quehacer político y social. Varios de los testimonios recogidos en las entrevistas dan cuenta de ello:

> Mi padre era comunista... cuando tenía doce, trece años..., íbamos a las reuniones... repartía *El Siglo* en la mañana, tipo 6 de la mañana, con mi padre[28].

Las estrategias para sindicalizarse eran parte del repertorio de tradiciones organizativas, como relata una vecina que fue dirigente y ocupó el cargo de secretaria del sindicato en Algodonera Colón:

> ...nosotros armamos el sindicato... nos fuimos a una fuente de soda para que se inscribieran... Yo tenía simpatías por el Partido Socialista, yo iba a las reuniones, participaba por todos lados[29].

Igualmente, otro poblador recuerda su historia de acercamiento al pensamiento crítico en la ciudad de Angol:

> ...yo me allegué desde siempre... la güeá rara. Había un sargento de carabinero, don Lucho Riquelme, él era un revolucionario, y nos juntábamos en la esquina a conversar y hablábamos de socialismo... y hartos jóvenes le escuchábamos. Era un paco distinto. Nos agrupábamos en

---

27 Entrevista a Hernán Figueroa.

28 Entrevista a Adela Loyola.

29 Entrevista a Georgina.

la juventud socialista, pero juventud de 13 años... de cabro chico nací marcado con el partido que a mí me gustaba, por influencia de un sargento de carabinero[30].

Este era el sustrato sobre el cual comenzaron a construirse las primeras organizaciones que surgieron en la población. Si bien a partir de las entrevistas se percibe la presencia de partidos políticos, estos no ejercieron una influencia decisiva entre los pobladores, más bien promovieron la participación:

> Estaban los partidos, pero no estaban posesionados de la población... Yo militaba en el Partido Socialista... nos juntábamos con otro, otro y otro. Nos empezamos a conocer, [hablábamos] el mismo idioma, y nos dimos cuenta [de] que militábamos, y formamos el Partido Socialista aquí en Villa Francia. Fue al poquito tiempo de llegar[31].

Las primeras organizaciones y la Unidad Popular

Desde los inicios de la población, existió entre los vecinos inquietud por organizarse. Las primeras asociaciones fueron aquellas destinadas a resolver la precariedad de la urbanización, como la ausencia de energía eléctrica o de locomoción colectiva. Las soluciones colectivas fueron una forma concreta de resolución de problemas característica de la cultura organizacional de la población.

Los primeros meses estuvieron marcados por los procesos de aprendizaje colectivos, así como por el ejercicio de la tradición organizativa y política de los pobladores. Estos aprendieron a ser solidarios, a relacionarse con otros iguales, y a ser parte de la esperanza por una sociedad mejor, en cuya construcción ellos tenían mucho que decir.

Uno de los primeros ámbitos que despertó el interés organizativo de los vecinos de la población fue el de la construcción de sus viviendas, las primeras casas construidas, que fueron pocas, no fueron bien recibidas. En Villa Francia se aplicó el plan habitacional 20.070, que contemplaba viviendas de materiales mal evaluados por los pobladores. Las casas se construirían con paneles mezcla de plumavit con cemento. Los vecinos pensaron que *tenían derecho a algo mejor*. A la llegada de la Unidad Popular al gobierno, recurrieron a las instancias correspondientes para hacer oír sus reclamos:

> El gobierno de la Unidad Popular nos ofrece dignidad, nos ofrece ser pobladores dignos, no merecemos este tipo de vivienda, queremos casa de albañilería[32].

---

30 Entrevista a Hernán Figueroa.

31 Entrevista a Hernán Figueroa.

32 Ibíd.

Había llegado la hora de que las promesas de una sociedad nueva se expresaran en acciones concretas. Eran merecedores de respeto, sujetos constructores de su propia historia, capaces de hacer valer las razones de su disconformidad. En una asamblea de pobladores, se resolvió enviar a un representante de la organización a una reunión al Ministerio de Vivienda y presentar las inquietudes de los vecinos. Fueron recibidos por el subsecretario de la cartera, que aceptó la propuesta que llevaban inmediatamente:

> Cosa que después nos dejó pensando. Somos poderosos, nos abrieron las puertas..., vamos a cambiar el sistema de casas 'cipol' por albañilería. Un triunfo. Y aquí nosotros llegamos, nos sentíamos importantes[33].

Se estaba produciendo un cambio cualitativo en la autoestima de los trabajadores y pobladores. Eran recibidos y escuchadas sus demandas. En otro tiempo el Estado habría respondido principalmente de forma represiva y coercitiva. Ahora ellos llevaban a cabo prácticas que reflejaban un desarrollo en sus capacidades organizativas. Se convirtieron en sujetos articuladores de estrategias de negociación y presión. Fueron los primeros pasos organizativos de Villa Francia, que ensayaba cómo relacionarse con el gobierno popular.

Tiempo después recibieron la información de que en los planes del Ministerio de Vivienda se encontraba contemplado el cambio del tipo de construcción que había motivado el reclamo de los pobladores ante el organismo. Esto no resta valor a la gestión llevada adelante por ellos, al contrario, se percibe el carácter de sujeto que asumen los pobladores de la organización vecinal y la capacidad de negociación demostrada, revelando la presencia de un actor autónomo, consciente, capaz de interactuar y erigirse como interlocutor válido y legítimo, en un contexto político que propiciaba el protagonismo de los sujetos sociales. En esos años «la participación en organizaciones sociales se amplía, creándose o vigorizándose los centros de madres, juntas de vecinos, clubes deportivos... El clima social se convulsiona y la sociedad busca verse representada en todos los niveles»[34].

En Villa Francia se abrieron espacios de participación, el clima imperante convocaba a organizarse, era difícil restarse al ánimo de asociación. Este germen se filtraba por todos lados, impregnando la vida cotidiana de los pobladores, que se acercaban con naturalidad a las nacientes organizaciones, más aún si percibían que a través de ellas era posible tener éxito en la búsqueda de mejorar sus condiciones de vida.

Las primeras organizaciones que surgieron fueron los Comités Territoriales, con un delegado por manzana. Algunos comités estaban ligados con sus lugares de origen. Ejemplo de ello es el comité Triángulo de Maipú, proveniente del sector La Palma, en el barrio Estación Central.

---

33 Ibíd.

34 Mario Alburquerque et al. «El movimiento popular y la vía chilena al socialismo 1970-1973». *Cuadernos de historia popular*. Serie: historia del movimiento popular, tomo IV, N° 10. Santiago (1990): 32.

Más tarde surgió la necesidad de crear una organización más eficaz, que diera cuenta de las demandas planteadas por los pobladores. Esto se concretó con la creación de la primera junta de vecinos:

> Se vio la necesidad de [crear] la Junta de Vecinos. [vino] como ministro de fe el compañero Araos de Maipú. Era subdelegado de gobierno o no sé... ahí nos constituimos como Junta de Vecinos con [todas las] de la ley... Salieron elegidos tres socialistas, dos comunistas..., uno o dos democratacristianos[35].

Los espacios participativos y organizativos se encontraban fuertemente politizados. El triunfo de Salvador Allende y la Unidad Popular tuvo importantes consecuencias para los pobladores de Villa Francia. En ese contexto se efectuó la elección de la primera junta de vecinos, cuyos candidatos difundieron su correspondiente propaganda política.

> Había una efervescencia buena. La esperanza del pueblo era esa. Había alegría. Las primeras 40 medidas las conocíamos y eso nos satisfacía plenamente, ¡puta madre era muy rico![36].

Una gran parte de la población tenía sus esperanzas puestas en el gobierno de la Unidad Popular; sin embargo, no todos compartían esas expectativas. Amplios sectores pensaban que por esa vía no sería factible concretar los sueños de una sociedad socialista. Eso generaba discusiones que eran reflejo de los niveles de politicidad y debate que atravesaban la sociedad chilena de la época. Los pobladores de Villa Francia no estaban al margen:

> Había un compromiso de mucha gente, [mucha] satisfacción, [como] primera cosa. [Estábamos tratando de] cambiar el sistema de vivienda, y hartas cosas más políticamente. [Estaba] el cantar poblacional, [la] fiesta, había fiesta, la solidaridad entre nosotros se afiató mucho más[37].

Durante el año 71, el gobierno de la Unidad Popular logró importantes avances macroeconómicos: se redujo la inflación del 35 al 22%; los índices de desocupación cayeron del 8 al 3,6%; la producción industrial aumentó en un 12,1%, trabajando al 100% de la capacidad productiva nacional instalada; en el sector de la construcción aumentó en un 12,2%; en la agricultura y la pesca en un 6% y en la minería en un 5,7%[38].

---

35 Entrevista a Hernán Figueroa.

36 Ibíd.

37 Ibíd.

38 Mario Alburquerque et al. «El movimiento popular...», 6.

Las cifras macroeconómicas incidieron significativamente en la vida cotidiana de la población, se redistribuyó el ingreso en favor de los sectores populares, quienes alcanzaron una cifra récord de participación en la renta nacional de un 62%[39], modificando sus condiciones de vida:

> Mi padre [adquirió] el primer televisor que tuvimos en la casa..., antes teníamos que estar mirando por la ventana de las casas que tenían..., esa [fue] una alegría que nosotros tuvimos[40].

Hubo un cambio en la vida cotidiana y concreta de muchas familias. Ahora, los sectores populares también podían acceder al «confort» brindado por la tecnología. En cierta medida, se «democratizaba» el acceso a bienes que antes estaban vedados para los trabajadores.

> También se [construyeron] los balnearios populares..., a mí me tocó ir por primera vez a ver el mar..., yo no lo conocía, a esa edad[41].

Las estadísticas y datos del período, de los organismos correspondientes, registran el porcentaje de los pobres que pudieron acceder a los planes populares de veraneo propiciados por el gobierno de la Unidad Popular, sin embargo, esas cifras no alcanzan a transmitir el significado que tuvo para aquellos que pudieron «conocer el mar» a los 18 años, ni las repercusiones producidas en la cultura, y en la percepción y el compromiso de estos pobladores con el gobierno de la UP, que promovió esas mejoras en su calidad de vida.

> Ahí nos [llevaron] y nos [enseñaron] a cepillarnos los dientes, cosa que no era costumbre para nosotros los pobres. A tomar leche, a tener un horario..., fue muy hermoso, a pesar [de] que yo tenía esa edad (18 años)[42].

La memoria de los pobladores no se puede cuantificar en porcentajes macroeconómicos, los cambios en sus condiciones de vida tenían significados concretos. Estaban viviendo mejor que antes, accedían a bienes que les permitían ser más felices; ¿pensar una sociedad distinta no implica un poco esto? Un pasado de carencias materiales se comenzaba a dejar atrás, tenían la posibilidad de mejoras concretas. Salvador Allende encarnaba ese proceso, y se erigía como responsable de abrir nuevos horizontes y esperanzas para muchos pobladores, entre ellos los de Villa Francia:

---

39 Ibíd.

40 Entrevista a Gerardo Arenas.

41 Ibíd.

42 Ibíd.

> No se comía todos los días en las casas de los pobres, por eso es que la solidaridad era una práctica cotidiana..., con Allende empezamos a comer todos los días y nos hicieron casas de material [sólido], en un sitio enorme, para que se pudieran criar aves y plantar lechugas, ¿se acuerdan cuando Allende decía que teníamos que plantar nuestros sitios con verduras?[43]

Además de existir una mejoría evidente en la calidad de vida de los pobladores, también existía una percepción de recuperación de la dignidad, de haber dado un salto cualitativo, de ser reconocidos como sujetos de derecho. Esto queda expresado fuertemente en el testimonio de uno de nuestros entrevistados, cuando relata que por primera vez podía asistir a clases con vestimenta nueva:

> Una hermosura, porque me sentía yo participante de eso, me sentía como [en] un sueño, porque, primero que nada... Yo estudiaba en los talleres San Vicente, con todo el uniforme y los útiles escolares, la verdad de las cosas [es que] yo nunca tuve ese uniforme entero y [ahora podía] usarlo e ir tan bonito a estudiar[44].

La experiencia que los pobladores tenían de la pobreza alcanzaba niveles impactantes. Estudiantes de familias con varios hermanos, como la de nuestro entrevistado, usaban el mismo par de zapatos, en distintos horarios, para asistir a clases. Ahora, la realidad les permitía la posibilidad de mirar con optimismo el futuro. Este era parte del proceso de cambios que promovía la Unidad Popular. Mirado desde la óptica de quienes lo vivían, cabe preguntarse: ¿quién sino ellos puede asignar un valor a las transformaciones que experimentaron en sus vidas? ¿Cuáles, sino sus voces, son las que deben escucharse cuando escudriñamos el horizonte popular para descubrir las experiencias guardadas en la memoria de los que vivieron ese periodo?

Dentro de este contexto, durante el año 71, llegaron a Villa Francia los Saltamontes, un programa de Educación Popular de la oficina de Desarrollo Social del gobierno de Salvador Allende. Su objetivo era ayudar en diversas poblaciones a desarrollar procesos organizativos. Para los pobladores tuvo bastante significado. La iniciativa gubernamental permitía ejecutar variadas actividades culturales en los lugares donde se asentaban. Se presentaban obras de teatro y capacitaciones a los jóvenes interesados en desarrollar alguna disciplina artística:

> La Operación Saltamontes era una [iniciativa] del Ministerio del Interior. Era muy rica, muy interesante, no solamente eran profesores, no solamente eran cantores, no solamente nos venían a entretener. Era un grupo de trovadores..., traían teatro callejero y cantábamos con ellos, vibrábamos con ellos. Obras de teatro en las cuales se interpretaba un poco al poblador

---

43 Entrevista a Margarita Cabrera, Linares, 27 de febrero de 2013.

44 Entrevista a Gerardo Arenas.

de Villa Francia..., nosotros mismos nos veíamos en el escenario actuando. Los Saltamontes no solamente actuaban, sino que también enseñaban teatro[45].

El último relato nos permite apreciar las huellas que dejó en la memoria de los pobladores el gobierno de la Unidad Popular. Según nuestro entrevistado, la política cultural impulsada por el gobierno fue una oportunidad de acercarse a distintas expresiones artísticas que facilitaron otra forma de educarse en torno a la historia popular y de los trabajadores del país.

> Para mí, antes de la llegada de los Saltamontes, la Violeta Parra era una cantora cualquiera..., pero no tomábamos en cuenta su canción, su letra, su llegada, su profundidad. Y estos compadres nos hicieron saltar la chaucha. Se nos abrió la mente..., las expresiones por vivir mejor no solamente se encontraban en un *sitio*, también se encontraban en las canciones, en canciones revolucionarias, canciones de historia, de historia de boca en boca, que cuentan los historiadores de guitarra[46].

Nuevos sujetos populares emergieron en las temáticas musicales, surgió una apuesta estética que rompía con la llamada música típica chilena[47], cuya imagen central era la del huaso de manta y espuela junto a la china de trenza y delantal. Ahora, la figura principal de la Nueva Canción chilena eran hombres y mujeres de trabajo que luchaban por mejorar sus condiciones de vida; los relatos musicales hablaban de la conquista de sus derechos, de sus demandas por condiciones de trabajo dignas, y anunciaban una nueva sociedad, en correlato con los objetivos del gobierno de Salvador Allende:

> Los Saltamontes..., creo que fueron los que más hicieron entender al pueblo, [con, por ejemplo] una canción como la Cantata Santa María [de Iquique], que no [conocíamos]. Éramos tan pobres que no nos llegaba la cultura, y ellos la trajeron, envasadita, en persona, y vestían como nosotros, comían con nosotros, hacíamos comida juntos[48].

La Operación Saltamontes organizó, también, una Escuela Popular. Para comienzos de la década del 70, no hay una cifra exacta respecto de los niveles de alfabetización de los pobladores en Villa Francia:

---

45 Entrevista a Hernán Figueroa.

46 Ibíd.

47 Juan Pablo González, Oscar Ohlsen, Claudio Rolle, *Historia social de la música popular en Chile, 1950–1970* (Santiago: Ediciones Universidad Católica de Chile, Diciembre 2010), 323.

48 Entrevista a Hernán Figueroa.

> No solamente hablaban de cultura, también de números... Hicieron una escuela básica para escribir, porque había muchas personas que apenas escribían, [entre] los que partimos había un alto nivel de analfabetismo, que no se nombra, pero lo había[49].

El nivel de organización de los pobladores en el año 1971, en Villa Francia, era importante. El clima de participación política y social lo propiciaba. Estas organizaciones no solo permitieron articular estrategias para mejorar sus condiciones de vida, sino que también satisfacer la necesidad de relacionarse en espacios públicos con otros vecinos y compartir vivencias comunes. La participación en organizaciones era parte del diario vivir, se había instalado en el sentido común de muchos vecinos.

Durante ese año, producto de la campaña de la Operación Saltamontes, se formó el grupo juvenil con el mismo nombre: «Saltamontes», *que eran puros hombres...* había otro grupo mixto, se llamaba la «Coneja», que se reunía en las casas. Ambos se unieron y formaron el grupo juvenil «Alma Joven», que contemplaba actividades desde una perspectiva crítica, orientadas a la *denuncia de los problemas que estábamos viviendo*[50].

La labor de este grupo juvenil estuvo apoyada por la doctora Fanny Pollarollo y otros dos profesionales, provenientes del consultorio San José de Chuchunco, quienes entregaban orientaciones tendientes a lograr una mejor organización, aunque también se trataban temas relacionados con la realidad y la problemática de los jóvenes de la época.

Otra experiencia de organización importante fue la fundación del Centro de Madres «Villa Moderna». Como hemos dicho antes, los síntomas de politización y tensión del periodo se repitieron en pequeña escala en las organizaciones locales. De esta forma, la elección de la directiva de la coordinadora que agrupaba a los centros de Madres de Villa Francia, estuvo mediada por la rivalidad partidista. Como presidenta fue elegida una simpatizante del MAPU; como secretaria, una profesora que era del Partido Comunista; y como tesorera, una de nuestras entrevistadas, militante del Partido Socialista[51]. Varias de las integrantes de los Centros de Madres a los cuales hemos hecho alusión tenían tradiciones organizativas de izquierda, lo que les permitió formar parte activa del proceso de politización que se vivía en la población, transformándose, en cierta medida, en sus líderes, y contribuyendo a la formación de una cultura de participación y protagonismo de los pobladores en el periodo.

---

[49] Ibíd.

[50] Entrevista a Patricia Monroy, Santiago, 15 de febrero de 2013.

[51] Entrevista a Guacolda Rodríguez, Santiago, 15 de febrero de 2013.

La Comunidad Cristiana Cristo Liberador

Fue por aquel mismo tiempo
que llegaron las monjita'
y venían unas poquita'
cumpliendo un mandamiento
Jesús era el sustento
de lo que iban a hacer
él ansiaba ver crecer
en la pobla una semilla
cuatro tablas eran capilla
de la iglesia por nacer.

La tradición de participación previa, mencionada anteriormente, fue fundamental también en la formación de, a lo menos, tres grupos de oración y reflexión de cristianos en la población –autoconvocados–. No estaban interesados en constituirse en grupos centrados en los rezos, sino en la problematización de la vida cotidiana, de las relaciones de pareja, con los hijos, etcétera, aunque no había mucha claridad respecto a la dirección que tomarían. Lo concreto era la búsqueda de asociatividad, estar juntos, organizarse. En una jornada realizada en Isla Negra, el 26 de diciembre de 1972[52], se constituyó la Comunidad Cristiana Cristo Liberador, animada fuertemente por las orientaciones del Concilio Vaticano II y la Conferencia de obispos de Medellín.

Entre los primeros integrantes se cuentan dos matrimonios, el sacerdote Mariano Puga, el también sacerdote y teólogo Pablo Richard y algunos seminaristas. La primera tarea que se propusieron fue hacer un puerta a puerta para contarle a la población en qué consistía esta experiencia de iglesia popular, que rompía con las formas tradicionales de ser iglesia, en la que el sacerdote tenía el rol principal. Ahora este rol se disolvía en una estructura amplia y más democrática, con un activo y creciente protagonismo de los laicos, animados por religiosos influidos por el espíritu del Concilio Vaticano II, cuyos aires soplaban en la iglesia latinoamericana. Importante influencia tuvo, también, la Teología de la Liberación, que implicaba una relectura de la Biblia a partir de la realidad de los pobres del Tercer Mundo, y un llamado a los religiosos a comprometerse con proyectos políticos que promovieran un cambio sustancial o radical de su situación de pobreza, marginalidad y explotación. Esto se materializaba en proyectos cercanos al socialismo, como la experiencia chilena.

Para estos religiosos, la inserción entre los pobres fue fundamental en su vivencia como cristianos. Según el teólogo Fernando Castillo, se estaba produciendo un proceso de encuentro y generación de una nueva identidad de iglesia:

---

52 Entrevista a Norma Ávalos, Santiago, 28 de febrero de 2013.

[Implicó] para muchos agentes de pastoral un cambio físico hacia el mundo de los pobres, [se trasladaron] especialmente [hacia] las poblaciones periféricas, [a] asumir las condiciones de vivienda, alimentación, salud del mundo popular..., participando en su cotidianidad, solidarizando con sus aspiraciones, asumiendo sus luchas[53].

El proceso que vivió la Comunidad Cristiana Cristo Liberador fue una experiencia rupturista, surgida en el contexto de las orientaciones señaladas y fortalecida por las problematizaciones y cuestionamientos llevados a cabo en su interior, con el objeto de redescubrir un nuevo lugar en el mundo. Este proceso estaba muy determinado por el clima de cambios y reformas imperante en la época, el impacto de la Revolución Cubana y la emergencia de estrategias políticas que procuraban cambios sociales a través de procesos revolucionarios, que incluyeron, en algunos casos, la vía armada.

Los laicos hicieron una relectura de la Biblia desde su condición de pobres, pero también como actores sociales protagónicos y conscientes del papel que les tocaba jugar. Así explica un entrevistado los procesos de reflexión que se producían al interior de la comunidad:

Partía[n] desde el quehacer y el movimiento de pobladores..., incluso nos insertamos en grupos de la Unidad Popular, [sentíamos] que lo que estaba haciendo la Unidad Popular era algo en que los cristianos podíamos colaborar[54].

Para una parte de los pobladores de Villa Francia, la participación en la Comunidad Cristiana representaba una manera de vivir la fe desde una perspectiva nueva y concreta, desde su propia realidad de pueblo pobre. Más que centrar esfuerzos en construir una parroquia en la población, querían afianzar los «templos vivos»:

Los de carne y hueso, que tuvieran clara la película de lo que era unir fe y vida[55].

Esto se manifestó en el compromiso que asumieron algunos miembros de la Comunidad, al integrarse al Comité de Abastecimiento Popular durante la crisis de abastecimiento de alimentos en 1972.

Esa experiencia nos fortaleció..., para no bajar la guardia..., si no hubiese sido por [ella] nos habríamos quedado en casa[56] [durante la dictadura militar].

---

53 Fernando Castillo L., *Iglesia liberadora y política* (Santiago: Eco, Educación y comunicaciones, 1986), 52.

54 Entrevista a Norma Ávalos.

55 Entrevista a Guacolda Rodríguez.

56 Entrevista a Norma Ávalos.

La Comunidad Cristiana colaboró en la conformación de una identidad poblacional, fortaleció el valor de la autonomía y la dignidad, y reforzó el aspecto solidario y cuestionador. Sus miembros lograron conjugar lo nuevo del mensaje de la Teología de la Liberación con otras formas de hacer política en la población, más democráticas y horizontales, que irían madurando paulatinamente al calor de los acontecimientos por los que atravesaría la vida poblacional en esos intensos mil días de la experiencia de gobierno de la Unidad Popular.

Querían darse a conocer de una manera acorde con los tiempos que se estaban viviendo, tanto en el país como al interior de la propia Iglesia institucional. Se reconocían como parte del mundo popular, asumiendo en plenitud la compleja realidad sociopolítica nacional. Ante ella, como cristianos, definieron su papel y tomaron posición.

> Sentíamos que la Unidad Popular estaba jugándosela por el otro y eso era para nosotros ser cristianos[57].

Participaban activamente en asambleas de pobladores, en reuniones con dueñas de casa, etc:

> Nos [fuimos] insertando y colaborando... siempre haciendo referencia e invitando a [participar de] la Comunidad Cristiana[58].

El camino que había que recorrer para mostrar a la población esta nueva experiencia de ser iglesia no fue fácil, los veían como bichos raros,

> No eran cristianos sino que upelientos[59].

No se declaraban orgánicamente como parte de la Unidad Popular, solo se insertaban en las organizaciones que estos tenían en la población. Tanto su modelo de iglesia como ellos mismos escapaban a los moldes que guardaba la memoria popular de lo que debía ser esta, por lo tanto, no era extraño que despertaran las suspicacias de sus vecinos. Para ellos –los críticos– lo normal era que la vida y las actividades religiosas transcurrieran dentro de los templos y parroquias. Que los cristianos se preocuparan de lo contingente iba más allá de los límites que concebían. En esta apuesta de construcción de la nueva iglesia bajo las orientaciones del Concilio Vaticano II, gran influencia tenía el cura de la población, Mariano Puga:

---

57 Ibíd.

58 Ibíd.

59 Ibíd.

[Él] nos enseñó a leer la Biblia..., lo que es la fe y la vida. La contingencia no podía quedar fuera[60].

Muy difícil debe de haber sido para una parte de la población comprender el funcionamiento de esta primera Comunidad Cristiana. Ni siquiera tenían dónde reunirse:

[Mariano] nunca quiso tener capilla..., él quería tener la iglesia gente, porque la iglesia somos las personas..., lo otro es el edificio[61].

Al principio realizaban sus liturgias y celebraciones en las casas de las familias. En esos encuentros conversaban del papel de los cristianos en la sociedad y vivían la experiencia de su fe a través de una relectura de la Biblia, descubriendo en ella las motivaciones para su inserción en la vida concreta de la época.

El [sacerdote Mariano Puga] siempre quiso afianzar..., que tuvieran clara la película de lo que era unir fe y vida[62].

Este proceso de construcción de un modo nuevo de ser cristiano, comprometido con los problemas diarios del pueblo, estuvo cruzado por el devenir social y político por el que transitaba la sociedad chilena. La Comunidad Cristiana Cristo Liberador tomó partido por los más pobres, es decir por ellos mismos. Elaboró un discurso teológico desde una perspectiva popular. Estaban a favor de la construcción del reino, pero no en los cielos, sino que en la terrenal vida cotidiana.

Querían ser una comunidad de cristianos que junto con celebrar [su] fe en Jesucristo Liberador, [redescubriera] también la dimensión política en el amor al hermano[63].

Era un proyecto, con importantes rasgos de autonomía y protagonismo laical, que se iría intensificando con el transcurrir del tiempo, al continuar participando en los espacios e iniciativas poblacionales, al calor de los aprendizajes comunitarios y teológicos sobre cómo vivir su compromiso cristiano y político.

---

60 Entrevista a Guacolda Rodríguez.

61 Ibíd.

62 Ibíd.

63 Escrita por pobladores de Villa Francia, *Nuestro Testimonio. Historia de la Comunidad Cristiana Cristo Liberador* (Santiago: Fe y Solidaridad, 1980).

Los pobladores en movimiento

1971 fue un año significativo para los habitantes de la población. Se había iniciado la construcción de las nuevas viviendas de material sólido para un sector importante de familias y también se avanzaba en algunos servicios básicos de urbanización. Atrás iban quedando las precarias condiciones de habitabilidad del comienzo. En lo organizacional se habían consolidado varias experiencias que daban cuenta de un franco proceso de politización, asociatividad y autonomía. Si bien el Partido Socialista y el Partido Comunista funcionaban en Villa Francia, no tenían incidencia notoria en la vida sociopolítica de ella, hasta la amenaza de toma surgida durante el verano de 1972, cuando se produjo un giro importante en ese sentido. En aquel momento corrió el rumor de que un grupo de pobladores sin casa intentarían tomarse sitios habitados, porque los consideraban demasiado grandes para una sola familia. Querían forzar una división del sitio, de modo que pudieran vivir dos familias en ellos.

Ante esto, los pobladores se organizaron espontáneamente y montaron guardia para cuidar sus terrenos. Durante la noche y por espacio de una semana Villa Francia pasó las noches en vela. Innumerables fogatas iluminaron las polvorientas calles de la población. Muchos sacaron mesas y se reunieron para tomar café, mate y, no pocas veces, algún licor. Esto permitió estrechar lazos de afecto e intensificar la «vecindad», además de generar una suerte de apropiación del espacio público y afianzamiento de la territorialidad, enraizando aún más el modo de ser villafrancino. Esta forma de accionar, espontánea y autónoma de los vecinos, para salir en defensa de «su» población, sería antecedente de otras experiencias importantes con el correr de los años y en circunstancias distintas.

Una consecuencia de esta coyuntura fue la llegada del MIR. Algunos militantes tomaron contacto con la estructura partidaria de Maipú, insertándose de inmediato en el quehacer local:

> Y empieza a [haber] un trabajo político ahí..., empieza a crecer el MIR y a captar militantes[64].

Uno de estos militantes sería, posteriormente, el presidente del Comité de Abastecimiento Popular, de importante trayectoria en la población hasta el golpe militar de 1973.

Los jóvenes no estaban ajenos a este clima de efervescencia política. Aprendían aceleradamente a utilizar la palabra y a dar su opinión.

> Teníamos grupos de estudio y trabajo de voluntariado. En la escuela vieja hacíamos algunas clases, a veces, a los cabros chicos..., de apoyo escolar[65]. Discutíamos en las esquinas, los jóvenes, hombres y mujeres aprendimos e hicimos democracia[66].

---

64 Entrevista a Fernando Parra.

65 Entrevista a Elena Lizama, Santiago, 9 de febrero de 2013.

66 Entrevista a Margarita Cabrera.

La discusión era un ejercicio diario que inundaba las relaciones sociales y políticas. También había instancias y espacios que permitían a los pobladores nutrirse culturalmente. El acceso a distintas expresiones artísticas comenzó a formar parte de la vida cotidiana de muchos pobladores, que estaban viviendo una experiencia cualitativamente distinta:

> Íbamos al cine muy seguido. Aprendí a ver y disfrutar este arte..., se hacían enormes filas para entrar al cine. Toda la gente tenía acceso a ver buen cine[67].

La estética y temática de los textos del canto de los artistas de la Nueva Canción chilena establecieron una mayor sintonía entre los cantores y el sector popular. Algunos se sentían identificados profundamente con los sujetos sobre quienes se cantaba. Eran letras que se ocupaban de la realidad de los trabajadores del campo y la ciudad, de sus luchas por mejorar sus condiciones de vida y de trabajo. Como dijimos anteriormente, se produjo un salto cualitativo que desplazó a la canción típica de postal del campo chileno, cuyo rol principal lo cumplía el patrón, donde el campesino aparecía como parte del coro que debía aplaudir los puntos que ganaba el patrón del fundo en el rodeo. Las nuevas temáticas tenían otros actores en el papel principal:

> Víctor Jara... llegaba a la sede de la Unidad Popular. Sus canciones me [causaban] curiosidad, me representaba a mí como uno más..., que padecía... problemas..., me sentía interpretado en sus canciones[68].

Estos nuevos contenidos fueron nutriendo la mentalidad juvenil, potenciando un compromiso político-social. En sus fiestas se bailaban tanto las canciones de moda como aquellas de ritmos caribeños, influidas por la Revolución Cubana, que muchos conjuntos de la Nueva Canción chilena hicieron suyos e incorporaron a sus creaciones. Un grupo de jóvenes de Villa Francia terminaba todas sus fiestas de madrugada escuchando la Cantata Santa María de Iquique, de Quilapayún, en solemne silencio:

> No lo pasábamos mal, chupábamos, bailábamos, pololeábamos..., fuimos tan inquietos...[69]

Si bien esta no era una experiencia masiva al interior de la población, su intensa politicidad deja traslucir el clima de efervescencia política imperante en la sociedad chilena, que se hacía eco en Villa Francia.

---

[67] Ibíd.

[68] Entrevista a Gerardo Arenas.

[69] Entrevista a Elena Lizama.

Un nuevo escenario político

Vino el mercado negro
las colas en los barriale'
quemaron los maizale'
preparan el golpe artero
tienen alma de cuatrero'
mienten, roban, sabotean
las ollas cacerolean
pero el pueblo no descansa
está firme la esperanza
y al fascismo le pelean.

En la segunda parte de 1971, el gobierno y los pobladores organizados debieron enfrentar el problema de la distribución de alimentos, concretamente los efectos del *desabastecimiento que comenzaba a hacerse sentir en la sociedad chilena*[70] . Las largas filas frente a los establecimientos comerciales comenzaron a ser parte del paisaje de las ciudades. La escasez fue aprovechada por el mercado negro, transformándose en una fuente de suculentos ingresos para sectores inescrupulosos que no dudaron en acaparar y cobrar precios escandalosos por los productos, fueran de primera necesidad o no. Con la perspectiva de los años, se han percibido errores en la política económica del gobierno de la Unidad Popular, «en el sentido de una inadecuación en las políticas de corto plazo –el estímulo a la demanda y la apuesta por ocupar la capacidad ociosa instalada en la economía– y las políticas de largo plazo –que suponían reinversión de las empresas y aumento de la producción por parte del nuevo sector estatal de la economía, tanto agrario como industrial–. Evidentemente esa secuencia no se dio»[71].

Estos hechos impactaron con fuerza en el mundo popular. Una reducida cantidad de productos llegaba por los conductos de comercialización tradicional, el resto lo hacía por el mercado negro, situación que se agudizó con el correr de los meses. Los pobladores de Villa Francia debieron hacer frente al desafío. Articularon dos estrategias para hacer frente al problema del desabastecimiento de alimentos, una de ellas fue la JAP, impulsada principalmente por el Partido Comunista y algunos democratacristianos; la otra fue el Comité de Abastecimiento Popular (CAP), donde participaron, activamente, el MIR y el Partido Socialista.

---

70 Mario Garcés, «Construyendo las poblaciones: El movimiento de pobladores durante la Unidad Popular, en: Julio Pinto Vallejos (comp). *Cuando hicimos historia. La experiencia de la Unidad Popular* (Santiago: LOM ediciones, 2005), 77.

71 Ibíd.

El [Comité de] Abastecimiento Popular [surgió] como alternativa a las JAP... [las que] eran organismos que [estaban] conformados desde... el gobierno[72].

El CAP se convirtió en el referente organizativo más importante de Villa Francia:

Era el organismo de mayor convocatoria en la población..., pasó a tener mayor protagonismo que la Junta de Vecinos... [En él] se decidían no solamente cuestiones con respecto al abastecimiento, sino también... cuestiones que tenían que ver con otros ámbitos de la vida social[73].

En el CAP se produjo una experiencia que quedó registrada en la memoria de los pobladores que la vivieron. Desde sus inicios hubo una importante presencia de jóvenes, que participaban de organizaciones políticas en la población. Una de estas organizaciones[74] juveniles se integró al CAP como forma concreta de expresión de su compromiso socio-político. La relación que establecieron los jóvenes con los dirigentes políticos antiguos y los agentes externos[75] fue de respeto y colaboración. Estos últimos establecieron una metodología de desarrollo de liderazgos para con los jóvenes pobladores, que les permitió a estos ir asumiendo paulatinamente roles más activos y relevantes. Uno de ellos –que no tenía más de 17 años– llegó a ser el presidente del CAP[76]. La forma en que se desarrolló esta relación entre los dirigentes jóvenes de la población y los agentes externos permitió un progresivo protagonismo de los primeros, que fue configurando una forma de hacer política popular, caracterizada por la autonomía y el ejercicio de la democracia, como en las primeras organizaciones de la población.

Una postura análoga respecto a potenciar los liderazgos populares locales fue la que asumió el MIR, que se integró como parte de la asamblea al CAP. Su primer presidente fue un joven militante mirista:

La política del MIR era una política que dejaba más en manos de los propios pobladores la decisión con respecto al abastecimiento, con respecto a la compra, con respecto a la distribución de los alimentos en los distintos sectores[77].

---

72 Entrevista a Fernando Parra.

73 Ibíd.

74 Núcleo Revolución Cubana, del Partido Socialista.

75 Militantes trotskistas socialistas externos a la población.

76 Carlos Zarria, uno de nuestros entrevistados.

77 Entrevista a Fernando Parra.

Uno de los momentos importantes del CAP se producía cuando correspondía vender la mercadería. Eran tres días de intenso trabajo, desde el momento en que había que gestionar el transporte para el traslado de mercadería –desde las bodegas de DINAC, en la calle San Eugenio– hasta la población.

> Durante los días que correspondía vender..., no menos de 100 personas, o más, participaban de los equipos y turnos encargados de vender, pesar la harina y el azúcar, envasar el aceite, atender la caja, montar guardia durante las noches, etc[78].

Se vivía un intenso trajinar. La participación era transversal; desde reconocidos militantes de izquierda hasta los vecinos democratacristianos se hacían presentes. Era un evento especial, un acontecimiento que rompía la rutina de la población:

> La llegada de los camiones..., con la mercadería era una fiesta. En la noche, tarde... [de mano en mano] iba pasando la mercadería para dejarla guardada en los locales[79].

La asamblea de pobladores cobró cada vez mayor relevancia. Fue empoderándose paulatinamente, e incluso tenía la capacidad de controlar a sus dirigentes en el cumplimiento del mandato para el cual habían sido elegidos, llegando a remover a uno de ellos de la directiva, cuando se estimó que no había cumplido la tarea encomendada. La estructura de funcionamiento desde la base comprendía comités por manzana con un delegado. De esta forma se lograba que todos los vecinos estuvieran representados en la asamblea.

Fue en una reunión de la asamblea del CAP que se determinó efectuar una toma de buses para solucionar por la vía de la «acción directa» el problema de la falta de locomoción colectiva en la población:

> La toma de buses se [produjo] cuando el gobierno [de la Unidad Popular] los sacó de la Villa Francia... En una reunión general, la gente decidió tomarse los buses[80].

El acuerdo movilizó a un sector importante de vecinos, acordaron la estrategia y se pusieron en movimiento a temprana hora de la mañana. Se constituyeron varios equipos, cada uno a cargo de un coordinador, y se estacionaron a lo largo del recorrido.

---

78 Entrevista a Andrés Lizama, Santiago, 31 de enero de 2013.

79 Entrevista a Elena Lizama.

80 Entrevista a Andrés Lizama.

> Como eran buses del Estado, nosotros entendíamos que teníamos que ocuparlos y [partimos] a buscarlos..., [parábamos] el bus... y [lo traíamos] pa' la Villa Francia, con una bandera. [Le decíamos al chofer]: amigo mío, este bus está tomado[81].

Los buses quedaron estacionados en el patio posterior del local donde funcionaba el CAP. No existieron en ningún momento tensiones con los choferes, al contrario, se mantuvo un trato bastante cordial, incluso se organizó un partido de fútbol con ellos.

> En la noche, [llegaron] los pacos a buscar los buses y se armó una mocha de padre y señor mío, lacrimógenas, gritos, palos, piedrazos[82].

Los buses fueron «rescatados» por carabineros, en dura batalla con los vecinos, pero la toma protagonizada por los pobladores tuvo excelentes resultados:

> Al otro día había un recorrido de micros aquí, porque en la misma noche [que se llevaron los buses] fuimos [y] se habló en la Intendencia... y acordamos inmediatamente que al otro día el Ministerio de Transporte... [colocara] un recorrido de micros[83].

Los pobladores de Villa Francia contaban, a estas alturas del gobierno de la Unidad Popular (1972), con un arma eficaz: la organización y el empoderamiento alcanzados a través del CAP. Se habían convertido en sujeto político capaz de negociar con el Estado. Se sentían pobladores con el derecho y la capacidad de poder incidir directamente en la mejora de sus condiciones de vida. Esta «acción directa» de la toma de buses culminó cuando negociaron directamente con los empresarios de micro el nuevo recorrido:

> Conversamos con los empresarios, determinamos el recorrido..., que fuera desde aquí [Villa Francia] hasta la plaza Bulnes[84],

Esta capacidad de entablar negociaciones en igualdad de condiciones con los empresarios, fue expresión de la consolidación del «Poder Popular» de los pobladores. Ellos articulaban el devenir de su existencia, sin delegar en nadie esta responsabilidad, la ejercían y como tal se constituían en actores protagónicos de su propia historia, la que iban armando con el repertorio que surgía de su experiencia poblacional y de la articulación de las redes que se tejían, funcionales a sus intereses. Estábamos en presencia del ejercicio de una forma

---

81 Entrevista a Carlos Zarria.

82 Ibíd.

83 Ibíd.

84 Ibíd.

de democracia participativa, horizontal, política y autónoma, eje de la cultura poblacional, que construye un modo de vivir y experimentar la condición de sujeto popular.

La capacidad de tejer redes, a través del CAP, les permitió llegar a acuerdos con pequeños parceleros de Maipú para llevar y vender verduras directamente desde el productor a los vecinos. Asimismo, se establecieron acuerdos para vender estufas, pollos, casi a precio de costo, con otros vecinos y trabajadores que prestaban labores en empresas del rubro. Una de las últimas actividades que se organizaron desde el CAP fue la coordinación con los pequeños almaceneros de la población para vender el pan de manera ordenada a los vecinos, en momentos de gran escasez de harina para la normal producción de este producto, componente básico de la dieta de los más pobres.

Los pobladores se sintieron profundamente actores de este proceso político, fueron convocados a hacer la revolución y ellos le dieron el significado que emanó desde su realidad cotidiana, desde su propia cultura, y así sintieron y percibieron que se debía llevar a cabo; ellos hicieron su propia revolución:

> Cada cosa que se hacía en bienestar de la villa, era construid[a] por nosotros..., [definimos] entre todos el trabajar por el abastecimiento..., nosotros como gestores de la construcción de la villa[85].

Estaban construyendo una «sociedad» poblacional, con sus contradicciones y afinidades, sus errores y aciertos. Esa labor no la encomendaron a nadie, no derivaron en otros esa responsabilidad, pues ellos eran los encargados de cambiar su propia realidad y aportar al sueño de una nueva sociedad.

> Como constructores de este mundo socialista, el [que] no fue discurso, fue práctica, fue el hacer, acompañado de un discurso político, pero haciendo. Nosotros estábamos construyendo nuestra villa[86].

Se sentían construyendo su historia, como parte de un proyecto local, pequeño, pero también viviendo intensamente el proyecto político global, de la sociedad chilena, con sus fuertes contradicciones, inmersos en ellas.

> Nosotros éramos el futuro, estábamos construyendo la historia, pero también éramos la historia. No lo sabíamos entonces, pero lo vivimos y lo disfrutamos como una gran situación

---

85 Entrevista a Elena Lizama.

86 Ibíd.

> colectiva de alegría[87]. –Era ni más ni menos que– la realización de un sueño, un sueño socialista, un sueño de compartir, de estar cerca del otro, de saber cómo [es el] vecino[88].

Ese era el significado que tenía la experiencia de la Unidad Popular para los pobladores de Villa Francia, a quienes nada les había sido regalado. Lo que tenían lo habían hecho colectivamente, empezando, la mayor parte de ellos, por ahorrar las cuotas para adquirir su sitio. Otros echaron mano de la estrategia de la «acción directa» y se tomaron los sitios destinados a áreas verdes. Los unía el mismo objetivo: el sueño de la casa propia, y, a muchos de ellos, también la construcción de la sociedad socialista. De esta manera, dos sueños estuvieron en el horizonte de los pobladores, construir su entorno, la población, su casa, su barrio, sus espacios públicos y también la sociedad nueva. En eso creyeron, eso animó sus vidas, les dio sentido.

> No entendí nunca la economía ni el marxismo, pero sabía que era mío lo que estaba pasando[89].

El proceso que se vivió era la concreción de un sueño, ¿podemos ponerlo en duda? ¿Decir que los pobladores «solo» eran masa y no sujeto político?, ¿que no entendían nada de lo que pasaba? ¿Carecen de sentido político sus palabras y los significados que extrajeron de esa experiencia? ¿No era esa la fuerza motriz que movilizaba a estas pobladoras y pobladores en sus acciones protagónicas al interior de la población, y en ámbitos más globales que reclamaban la presencia activa y solidaria de ellos, por ejemplo en los trabajos voluntarios?

> Cuando ya estaba la tendalá con el pan –ya no había harina– [íbamos a buscar harina a] las bodegas de la Empresa de Comercio Agrícola... por ahí por Carrascal. Nosotros cargábamos los sacos y repartíamos harina en las panaderías [desde las 7 de la mañana hasta] las 6 de la tarde. Teníamos unos 13 o 14 años[90].

En estas acciones solidarias llevadas adelante por mucha gente, se encuentra el sustrato cultural e ideológico que marcará la vida de muchos pobladores en los años siguientes y que pasarán a ser parte del patrimonio de aprendizajes y la memoria de muchos vecinos.

Como hemos dicho, los jóvenes tuvieron una fuerte presencia en las organizaciones sociales y políticas de la época, alcanzando un destacado protagonismo y situándose, en no pocas oportunidades, en la vanguardia del accionar político. Tenían un fuerte compromiso

---

87 Entrevista a Margarita Cabrera.

88 Entrevista a Adela Loyola.

89 Entrevista a Margarita Cabrera.

90 Ibíd.

que suponía también el ser críticos incluso con las formas de funcionamiento de los conglomerados partidarios:

> Para mí [era] súper vital que los proyectos [fueran] de verdad asumidos por la gente, yo [...] estuve en el MIR [y] que no me dijeran por qué, el cómo y cuándo, esa visión media estalinista, media dictatorial de la revolución nunca la tuve, no la compartí jamás[91].

En la experiencia organizacional de Villa Francia de 1972-73, había un cruce de formas de ejercer la política. Una de ellas tradicional, cuestionada por representar modalidades conservadoras, que buscaba más bien la consecución de objetivos a través de mecanismos poco democráticos:

> Cuando nosotros teníamos que tomar una decisión que debía de ser consensuada por el resto de la gente en reuniones, asambleas grandes, muy grandes, teníamos una suerte de palos blancos que nos ayudaban a que la decisión que nosotros queríamos que tomara la asamblea se dirigiera hacia allá[92].

De esta manera, las formas de ejercer la democracia local estuvieron atravesadas por tensiones derivadas de diversas formas de hacer política; por un lado, de aquel sector que buscaba renovar esas prácticas, y por otro, de aquellos que pertenecían a la vieja escuela, que entendía la participación desde una perspectiva verticalista:

> [Eran] increíbles las peleas de los adultos en el partido, y el proyecto de ustedes [era] desinteresado, noble, trasparente..., entonces había dos proyectos, de jóvenes idealistas, sanos, transparentes, y [de] los adultos, que lo único que querían era figurar y a lo mejor tomar algo que no les correspondía[93].

Claramente, en la memoria de los pobladores quedó grabado este proceso floreciente de participación, más democrático e inclusivo, con un importante protagonismo popular, en el que participó un sector importante de los vecinos de Villa Francia.

La fiesta

Los pobladores de Villa Francia recuerdan el periodo de la Unidad Popular como un momento particularmente feliz. Para algunos fue una oportunidad de realizarse como personas y trabajadores:

---

91 Entrevista a Elena Lizama.

92 Entrevista a Andrés Lizama.

93 Entrevista a Adela Loyola.

Fue el momento [en que] los trabajadores nos realizamos[94],

Existe una valoración muy positiva de las prácticas de participación y empoderamiento que lograron los trabajadores. Un obrero, con muy poca preparación formal, pudo llegar a la dirección de administración de una empresa del área social y, lo más importante, hacerlo bien, derribando el mito de que los cargos directivos solo podían ser ejercidos por profesionales. El éxito alcanzado en la recuperación de la producción de una empresa dejada de lado por su dueño, aumentando de 40 a 240 los trabajadores, distribuidos en tres turnos, cuando antes se trabajaba con sólo uno hacía que los trabajadores se sintieran *realizados:*

Me sentí con un compromiso [con] mi gobierno, me sentí la raja, compañero[95].

Para otros, fue una oportunidad de vivir la pobreza desde una perspectiva diferente:

Fue una pobreza digna, trabajo digno, lo que te hacía más persona, sentirse tan orgullosa de la Villa Francia[96].

Lograron identificarse con «su» población y construyeron una identidad que permanece hasta hoy:

Es súper importante, relevante, es un orgullo..., nos tomamos en serio esto, lo pasamos bien, maduramos, convencidos de lo que estábamos haciendo[97].

Se reconoce en estas voces un sentido de pertenencia y el reconocimiento de un proceso del que fueron actores protagónicos, articulando variadas estrategias para mejorar sus condiciones de vida e interviniendo de manera activa su entorno y cotidianidad. Fueron partícipes de la realidad dinámica y conflictiva de esos tres años del gobierno de la Unidad Popular. Es allí donde radica la importancia de estos testimonios. Los significados de aquellos momentos son revisados y resignificados en la medida que nuevos acontecimientos sitúan en el tapete social y político nuevas formas de ejercer la democracia hoy, protagonizadas por nuevos actores, que recorren los caminos de historicidad trazados hace ya décadas, entre otros, por los pobladores de esta y otras poblaciones.

Para muchos de ellos hay momentos especialmente intensos en los que les tocó participar y que denotan los significados que les otorgan a esos acontecimientos:

---

94 Entrevista a Hernán Figueroa.

95 Ibíd.

96 Entrevista a Elena Lizama.

97 Ibíd.

> Estaba parada [en la calle] Valentín Letelier esta mocosa de 14 años..., los carabineros [hicieron] una pila de movimientos con sus fusiles..., el compañero Presidente venía saliendo allá al fondo y yo justito [estaba] parada..., cuando [pasó] por mi lado, le [estiré] la mano, él la [tomó], me la estrech[ó] y yo le dije «mano dura, compañero»..., yo creo que escuchó la voz de cabra chica. Y se [volteó] y me [dirigió] su mirada con una intensidad que auguraba todo el futuro, toda la entrega, toda la certeza del hasta la victoria siempre[98].

La memoria del encuentro con quien simbolizó la esperanza de mucha gente en una sociedad mejor, se acrecienta con el paso del tiempo. Esta memoria formó parte de las distintas estrategias de resistencia contra la dictadura años más tarde. Esta pobladora mantiene en su memoria la figura del expresidente:

> Allende vive en el corazón del pueblo..., hoy cuando veo un documental y las imágenes de Allende, de su gobierno, de las miles de banderas, reconozco cada uno de los millones de rostros..., me reencuentro con la muchacha que creyó en un proyecto que involucraba a todos[99].

Hay muchos aspectos del gobierno de la Unidad Popular sobre los cuales existen diversas opiniones, como es natural que así sea, pero es indudable que los que vivieron dicha experiencia desde su vida cotidiana, popular y poblacional, como los pobladores de Villa Francia, tienen un modo de contarlo. Fueron ellos quienes experimentaron las peripecias de la construcción de su población y llevaron a cabo las estrategias de acción política que emergieron en ese proceso de politización. Esto marcó sus vidas, la forma de relacionarse, de compartir, tanto en el ámbito privado como en el público, en la calle, la feria libre, la plaza. Ellos se apropiaron de la población, pasó a ser su territorio, donde se construía todo día a día, vivían en concreto su «vecindad«, desde prestarse una taza de azúcar hasta tomarse los buses del Estado. Desde compartir sus fiestas familiares hasta codearse con funcionarios ministeriales o empresarios para llegar a acuerdos propuestos por los propios pobladores a partir de su asamblea. Así hicieron su población, forjaron su cultura, construyeron su historia, desde adentro, entre ellos y todos ellos. Ejercieron su autonomía, se empoderaron, dotaron a sus relaciones sociales y organizativas de formas nuevas de hacer política, criticando aquellas que consideraron autoritarias. Así se vivió la experiencia de la UP en Villa Francia, desde abajo, desde lo marginal, desde el fragmento. Ejercieron el poder popular desde su práctica y experiencia. Fue, en definitiva, la «Otra Revolución». Así nos la contaron ellos, sus protagonistas, de los que orgullosamente, formo parte.

---

98 Entrevista a Margarita Cabrera.

99 Ibíd.

La educación de masas durante la Unidad Popular: una nueva escuela para toda la comunidad[1]

LUIS OSANDÓN MILLAVIL
FABIÁN GONZÁLEZ CALDERÓN

Tendremos educación
para todos nuestros hijos
y los alimentaremos
para que crezcan sanitos.
(J. Rojas – L. Advis, Vals de la educación para todos, de *Canto al Programa*)

1. Del largo relato sobre la escolarización de la sociedad chilena

Democratización, igualdad, hombre nuevo, intereses nacionales... palabras y discursos que resonaron en el quehacer cotidiano de profesores, estudiantes y partidos políticos durante el gobierno de la Unidad Popular. ¿Cómo se construye históricamente ese imaginario?, ¿es solo producto de la ideologización marxista de algunos intelectuales y partidos de la época, o responde también a una estrategia de largo plazo cuyas raíces sobrepasan ampliamente los efervescentes años sesenta? Una mirada retrospectiva a la educación chilena, desde la segunda mitad del siglo pasado hacia atrás, nos obliga a pensar en cuáles son los ejes fundamentales de nuestro devenir como sociedad en este ámbito de la vida nacional.

El protagonismo del Estado en la constitución de un sistema educacional fue muy temprano en nuestro caso. El siglo XIX estuvo signado por ese esfuerzo sostenido en convicciones ilustradas y modernizantes, lo que nos movió en un sentido progresivo a partir de la construcción de escuelas y liceos por todo el país, la creación de centros de formación de profesores (escuelas normales y el Instituto Pedagógico para el siglo XIX), y la constitución de una entidad integradora del quehacer administrativo de este naciente sistema educacional, como lo fue el Ministerio de Educación Pública, creado en 1927. Y podríamos decir que aquí

---

1 Los autores agradecemos la colaboración de Esteban Contreras, estudiante del Magíster en Educación, mención Currículum, de la Universidad Metropolitana de Ciencias de la Educación, por su importante ayuda en complementar información para este trabajo.
Luis Osandón es académico del Departamento de Estudios Pedagógicos de la Universidad de Chile y docente en la Universidad Academia de Humanismo Cristiano; Fabián González es académico de la Facultad de Pedagogía de la Universidad Academia de Humanismo Cristiano.

se cierra un primer ciclo, el gran arco de casi un siglo de «construcción del sistema». Lo que vino después fue la promesa de la democratización del mismo, y por lo tanto, paradójicamente, el resquebrajamiento del aún lozano sistema educativo. Estas grietas sistémicas permitirían la liberación de una crítica sostenida y creciente a lo construido durante el siglo XIX, entendiendo en ello todas sus limitaciones: elitización, escasez de recursos, problemas de infraestructura, deficiente preparación de los maestros, y muy especialmente, la deserción a raudales de quienes confiados en una vieja promesa experimentan una escuela primaria que apenas garantiza que un porcentaje mínimo llegue al término de los primeros seis años de escolaridad; y por cierto, desarticulación de las distintas ramas del Ministerio, lo que se replica en el territorio con escuelas y liceos que no permiten a las masas ciudadanas oportunidades verdaderas de educarse según sus capacidades, sino más bien al compás lento de sus escasas posibilidades.

Parece entonces necesario tomar un poco de distancia para comprender mejor el remolino y el vértigo de los años de la Unidad Popular. Nuestra memoria parece estar marcada por la idea de que la coyuntura educativa fundamental de la Unidad Popular fue la discusión y enfrentamiento en torno a la Escuela Nacional Unificada (ENU). Sin quitar todo el protagonismo que este evento merece, la verdad es que todo estaba en afiebrado movimiento. Educadores, militancias políticas y movimientos estudiantiles en simultáneo (secundarios y universitarios), junto a trabajadores de la educación en general, a políticos y profesionales que ocuparon altas responsabilidades en el Ministerio de Educación; e incluso, la Iglesia Católica, en fin, todos con sus propios objetivos y rutas disputaban un campo que resultaba fundamental. Lo que estaba en juego era, por un lado, la construcción de una sociedad socialista, y por otro, la mantención de las claves fundantes de un sistema que preservaba privilegios estratégicos a las elites. ¿Qué inflexión de la historia de la educación chilena estábamos viviendo realmente en esos años? He aquí una interrogante que nos recorrió de principio a fin.

2. Los paños fríos de la administración de Frei Montalva

Las frágiles condiciones del desarrollo de nuestra educación pública a lo largo del siglo XX no deben llamarnos mucho la atención. La infraestructura escolar fue, desde sus inicios, extremadamente precaria. Las escuelas, la mayoría de las veces estaban hechas de adaptaciones de viejas casonas; otras, de la solidaridad de vecinos que ayudaban a sus profesores a sostener elementales construcciones en el medio rural e incluso en el ámbito urbano. Así, la dotación de recursos y mobiliario para escuelas con base en una «arquitectura escolar» no era más que un fenómeno aislado. Por su parte, las remuneraciones a los docentes fueron y son una piedra de toque permanente. Los archivos del Ministerio de Educación acumulan miles de legajos con reclamaciones por la falta de condiciones laborales y salariales para sobrevivir con cierta dignidad. Además, como ya sabemos, la temprana proletarización y feminización del trabajo docente es un sello indeleble del magisterio. Por último, solo para marcar dos trazos gruesos, hacia 1960 algunos ensayos y estudios empíricos comenzaban a demostrar la profunda incapacidad del sistema público de educación en el logro de una educación primaria efectiva. Como lo señaló Eduardo Hamuy, la famosa Ley de Instrucción Primaria Obligatoria de 1920 no tuvo más que tibios efectos, pues la deserción escolar negaba cualquier posibilidad real de democratización de la sociedad[2]. En los hechos, la educación primaria no era más que una falsa promesa de escolarización, en la medida que muy pocos terminaban efectivamente el primer ciclo[3]. A ello se sumaba el escaso efecto de las políticas de salud y nutrición en las masas populares, todavía radicalmente excluidas de la promesa de movilidad social que ofrecía la educación pública. En el mismo tenor, algunos diagnósticos realizados en el contexto de la Reforma Educacional de 1965 colocaban en evidencia las deficiencias de la infraestructura escolar y de la planificación del sistema en sus diferentes escalas, denunciaban la insuficiencia en la dotación de docentes para cubrir el conjunto del sistema escolar y, al mismo tiempo, la calidad de la formación que ellos recibían[4].

Al asumir el gobierno, la Democracia Cristiana estaba advertida y consciente del profundo desfase entre el discurso de la clase política, lleno de lugares comunes en torno a la importancia de la educación para el conjunto de la sociedad, y la cruda realidad de un sistema que no pudo llevar el ritmo de las transformaciones demográficas, urbanas, culturales y económicas que experimentaba el país.

Es por esto que Eduardo Frei Montalva puso como uno de los ejes centrales de su gobierno una reforma educacional que apuntara a generar cambios estructurales. Bajo la égida del paradigma de la modernización, interpretó los problemas de la sociedad chilena como un asunto de retraso, de desfase múltiple si se quiere, entre Estado, sociedad y economía. Particularmente, la urbanización acelerada fue vista como una gran transformación histórica «un cambio a gran escala y de expresión definitiva a largo plazo (...) dado que se inició en la

---

2 A inicios del gobierno de la Democracia Cristiana se sabía de un millón y medio de analfabetos; el 32% de los estudiantes de educación primaria terminaban el sexto grado, y el 50% de las deserciones se producían entre el primer y el segundo grado. En consecuencia, en el otro extremo, solo un 3% de los ingresados a la educación superior eran hijos de obreros o campesinos; y conste que un 40% de quienes ingresaban a la universidad no terminaban sus carreras. Todo esto se graficaba como una auténtica carrera de obstáculos. La promesa ilustrada, y ahora modernizante, tenía escasas posibilidades de salir del plano de la retórica. Cfr. Máximo Pacheco, «Una nueva educación y una nueva cultura para el pueblo de Chile», *Revista de Educación* N° 20 (septiembre de 1969): 5.

3 Eduardo Hamuy, *Educación elemental, analfabetismo y desarrollo económico* (Editorial Universitaria, 1960).

4 Ministerio de Educación Pública, *Bases Generales para el planeamiento de la Educación chilena* (Santiago: Imprenta Nacional de Artes Gráficas, 1961); Irma Salas y Enrique Saavedra, *La educación en una comuna de Santiago* (Santiago de Chile: Editorial Universitaria, 1962); Miriam Zemelman, Comisión Técnica Nacional del Plan Nacional de Edificación Escolar, 1967.

preguerra y tuvo su período más rápido en la década de 1950-1960, los efectos del proceso se expresan con fuerza en la década 1960-1970 que vivimos»[5].

Esta noción referida al proceso de urbanización es retratada, desde las páginas de la publicación oficial del Ministerio de Educación, recurriendo a la fuerza expresiva de un texto de Nicanor Parra que refleja la transición identitaria del campesinado que se arrima a las grandes ciudades. El poema de Parra finaliza de este modo: *Creemos ser país, /y la verdad es que somos apenas paisaje*[6]. Dicho más analíticamente, «la estructura económica produce fuertes desigualdades internas. Esta situación genera tensiones por cuanto entra en contradicción con las tendencias igualitarias de la sociedad moderna y con los mayores niveles de conciencia y educación de los grupos sociales dominados». Sin duda, estábamos en movimiento, en transición.

Lo anterior se refleja con claridad en el gigantesco esfuerzo del gobierno de Frei por sincronizar las transformaciones sociales con las respuestas del Estado. Máximo Pacheco, Ministro de Educación de Eduardo Frei a fines de su gobierno, realizaba un balance de lo avanzado señalando cinco grandes tareas abordadas. La primera fue ofrecer posibilidades de continuidad para todos los que desearan seguir estudiando, lo que entre otras cosas significó expandir la matrícula de 1.720.000 a 2.450.000 (aumento de un 42%) en enseñanza primaria y secundaria, y aumentar en 19.000 los profesores para atender esta demanda. La segunda tarea fue la puesta en marcha de la reforma educacional, principalmente en el plano curricular, lo que implicó entre otras cosas nueva estructura de la educación primaria, extendida hasta octavo grado, énfasis en la educación de adultos y técnica, y provisión masiva de textos escolares. La tercera gran tarea fue la introducción de nuevos enfoques en la enseñanza, donde la creación del Centro de Perfeccionamiento, Experimentación e Investigaciones Pedagógicas (CPEIP) tuvo un rol central. La cuarta tarea consistió en la consolidación de una política cultural centrada en las masas populares, esto es, ampliando el servicio de bibliotecas y la creación de museos en conjunto con un más fuerte énfasis en las actividades de extensión cultural. Por último, la quinta abordó la racionalización y modernización administrativa del Ministerio[7].

Todo esto no solo fue necesario, sino inevitable si tomamos esta perspectiva más larga de los procesos sociales y su diálogo con el sistema público de educación. A grandes carencias

---

5 Gabriel Castillo y otros «La juventud y la violencia. Informe al Ministro de Educación Máximo Pacheco», *Revista de Educación* N° 19 (agosto de 1969): 10.

6 Ibíd., 16. El poema completo de Nicanor Parra dice: Da risa ver a los campesinos de Santiago de Chile / con el ceño fruncido / ir y venir por las calles del centro, / o por las calles de los alrededores / preocupados,-lívidos-muertos de susto, / por razones de orden político / por razones de orden sexual / por razones de orden religioso / dando por descontado la existencia / de la ciudad y de sus habitantes: / aunque está demostrado que los habitantes aún no han nacido, / ni nacerán antes de sucumbir / y Santiago de Chile es un desierto. / Creemos ser país / y la verdad es que somos apenas paisaje.

7 Máximo Pacheco, «Una nueva educación y una nueva cultura para el pueblo de Chile». *Revista de Educación* N° 20 (septiembre de 1969): 18-20.

e insuficiencias, gigantescas respuestas. La Unidad Popular tomará nota de este esfuerzo, pero también fijará sus limitaciones, pues, muy probablemente, lo avanzado no hizo más que poner en mayor escala el mismo problema que enfrentó la Democracia Cristiana al asumir su gobierno.

3. La Unidad Popular: enfrentar la crisis, masificar y democratizar la educación

Las expectativas de las masas en la construcción del nuevo Chile

Pese a las profundas transformaciones educacionales que tuvieron lugar en el contexto de la reforma de 1965, la inquietud que existía –en una parte importante de la sociedad– respecto a la situación de crisis por la que atravesaba el sistema educacional chileno no era una idea antojadiza. Aun más, una vez asumido el gobierno de la Unidad Popular diversos problemas se agudizarán en un breve lapso de tiempo. La precariedad y el abandono que exhibían sectores importantes del sistema escolar chileno no merecían gran discusión, más bien, eran la muestra palpable de aquellos escollos insuperables sobre los que se venía sosteniendo, frágilmente, el proyecto de la *escuela para todos*.

A comienzos de 1971, transcurridos apenas unos meses de haber llegado al gobierno, el paisaje sombrío de unas aulas improvisadas junto a patios deslucidos se dejarán ver en toda su dimensión, demandando la atención de las nuevas autoridades. Será el propio presidente Salvador Allende quien, al inaugurar el año escolar de 1971, se mostrará profundamente conmovido por la situación deplorable que experimentaban las escuelas chilenas. Confesó, en la ocasión, que lo habían «golpeado» emocionalmente los letreros que levantaban los estudiantes, «reclamando para que satisfagan las necesidades mínimas que deben tener los locales de enseñanza»[8].

No cabe duda de que el estado de las escuelas requería ser atendido de forma urgente. Esta urgencia quedó fielmente retratada en una pormenorizada carta enviada al director de un diario santiaguino. La misiva nos sitúa en la Escuela N° 20 Sta. Victoria de Viluco, ubicada en el Departamento de Maipo, provincia de Santiago. Quien escribe señala que desde hace veinte años dicha escuela «viene sufriendo el incomprensible abandono de las autoridades educacionales y sanitarias del país». A juicio de este lector/a, esta escuela debió haber sido clausurada por «insalubre y miserable», especialmente por sus «pésimas condiciones habitacionales».

La escuela aludida atendía aproximadamente a 200 estudiantes de ambos sexos, distribuidos desde 1° a 6° año básico. El texto de la carta nos habla de un local que no

---

8 Salvador Allende, «Discurso del Compañero Presidente de Chile Dr. Salvador Allende Gossens al iniciarse el año escolar 1971». En Waldo Suárez et al., *Perspectivas de estructura y funcionamiento de la educación chilena durante el gobierno de la Unidad Popular* (Ediciones U.T.E., enero 1971), 125.

poseía luz eléctrica, agua, ni servicios higiénicos. Puertas y ventanas se encontraban sin vidrios. Sin escatimar detalles, la descripción que se nos ofrece grafica un ambiente que no era en modo alguno cualidad exclusiva de la Escuela Santa Victoria. Así prosigue el relato:

> Por el interior del establecimiento pasa una acequia de aguas servidas y no obstante la permanente vigilancia sobre los niños para que no beban de su corriente, son muchos los que impulsados especialmente por el calor estival toman de ella y en repetidas ocasiones han enfermado de extrema gravedad.
>
> Un pozo negro cavado en un rincón del patio y cubierto por un malhecho cajón de madera constituye la única y común letrina para alumnos, profesores y la cuidadora con su familia[9].

El mobiliario de la escuela no alcanzaba a cubrir las necesidades que el crecimiento de la matrícula requería. El aumento en la cantidad de estudiantes había hecho que muchos de ellos debiesen permanecer, durante las clases, largas horas de pie o, sin tener otro recurso, sentarse directamente sobre el suelo.

Ahora, entonces, con más fuerza que nunca los anhelos de superación estarían puestos en el gobierno entrante. Serían las nuevas autoridades quienes debían ponerse como tarea dar término a condiciones «educativas» tan peculiares. Los párrafos finales de la carta aludían directamente a las expectativas que visualizaba la comunidad escolar de Santa Victoria de Viluco en el nuevo escenario nacional: «Confiamos nuestra voz sea ahora escuchada por las autoridades y el genuino gobierno del pueblo, representado en el compañero Presidente Dr. Salvador Allende, logre subsanar total y definitivamente la trágica y vergonzosa situación de nuestra Escuela».

Por cierto, el Programa de gobierno elaborado por los partidos de la Unidad Popular tenía claridad respecto de esta situación. Sin embargo, no se trataba únicamente de una cuestión de deterioro material, era preciso que el sistema educacional estuviera a la altura de las transformaciones que se llevarían adelante. Era necesaria la formación de un pueblo «socialmente consciente y solidario, educado para ejercer y defender su poder político, apto científica y técnicamente para desarrollar la economía de transición al socialismo». Esto significaba que el gobierno procuraría la incorporación y la organización de las masas al pleno ejercicio de sus derechos culturales y educativos. Con ese propósito su desafío era transformar radicalmente el sistema educacional vigente y, junto a él, conformar un sistema nacional paralelo, a partir de una red de centros locales que desarrollasen la cultura popular[10].

---

9 «La Escuela abandonada» [Cartas al director], *La Nación*, Santiago, viernes 2 de abril de 1971. La carta está firmada por A. Valenzuela T.

10 *Programa Básico de Gobierno de la Unidad Popular*, 1969, 28.

Con todo, la *escolarización de las masas* no era solo reclamada y exigida desde 'dentro' del gobierno de Allende, sino constituía también una reivindicación de otras organizaciones de izquierda. Por ejemplo, las orientaciones de la acción política estudiantil del MIR estarán, a su modo, inspiradas por la demanda y la tarea de avanzar a una verdadera «educación para el pueblo». Es decir: «por el ingreso masivo a todos los niveles del sistema educativo, incluida la Universidad, de los obreros y campesinos y de sus hijos. Por la estatización de la enseñanza particular. Y para que sean los mismos trabajadores de la enseñanza, junto a los estudiantes y a los trabajadores en general los que dirijan la educación en Chile»[11].

La obra material durante la Unidad Popular y la explosión educacional

Pareciera que un peso rotundo e insoslayable caía sobre los hombros de los reformadores de la Unidad Popular. Desde la cotidianidad menesterosa de una escuela abandonada, o desde las aspiraciones de los propios gobernantes, hasta las visiones críticas de la izquierda revolucionaria, una idea se abría paso con una fuerza de atracción arrolladora. La escuela en una sociedad *en transición al socialismo* debía esforzarse para llegar a todos los rincones del país. Tras ese objetivo se activarán todos los dispositivos necesarios:

> El nuevo Estado desarrollará un plan extraordinario de construcción de establecimientos escolares, apoyado en recursos nacionales y locales movilizados por los órganos básicos de poder. Se expropiarán las edificaciones suntuarias que se requieran para habilitar nuevos establecimientos escolares e internados. Por estos medios se tenderá a crear por lo menos una escuela unificada (básica y media), en cada comuna rural, en cada barrio y en cada población de las ciudades de Chile[12].

Como puede apreciarse, la necesidad de nuevos y mejores locales para la enseñanza se había vuelto una cuestión ineludible para los distintos sectores sociales y políticos, adquiriendo el carácter de problema masivo de primera importancia.

Así pues, desde marzo de 1971 el «*genuino gobierno del pueblo*» debió enfrentar su primer año escolar intentando dar cumplimiento al programa trazado. Había que pensar cómo resolver problemas como los expuestos y, más aun, dar respuesta a las inmensas expectativas y a la confianza que depositaban en él importantes sectores de la población. El gobierno popular debía, en suma, traducir sus aspiraciones generales en políticas y propuestas para las escuelas. De tal modo, si pudiéramos deducir las intenciones educativas fundamentales que se desprenden desde el proyecto político de la Unidad Popular, podríamos referirnos a dos

---

11 «Educación y movimiento estudiantil. La unidad debe prevalecer ante el sectarismo», *El Rebelde*, año V, N° 9 (1ª quincena, diciembre de 1971), 14.

12 *Programa Básico...*, 1969, 29.

cuestiones centrales: 1) lograr la apertura máxima del sistema escolar, cuestión que implicaba la construcción de nuevos establecimientos; y 2) trasformar las instituciones escolares a fin de instaurar un Estado donde los trabajadores y el pueblo ejercieran el poder[13]. En las líneas que siguen abordaremos el primero de estos aspectos; del segundo nos ocuparemos luego.

En términos concretos, y tal como se ha señalado, las nuevas autoridades del nivel central hicieron frente a una compleja realidad para la que debieron trabajar desde el primer día. El aumento creciente de la escolaridad hacía urgente pensar en soluciones inmediatas. Según palabras del propio ministro de Educación, el profesor de enseñanza primaria Mario Astorga[14], la población en edad escolar al nivel de la enseñanza básica (entre 6 y 14 años) ascendía en el año 1970 a 2.400.000, de ellos el gobierno demócrata cristiano atendió a 2.064.500 niños y dejó sin atención a 346 mil[15]. ¿Era posible atender a esos niños marginados? ¿Disponía el país de establecimientos educacionales suficientes? Las decisiones a este respecto fueron tomadas por la Comisión Racionalizadora de Matrículas y se orientaron a dar respuesta a las demandas sociales. Sergio Arenas, jefe de la mencionada Comisión, señalaba en 1971 que para poder absorber este incremento en la matrícula, la Sociedad Constructora de Establecimientos Educacionales (SCEE)[16] iniciaría un Plan Extraordinario de Construcciones con el objeto de levantar 1800 nuevas aulas. Este 'Plan' de 1971 superó con holgura los 79.980 m^2 construidos en 1970, llegando a los 195.468 m^2, cifra importante aunque insuficiente ante la magnitud

---

13 Pedro Castro, *La educación en Chile de Frei a Pinochet* (Salamanca: Ediciones Sígueme, 1977), 116-117.

14 Al momento de asumir el cargo de ministro de Estado, Mario Astorga tenía 39 años y se había desempeñado en la Clínica Sicopedagógica. Desde hacía siete años presidía la Unión de Profesores de Chile, que agrupaba a 35 mil maestros. Pertenecía al Partido Radical desde hacía veintidós años. Revista *Visión* Vol. 38, N° 23, (20 de noviembre de 1970): 15.

15 *La Nación*, Santiago, 18 de marzo de 1971. Las palabras del ministro Astorga reflejan una evidente crítica a la Reforma Educacional de Frei Montalva, principalmente por no haber atendido a través del sistema escolar a todo el contingente estudiantil. La evaluación negativa que se hacía de la política educacional del gobierno democratacristiano era una cuestión que, desde la oposición, fue vista como un «pecado de injusticia o de ignorancia maliciosa». Puede revisarse esta discusión en Santiago Quer Antich «Concepción educacional de la Unidad Popular a través de sus documentos» en *Política y Espíritu*, N° 345 (agosto, 1973), 25 – 49.

16 La Sociedad Constructora de Establecimientos Educacionales S. A. se crea a través de la Ley N° 5989 del 4 de enero de 1937. Constituye un organismo técnico, autónomo y especializado que aborda en forma estable la solución del déficit o insuficiencia de los servicios educacionales. Desde su fundación, la Sociedad era la encargada de levantar los locales escolares requeridos, tanto públicos como privados, en todo el territorio nacional. Hasta hacía poco tiempo, antes de pensar en «soluciones masivas», cada local se concebía como una obra única, no repetitiva, ejecutada con procedimientos artesanales en un prolongado lapso de duración. Pero la alta demanda durante el período analizado exigió un cambio radical de orientación, obligando al estudio de sistemas tipificados, llegándose a la estandarización de los elementos constructivos. Los proyectos más comunes utilizados se denominan Tipo M. C. 401 – F y Proyecto tipo 606 (de dos pisos). Cfr. Sociedad Constructora de Establecimientos Educacionales, 50 años de labor 1937-1987.

del déficit heredado y ante las dimensiones de la expansión lograda ese año[17]. Así, entre el 4 de noviembre de 1970 y el 15 de marzo de 1971 se construyeron 993 aulas correspondientes a 85.289 m^2; mientras, otras tantas estarían terminadas en el mes de abril.

En efecto, gracias al Plan extraordinario de construcciones se logró construir 1882 aulas nuevas en todo el país, la mayor parte ubicadas en la Provincia de Santiago, y otro número importante en Valparaíso, Cautín, Concepción y Ñuble. Solo en la capital del país se construyeron más de 100 escuelas en poco más de 75 días. En suma, durante el primer año de gobierno, a través de un esfuerzo considerable, se logró construir nuevo equipamiento, incluido el mobiliario necesario, con capacidad para recibir a 166.000 niños[18].

Estando de esa forma cubierta íntegramente la matrícula para 1971, quedaba atender a los niños que vivían en los campamentos, cuya residencia no se encontraba todavía en todos los casos establecida. Por lo tanto, las autoridades pensaron en una solución transitoria mientras se determinaban los lugares de erradicación definitivos de muchos campamentos. Estas soluciones provisionales, junto a otras medidas de emergencia, dan luz sobre el real problema material que implicaba el proceso de escolarización de las masas. Fue así como desde el gobierno se anunció que trescientos buses dados de baja en la Empresa de Transportes Colectivos del Estado (E.T.C.del E.) serían reutilizados como aulas y transportados a todos los campamentos y poblaciones provisorias como solución adicional al plan de construcciones escolares. La Sociedad Constructora de Establecimientos Educacionales acondicionó los buses en desuso, permitiendo atender a una población escolar de 20.000 niños en doble jornada[19].

---

17 Según cifras de la Sociedad Constructora de Establecimientos Educacionales, para 1971 el déficit de locales construidos en Enseñanza Básica alcanza a los 663.534 m^2; lo que hacía necesario construir 12.300 aulas. En Enseñanza Media el déficit era de 120.000 m^2, que equivalían a la construcción de 2.220 aulas. Ver SCEE, *La nueva escuela es para toda la comunidad*, 1971.

18 «Las nuevas escuelas para los niños de Chile», *La Nación* [Quinto Cuerpo], Santiago, 18 de septiembre de 1971, 37-b. Para el cumplimiento de este ambicioso programa se seleccionaron dos tipos de proyectos de construcción: uno de estructura metálica y otro de madera, ambos en base a elementos prefabricados pero que mantienen el estándar general de la construcción escolar del país. Para detalles específicos de la provincia de Santiago, ver también: «En abril culmina plan de construcciones escolares», *La Nación*, Santiago, 29 de marzo de 1971, y «1.844 aulas en 75 días», *La Nación*, Santiago, 03 de abril de 1971, 35.

19 Ibíd. La situación particular de los campamentos de Santiago sería abordada a través de la Operación Invierno, cfr. *La Nación*, Santiago, sábado 20 de marzo de 1971. Complementariamente a las soluciones materiales e inmediatas que requerían los sectores populares de la periferia de la ciudad, se debía enfrentar otro tipo de dificultades. Diversos agentes sociales e instituciones debieron plantearse el tema de la alfabetización por vías no escolares. Con estas intenciones se realiza a mediados de 1971 un censo de alfabetización en el Gran Santiago para dar inicio, más tarde, a un Programa masivo de Educación Popular auspiciado por los ministerios de Vivienda y Educación, con la participación de estudiantes de la Universidad de Chile y de la Universidad Católica. El programa se llevó a efecto en todas las poblaciones y campamentos de familias «sin casa» ubicados en la periferia de Santiago. Ver *La Nación*, Santiago, viernes 11 de junio de 1971 y lunes 6 de septiembre de 1971, 12.

Los buses-aula se instalaron en Ñuñoa, San Miguel, Barrancas, La Reina, La Florida, Conchalí, etc. Hubo casos en que una escuela se originó a partir de un único bus-aula que atendía 50 alumnos, como la Escuela N° 438 de Barrancas, y pasados unos años sumaría diez nuevos buses, alcanzando una matrícula de 1.300 alumnos. En otras escuelas, como la ubicada en el campamento «Puro Chile», cerca de 700 niños en edad escolar eran atendidos en doce de estos buses especialmente acondicionados. El testimonio de una profesora de Enseñanza Básica nos retrata este tipo de escenas:

> Estudiaba en las mañanas y a las dos de la tarde entraba a trabajar hasta las siete y media en una escuela, que era de las llamadas Escuelas Buses. Como plan piloto, en los campamentos se instalaron microbuses dados de baja. Los asientos fueron transformados en pupitres para los alumnos, el parabrisas en el pizarrón, y la parte de atrás, en una especie de estante donde nosotros podíamos guardar nuestros materiales. No sé si ustedes se acuerdan de este proyecto que se realizó fundamentalmente en los campamentos. Esta escuelita estaba en el campamento Unidad Popular, y todavía existe; tengo entendido que corresponde a la Escuela N° 486 de La Florida[20].

Como se podrá apreciar, la demanda por matrículas y por espacios educativos se transformó en una preocupación de primer orden para el gobierno. Entonces, durante los primeros meses, la Unidad Popular volcó parte importante de sus esfuerzos a comprender en profundidad el funcionamiento del sistema educativo nacional y los alcances de la crisis que se vivía. El propósito de las autoridades era dimensionar el problema y plantear algunas soluciones, tanto de fondo como provisorias.

Hacia mediados de 1972 ya se habían construido unos 300.000 m^2 en aulas escolares en apenas dos años de gobierno. Se levantaron otras 812 aulas y posteriormente se iniciaron trabajos para edificar escuelas en campamentos de la periferia y zonas campesinas e indígenas[21]. En 1973, en tanto, la SCEE entregó un total de 343 obras equivalentes a una superficie edificada de 149.527 m^2. Sumados los tres años del gobierno de la Unidad Popular no llegó a cumplirse la meta anticipada por la Sociedad Constructora en 1971 –600.000 m^2 para 1976–, sin embargo, se aproximó lo suficiente para convertir a este período en uno de los más fructíferos en lo que a masificación escolar se refiere[22]. Por otro lado, según la JUNAEB, en 1972 se entregaron

---

20 [María Eugenia Lorenzini] «La educación hace treinta años: vivencias de diversos actores». *Docencia* N° 20 (agosto 2003): 69.

21 Iván Núñez, *La ENU entre dos siglos. Ensayo histórico sobre la Escuela Nacional Unificada* (Santiago: LOM ediciones, 2003), 19.

22 Oscar Mac Clure, «Panorama de la arquitectura educacional en el último decenio», *Auca*, N° 32 (agosto 1977): 24-25. Es preciso recordar que uno de los aspectos relevantes contenidos en el Programa Básico de Gobierno de la Unidad Popular era el desarrollo de la Educación Física. Aunque en esta materia solo existen esfuerzos aislados y focalizados, existió en 1972 un proyecto para crear una Escuela Nacional del

1.800.000 desayunos y 654.000 almuerzos; se asignaron 59.000 becas; creció también el número de atenciones dentales, lo mismo que el número de profesionales en esta área; más de 70 mil estudiantes participaron de las colonias escolares; mientras, el número de hogares disponibles llegó a 71, triplicando los existentes en 1970[23].

En su Mensaje al Congreso Nacional en 1972 el presidente Allende dimensiona los alcances del proceso de masificación que le había correspondido encabezar. Es preciso considerar que no se trataba únicamente de cifras en expansión. Más bien, era un mar de expectativas y una presión en escalada que en sucesivas oleadas corroía la vieja estructura piramidal de la educación chilena, haciendo polvo sus cimientos centenarios.

> La educación básica atendió a 2,2 millones de niños en 1971 y 2.317.000 en 1972, con un crecimiento de 5,3%. La educación media humanista atendió a 238.700 jóvenes en 1971 y a 270.400 en 1972, con una tasa de expansión del 13,3%. La educación media técnico-profesional atendió a 127.400 jóvenes en 1971 y a 151.300 en 1972, con una tasa de crecimiento del 19%. La educación universitaria atendió alrededor de 100 mil estudiantes en 1971, con una expansión de las matrículas de alrededor de 30%. Las primeras estimaciones para 1972 hacen suponer que estas cifras se aumentarán. En verdad, estamos frente a una verdadera explosión educacional[24].

Todo parece indicar que la situación que se desencadena a partir de marzo de 1971 y que se intensifica en los años venideros representó un desafío político mayúsculo en el que debieron comprometerse todos los agentes del sistema escolar. En mayo de 1973 el presidente informaba respecto de las proyecciones sobre la matrícula en el corto plazo: la Educación Fiscal Básica, afirmaba, crecería entre 1970 y 1973 en un 19,1%, lo que representaba 390.200 nuevos niños matriculados; la matrícula secundaria haría lo propio acercándose al 10%, respecto del año anterior, bordeando los 300.000 estudiantes. La explosión educacional a la que hacía referencia el presidente Allende tuvo manifestaciones de todo orden y de alcances, seguramente, no previstos. Las coordenadas generales estaban trazadas en el programa de gobierno, los diagnósticos y los aportes preliminares estaban sobre la mesa y la emergencia estaba siendo cubierta desde un inicio. Pero había que definir qué lugar le correspondería al sistema escolar si el camino previsto era el socialismo. O, dicho de otro modo, ¿de qué lado había que situar los cambios que requería el sistema educativo en su conjunto? ¿Del lado

---

Deporte, la que se levantaría sobre 64 hectáreas ubicadas en la comuna de La Reina y podría atender a unos 500 niños entre 6 y 8 años. Ver: «¡Un millón de deportistas para 1973!» *Ramona*, N° 16 (15 de febrero 1972): 18-19.

23 *Ramona*, Santiago, año II, N° 77 (martes 17 de abril de 1973): contraportada interior.

24 Salvador Allende, Mensaje Presidencial al Congreso Pleno, 21 de mayo de 1972.

de la urgencia y del continuismo sistémico, o del lado de la ruptura y de la transición a un modelo nuevo de escuela?

4. El Congreso Nacional de Educación, la nueva escuela y la poética allendista

Con el fin de involucrar a la mayor cantidad de agentes y dimensiones del sistema escolar, en marzo de 1971 se habían organizado las Jornadas de Análisis Crítico de la Educación chilena. En ellas, profesores, coordinadores regionales y ministeriales se dieron cita para definir las formas de enfrentar las demandas más urgentes en el plano educativo y prefigurar las bases de lo que sería la propuesta educacional del gobierno de la Unidad Popular[25]. La discusión se desarrollaba en cada escuela y en asociación con otras que integraban el mismo sector escolar con el propósito de descentralizar el diagnóstico y acentuar la perspectiva local. Así, en acuerdo con el Sindicato Único de Trabajadores de la Educación (SUTE) se avanzó hacia la convocatoria a Congresos Provinciales que, al cabo de los meses, culminarían en el Congreso Nacional de Educación, realizado entre el 13 y el 16 de diciembre de 1971.

Al Congreso, realizado en Santiago, asistieron delegados de todo el país en representación de sindicatos de docentes y funcionarios de la educación estatal y privada; organismos de gobierno, universidades y centros de formación docente; representantes de sindicatos de trabajadores, de centros de padres y de organismos comunitarios; dirigentes estudiantiles y políticos, colegios profesionales, entre otros. De la discusión asomaron tres criterios fundamentales para afrontar los cambios educativos que se avecinaban: 1) ligar la educación a la construcción socialista; 2) involucrar la participación de las fuerzas sociales en el proceso, a través de una estructura integrada, y 3) dotar de una dirección democrática y colectiva al sistema en su conjunto. Los representantes oficialistas en el Congreso entendían que la educación democrática que el país requería no era otra cosa que la educación para el socialismo, pues:

> La educación es democrática cuando los agentes que intervienen en ella no sólo participan sino que generan y usufructúan de las decisiones de la gestión y comparten las responsabilidades dentro del proceso. Una educación es realmente democrática cuando las decisiones exceden la autoridad unipersonal y estas se toman en forma colectiva. Ello implica poner en la práctica diaria las formas reales de democracia socialista[26].

A lo largo de las sesiones de trabajo se fue haciendo evidente una incómoda conclusión: las tareas del gobierno se habían abocado, solamente, a la administración del aparato burocrático de la educación, sin avanzar lo suficiente en aspectos cualitativos, como la democratización o la distribución de una nueva cultura a través del sistema escolar, cuestiones que –como se

---

25 *La Nación*, Santiago, domingo 24 de marzo de 1971, 2.

26 «Educación: ¿agencia del conformismo?», *Ahora*, Año I, N° 36 (21 de diciembre de 1971): 9.

ha señalado– estaban consignadas en el Programa de Gobierno de la UP[27]. Esta advertencia sería reafirmada, más tarde, por otros analistas para quienes la política de gobierno en educación no representó un quiebre sustantivo con el modelo escolar tradicional. Según se afirma, en el momento en que la sociedad chilena comenzaba un proceso de transformaciones estructurales, el sistema educativo siguió funcionando según su lógica habitual, expandiéndose y transformándose, en muchos casos, inclusive –como veremos en el siguiente apartado–, poniéndose en contra de los cambios sociales y educativos que se pretendían introducir[28]. Es decir, «más allá de la ruptura ideológica operada en el frente de educación (por ejemplo: Escuela Nacional Unificada) persiste una continuidad bastante considerable con la educación anterior a la Unidad Popular, continuidad ideológica y sobre todo institucional»[29].

Tras las conclusiones del Congreso de Educación, el principio rector que irá encadenando en su avance el conjunto de las acciones que llevó adelante el gobierno de la Unidad Popular fue la «democratización de la enseñanza». En torno a ese principio tomó forma una suerte de ideología educativa espontánea que brotó dispersa en anchos sectores del mundo social. Este principio, enarbolado como bandera, asumió como convicción que debían ser las propias comunidades, a través de *consejos representativos* de las diferentes fuerzas sociales, las que se hicieran cargo de las decisiones educativas que hasta entonces recaían en la burocracia administrativa central. De allí se derivaron algunas de las tareas inmediatas de la democratización en la escuela: plena autoridad administrativa y técnica a los consejos de profesores, convertidos en «consejos de trabajadores de la educación»; formación en cada establecimiento de los consejos de comunidad escolar, formados por representantes de los trabajadores de la enseñanza, padres y apoderados, juntas de vecinos, sindicatos, organismos culturales y estudiantiles; y la elección de los jefes de establecimientos, comprometiendo a los profesores en la gestión de la escuela.

Esta «ideología» se hizo carne en el discurso de los maestros, pues fueron ellos quienes mejor representaron lo que podríamos denominar el proyecto educativo de la UP, ya que fue esta «ideología democratista del cuerpo docente» la que habría resultado determinante para «orientar los principales cambios educativos proyectados a partir de 1970»[30]. Para el presidente Allende el papel que cumplían los profesores en el nuevo Chile era fundamental, pues ellos serían los forjadores del hombre nuevo, los que «forman la mente del niño, que será el ciudadano del mañana». De tal modo, y teniendo como soporte aquel proyecto, se fue configurando desde el profesorado una base o «cuerpo doctrinal» que, entre otros aspectos,

---

27 «¿Qué hará el gobierno el 72?», *Ahora*, Año I, N° 32 (23 de noviembre de 1971): 30-37. Ver especialmente el apartado referido a la política educativa: (Una educación en busca del hombre, 34-36).

28 Conviene hacer notar que en el famoso «Estatuto de Garantías Constitucionales» que firma Salvador Allende en octubre de 1970, para ser ratificado como Presidente de la República por el Congreso Nacional, contiene como una de las garantías la «Libertad de enseñanza».

29 Pedro Castro, *La educación en Chile*... op. cit., 94.

30 Ibíd, 121.

levantó propuestas tales como: la gratuidad del sistema educativo, en el contexto de una educación asistencial; la planificación del sistema escolar; y la integración de la escuela con la comunidad. Este último aspecto constituyó un sello transversal del período que embebió los discursos, las prácticas y hasta los sueños más cotidianos.

De esta manera, las críticas que el Magisterio venía haciendo al modelo tradicional-burocrático de educación expresaban con claridad los contornos y el «alma» comunitaria con que concebían la nueva escuela que Chile necesitaba. Para la Unión de Profesores de Chile era fundamental la creación de *Centros de Comunidad* para todos los núcleos sociales marginales junto a un «sistema de Escuela del desarrollo, miles de nuevos establecimientos en cada fundo, villorrio, población, barrio, mina, que comiencen con los primeros cursos básicos y vayan creciendo cada año». Por su parte, la Sociedad Nacional de Profesores se declaraba partidaria de «luchar por un solo tipo de Escuela Básica de 9 años, obligatoria para todos los niños, de gratuidad diferenciada, de asistencialidad para los niños y la familia, de carácter nacional, laico y antiimperialista, y de calidad tal que facilite la promoción de la juventud a los más altos niveles posibles»[31]. En esa misma línea, la Brigada de Profesores Socialistas proponía construir un sistema educativo ligado a la comunidad, en que las Unidades Educacionales se constituyesen en el centro real de la vida sociocultural.

En suma, una nueva educación y una nueva estructura del sistema nacional de educación debían responder –según L. Videla– a las necesidades del presente nacional, y su organización debía basarse en «un Sistema Escolar Regular, y un Sistema paralelo, debidamente integrados en su espíritu y sentido, apoyándose mutuamente en el logro de las metas necesarias al desarrollo integral de la comunidad nacional»[32]. La base del Sistema Escolar Regular sería su integración viva, dinámica y real con la comunidad nacional y local.

Esta integración concebía a la comunidad no simplemente en términos de asociaciones de padres, de alumnos y de comités de vecinos, sino también como agrupaciones representativas de las actividades y de los problemas locales. Este es el sentido que refleja, por ejemplo, el documento de la Sociedad Constructora de Establecimientos Educacionales de 1971, donde se concebía al local escolar como un elemento integrado a la vida comunitaria, pues la escuela se entendía como un recinto que servía mucho más que para enseñar y aprender, transformándose más bien en «un local donde la comunidad convive, se reúne, se organiza para progresar y para mejorar sus niveles económicos, culturales, intelectuales y artísticos»[33].

---

31 Lautaro Videla, «Una nueva estructura para el sistema educacional chileno». En: W. Suárez et al., *Aportes socialistas para la construcción de la Nueva Educación Chilena* (Santiago, 1971), 111.

32 Según Lautaro Videla, op. cit.: «El Sistema paralelo está dirigido a la formación de una auténtica Conciencia Nacional a través de la acción sobre el conjunto de la comunidad, al mismo tiempo que dirigido a la plena recuperación para la Educación y la Cultura de la masa social desertora y marginada del Sistema Escolar, atendiendo a sus necesidades de superación intelectual y ocupacional, e integrándola al ejercicio pleno del poder político en la Sociedad», 112-113.

33 SCEE, *La nueva escuela...*, Santiago, 1971.

Se trataba, entonces, de proyectar a las escuelas en la comunidad, para que los nuevos establecimientos escolares se abriesen «*hacia la comunidad y pongan sus recursos materiales y humanos al servicio de su desarrollo, organización y concientización*». El Presidente de la República reafirmó la envergadura del desafío educacional del país. Sus palabras traslucieron el sentido y la orientación que se construía socialmente respecto al reto educativo de la sociedad chilena y del nuevo gobierno:

> Para nosotros, toda sociedad debe ser una escuela, y la escuela debe ser parte integrante de esa gran escuela que debe ser la sociedad. Pero no la tradicional, introvertida, satisfecha de una enseñanza que puede ser bien impartida, pero que no traspasa más allá de sus muros; porque pensamos en la escuela abierta, plenamente integrada a los procesos que inquietan, preocupan e interesan a la comunidad. Eso es lo que anhelamos y eso es lo que saldrá del debate democrático que tendrán maestros, padres y alumnos, para hacer posible que esa reforma educacional que anhelamos sea el producto de una comunidad, comprendiendo la trascendencia que ella tendrá en el proceso del desarrollo de nuestra patria[34].

Este encuentro «programático» entre los profesores y la poética revolucionaria de Salvador Allende –que ocurrió concretamente en el Estadio Chile con motivo del inicio oficial del año escolar en 1971– no fue solo un «acto» ceremonial que sellaba un pacto entre *compañeros*, sino además una *alianza* que reunía la tradición de lucha y reforma del magisterio democrático con la trayectoria de las grandes transformaciones que encaminaban a la sociedad chilena hacia el socialismo.

5. La trastienda de la política educacional en la Unidad Popular

> *De ahora en adelante, el movimiento estudiantil no encontrará la culminación de su actividad política en las elecciones a FECH, sino que por el contrario, su culminación estará en la participación activa en el proceso social chileno, en la ligazón con la clase obrera y el campesinado, en la tarea diaria por la lucha insurreccional.*
>
> (*El Rebelde*, N° 2, julio de 1968)

Universitarios y secundarios: actores y conflictos

Al mismo tiempo que Allende convocaba a las fuerzas de izquierda, y a la sociedad en general, a una gesta democratizante para la que se requería un gran esfuerzo estatal y deliberación

34 Salvador Allende, «Discurso del Compañero Presidente...», 10.

amplia de los problemas educativos, la agitada vida al interior de los liceos y universidades, y su respectivo correlato en las movilizaciones sociales en las calles, se tradujo en la progresiva transgresión del orden en estas instituciones mediante tomas, marchas, enfrentamientos y otras acciones. Esto se produjo al mismo tiempo que esos actores participaban en la acción constructiva del nuevo Chile a través de trabajos voluntarios, militancia política y otras actividades similares. Todo ello es parte del retrato mayor de esa escolarización que alcanzó su clímax durante la Unidad Popular. No está de más volver a subrayar que para la Unidad Popular Chile era una sociedad en transición al socialismo, y esto instituye el escenario y demarca, como ya vimos, el horizonte sobre el que se diseñan políticas educacionales para el período 1970-1976. Pero por lo mismo, en tanto gobierno revolucionario, no podría pensarse que las transformaciones prometidas podían realizarse sin la convocatoria a los nuevos protagonistas de la sociedad chilena de la segunda mitad del siglo xx: los jóvenes.

En 1971 un total de 70.588 estudiantes conformaban el contingente de alumnos de la educación postsecundaria, a los que se agregaban 2.447 de postgrado. Hoy parecen cifras modestas, pero para el gobierno de la Unidad Popular era todo un desafío pensar cómo esta incipiente expansión de la educación superior podría seguir absorbiendo una matrícula mayor, básicamente producto del proceso de ampliación de la matrícula a nivel secundario, gatillado en el gobierno anterior, que inevitablemente terminaría impactando en el nivel superior. Manuel Barrera, en un contundente estudio publicado solo unos meses antes de que Allende asumiera el gobierno, señalaba que «una política de educación que se limite solamente a una expansión numérica de los cupos de matrícula de acuerdo a la demanda es engañosa, pues produce una expansión solo en la base del sistema»[35], es decir, por ese camino no se llegaría a una verdadera democratización. Recordemos que la Enseñanza Media tenía como única meta la llegada a la universidad, en un relato social marcado por el elitismo y el clasismo de su configuración efectiva. Sin embargo, el nuevo escenario transformaba la aspiración por llegar a la universidad en un desborde al margen de lo posible. Una aparente saturación de las carreras tradicionales que, sumada a la importante baja en la deserción en Enseñanza Media, estaba generando una presión cada vez más constante sobre la educación superior universitaria.

Todo esto hace pensar que el rol de las juventudes políticas y el movimiento estudiantil en general sería un espacio de disputa política central, pues de no cautivar al actor juvenil y de no controlar políticamente a las organizaciones estudiantiles, era evidente que los problemas de la transición al socialismo sumaban obstáculos. Estructuralmente, el sistema escolar y la educación superior comenzarían de manera inevitable a expresar los efectos gigantescos de la ampliación del acceso. Por lo mismo, era muy probable que las demandas particulares fueran el tono de los próximos años, cuestión que se expresó en la sensación

---

35 Manuel Barrera y colaboradores, «Aportes para un plan educacional a corto plazo». *Revista de Educación* N° 30 (septiembre de 1970): 3.

de insatisfacción y en el reclamo por mayor protagonismo en la definición de las políticas por los jóvenes. Las reformas universitarias y la creciente organización de los estudiantes secundarios durante la década de 1960 eran claros indicios de aquello.

Es importante señalar que la conciencia del rol de la juventud para el nuevo gobierno es bastante explícita, al punto de que una de las primeras acciones fue crear la Secretaría General de la Juventud (22 de septiembre de 1970), la cual fue puesta en funcionamiento en base a voluntarios, es decir sin «funcionarios» pagados por el Estado. Su principal objetivo era enfrentar los desafíos del nuevo gobierno involucrando al máximo a un actor que por entonces representaba un porcentaje muy importante de la población[36]. Esta preocupación debe entenderse en consonancia con la frase que rebota hasta los muros de nuestros tiempos: la contradicción biológica del ser joven y no ser revolucionario, probablemente uno de los íconos discursivos más interesantes hasta nuestros días, que aun cuando tiene sus matices interpretativos[37], refleja muy fuertemente el carácter simbólico y político de los jóvenes.

Entonces, más allá de cualquier interpretación, el movimiento estudiantil efectivamente tuvo un protagonismo muy importante en los años del gobierno popular y fue de dulce y de agraz para efectos de impulsar la agenda gubernamental.

Así, el mundo universitario tuvo un comportamiento disímil para los intereses del oficialismo. La dinámica política y la correlación de fuerzas al interior de ciertas universidades eran desfavorables para la izquierda, por lo tanto, la estrategia del sector se orientó a conseguir mayorías al interior de los cuerpos colegiados y el acceso a las rectorías[38]. Muy pronto las noticias no fueron buenas. Al iniciarse la administración de Allende, las elecciones para elegir al nuevo rector de la Universidad de Chile señalaron rápidamente cuál sería el tono del conflicto social al interior de ese plantel. La Unidad Popular sufrió la

---

[36] Ver de Fabio Moraga, «Ser joven y no ser revolucionario. La juventud y el movimiento estudiantil durante la Unidad Popular», en Francisco Zapata (comp.), *Chile, frágiles suturas. Chile a treinta años del gobierno de Salvador Allende* (México: El Colegio de México, 2003).

[37] Fabio Moraga en «Ser joven y no ser evolucionario...» op. cit., discute precisamente esta expresión dando cuenta del carácter irónico respecto de sus verdaderos alcances políticos en la época, como señala Moraga, en tanto hipótesis más plausible «Allende no cree en esta frase y lo que está haciendo es recurrir a una ironía profunda para "poner en vereda" a los jóvenes revolucionarios que, convencidos, signaban dicha frase, diciéndoles que la revolución no la hacen los estudiantes sino los obreros y las masas populares; que la revolución no pasa por la universidad y que por lo tanto ser joven no es necesariamente ser revolucionario; que hay "jóvenes viejos y viejos jóvenes" y que lo realmente importante es ser revolucionario toda la vida», 374.

[38] Pablo Berchenko, *Populismo y autoritarismo: alternativas escolares en Chile. 1964 – 1977* (Universite de Perpignan, 1983). No es posible tratar aquí con detalle las particularidades de otras universidades durante la U. P. Sin embargo, es lógico pensar que el escenario graficado para el caso de la Universidad de Chile tiene su correlato en otras instituciones de educación superior. Sin ir más lejos, en la PUC venía germinando un movimiento marcadamente antirreforma que se expresaría en toda su dimensión años más tarde. El frontis de la casa central de la Universidad Católica en reiteradas ocasiones fue la cara visible de un movimiento estudiantil (FEUC) completamente opositor al gobierno de Allende.

derrota de su candidato Felipe Herrera frente a la oposición agrupada tras el objetivo de reelegir a Edgardo Boeninger. La política universitaria del gobierno encontró una férrea resistencia con la rectoría de Boeninger que, en concomitancia con algunas facultades, fue configurando un escenario altamente complejo para las autoridades[39]. Por otro lado, el apoyo dado a la candidatura de Herrera demostró también un empeño por cerrar posibilidades de acuerdo con las fuerzas de izquierda que no pertenecían a la Unidad Popular. Esta opción, que puede ser leída como un error estratégico, tendrá, más tarde, consecuencias aún peores, pues la misma situación se replicó en otras instancias, como entre los estudiantes secundarios y en los trabajadores de la educación. Según algunos sectores de la izquierda, en estos casos se expresó el sectarismo existente dentro de la Unidad Popular, en especial en el Partido Comunista, que desestimaba la idea de que este bloque enfrentase a la oposición de manera cohesionada. Por lo tanto, más que mérito de la oposición en esas elecciones lo que se verificó fue una falta de cohesión de toda la izquierda para enfrentar tales coyunturas. En esas condiciones se estimaba que la Unidad Popular corría serios riesgos de gobernabilidad[40]. Riesgos que aumentaron, por ejemplo, con la pérdida de la FESES (Federación de Estudiantes Secundarios de Santiago), organización que a la postre representó fielmente esta dinámica de «oposición» en uno de los frentes sociales a través de los cuales se llevó adelante la estrategia de enfrentamiento político e ideológico ante las propuestas educacionales del gobierno socialista. En el campo de las organizaciones universitarias, en tanto, la mayoría de las federaciones estudiantiles durante 1971 quedaron en manos de la DC, «se perdieron así las federaciones de la Universidad de Chile en Temuco, la de estudiantes secundarios en Ñuble, la de Talca, etc.»[41].

---

39 Al no conseguir la rectoría de la Universidad de Chile, las fuerzas de izquierda se concentraron en obtener la mayoría en el Consejo Normativo Superior. Conseguido el objetivo, la Unidad Popular intentó infructuosamente hacer política desde ese cuerpo colegiado. Como contraparte tuvieron al Frente Universitario, referente que expresó la alianza entre democratacristianos y nacionales. Las facultades que mostraron más prontamente su rechazo a la política del gobierno fueron Derecho, Odontología y Veterinaria. Ver especialmente: «Lucha frontal en la Universidad de Chile», *Ahora* (23 de noviembre de 1971), Año I, Nº 32, 2-4; «En la "U" La derecha con la soga al cuello», *Ahora* (14 de diciembre de 1971), Año I, N° 35, 4 y 5; «Tras la elección de autoridades. La izquierda se propone realizar la reforma universitaria», *Chile Hoy*, Santiago, N° 16 (29 septiembre al 5 de octubre de 1972).

40 Ruy Mauro Marini, «FECH: de diferencias a divisiones profundas». *Chile Hoy*, Año I, N° 4 (semana del 7 al 13 de julio de 1972): 4–5.

41 «Educación y movimiento estudiantil...», op cit., 14. En 1972 el gobierno sufrió también derrotas en las Universidades Católica de Santiago y Valparaíso, Técnica Federico Santa María y Austral de Valdivia. La estocada más dolorosa y significativa fue el triunfo obtenido por la oposición en la designación del nuevo rector y vicerrector de la Universidad de Concepción. Cfr. «Elecciones decisivas», *Visión*, Vol. 41, N° 1 (13 enero de 1973): 12–15.

Al año siguiente, los resultados en las elecciones de la FECH, de julio de 1972[42], reflejaron la gran dispersión de las alternativas políticas en el escenario universitario, expresada en las seis listas que se postularon para el comité ejecutivo: Unidad Popular, Frente Amplio (Democracia Cristiana), Juventud Nacional, Patria y Libertad (Frente de Acción Gremial), Frente de Estudiantes Revolucionarios, y Espartaco[43]. Y si bien Alejandro Rojas siguió en la presidencia hasta el mismo golpe de Estado por tercer período consecutivo, es evidente que la conducción de un militante de las Juventudes Comunistas no se hizo en plena hegemonía del bloque político gobernante.

En definitiva, en términos más amplios, el gobierno de la Unidad Popular se vio imposibilitado o limitado por el «juego legalista de la derecha» para efectuar una transformación profunda en educación. El Estatuto de Garantías se convirtió en la primera traba que pretendía obstaculizar la intervención del gobierno en materias educacionales, y la denominada «libertad de enseñanza» aparecerá como la bandera que, enarbolada por algunos sectores del estudiantado movilizado, mantendrá vigentes los problemas que el sistema arrastraba por décadas. Para los sectores más críticos de la izquierda había que constatar un hecho evidente, que «la derecha ha hecho buen uso de su política estudiantil para detener el avance de la izquierda y de los trabajadores. En efecto ha promovido una política de acciones directas, en la cual no están ausentes las tomas de liceos y universidades que antes tanto repudiaban»[44].

La vieja, pero no menos vigente, disputa entre «estado docente» y «libertad de enseñanza» tomaba forma una vez más a la luz de la polarización generalizada del país. Y el curso de los acontecimientos comenzó entonces a tomar forma de tragedia griega y los arquetipos a predominar por sobre los hechos mismos. Bajo la figura de la libertad de enseñanza se producían movilizaciones típicamente «izquierdistas», «movimientistas», pero efectuadas por jóvenes de derecha; y las tomas y retomas fueron acciones adoptadas indistintamente por ambos sectores. De este modo, en la movilización cotidiana la derecha clásica y su alter ego violentista, Patria y Libertad, junto a sectores democratacristianos, cruzaban miradas cómplices. Así lo evidenciaron las tomas de liceos santiaguinos y de facultades universitarias profusamente retratadas desde la prensa de izquierda[45]. Al parecer la interpretación de la coyuntura jugaba a favor de los sectores de fuera de la Unidad Popular.

---

[42] La elección de julio de 1972 se llevó a cabo con ocho meses de retraso, pues estaba prevista para el 6 de noviembre de 1971. Por aquellos días la Democracia Cristiana y el Partido Nacional se restaron del proceso, apostando por quebrar la organización estudiantil y formar una federación paralela. Ver «Fech: izquierda y derecha divididas», *Chile Hoy*, Año I, N° 4 (semana del 7 al 13 de julio de 1972): 6.

[43] Ruy Mauro Marini, op. cit., 4-5.

[44] «Educación y movimiento estudiantil...» op. cit., 14.

[45] «Lucha frontal en la Universidad de Chile», *Ahora* Año I, N° 32, (martes 23 de noviembre de 1971): 2-4. Las tomas de sedes universitarias pertenecientes a la Universidad de Chile comenzaron a mediados de octubre de 1971 y se concentraron en la Escuela de Derecho. Al respecto, esta publicación señalaba: «En

En el mundo de la educación secundaria el desarrollo de esta radicalización de posiciones tuvo características similares. Entre mayo y junio de 1971 una serie de conflictos de diversa índole y resonancia sacudió al sector educativo. La mayoría de estos problemas enfrentó a las autoridades políticas y al propio Ministerio de Educación con diversos grupos organizados, donde estudiantes secundarios y profesores tuvieron el protagonismo. La forma más común de visibilizar las demandas del sector fue a través de la toma de locales escolares. Así, por ejemplo, durante este período fueron ocupadas las dependencias de la SONAP (Sociedad Nacional de Profesores), la Escuela Técnica Nº 7, la Escuela Industrial N° 2 de Renca, las escuelas Nº 27 y 50, entre otras. Aunque las demandas más recurrentes eran relativas a infraestructura y recursos para la enseñanza, hay otros casos, como el de la Escuela Industrial de Renca, que expresaban la aparición de reivindicaciones más profundas y ligadas a los anhelos de democratización de las instituciones secundarias. Aunque no se trataba estrictamente de un «conflicto generacional», los estudiantes de distintos planteles hacían ver sus diferencias con las autoridades (rectores, directores, inspectores, profesores, etc.) y con la forma tradicional del ejercicio de la autoridad escolar.[46].

Cabe señalar que las organizaciones estudiantiles a nivel secundario tenían una larga trayectoria, que se remonta al menos a la década de 1940, pero, en consonancia con la ampliación de cobertura en este nivel, se fueron transformando en un actor cada vez más relevante, sobre todo durante la década de 1960. Al momento de ser electo Allende, la izquierda predominaba casi sin contrapeso en sus principales organizaciones. Particularmente la FESES estuvo dividida en dos directivas, ambas de izquierda. En octubre de 1971, en busca de la reunificación de esta federación, se realizan por primera vez elecciones directas. Ampliándose la base de liceos adherentes, fueron convocados unos 70.000 estudiantes. Según Jorge Rojas, «esta oleada de participación» directa y amplia fue un sello de la Unidad Popular que tuvo efectos inesperados: en este caso, que la presidencia de la FESES fuera

---

la noche del 19 de octubre pasado los derechistas DC-PN-Patria y Libertad se tomaron la Facultad de Ciencias Jurídicas y Sociales y empezaron desde allí [...] su campaña destinada a paralizar la reforma y la Universidad» (4), luego se produjeron sucesos similares en Odontología y Veterinaria. Por su parte, *El Rebelde*, a fines de 1971, señalaba que días antes de la elección de FESES, y como parte de una «escalada reaccionaria», «el equipo Patria y Libertad – Democracia Cristiana – Partido Nacional» participó en la toma de numerosos liceos y posteriormente en las tomas de las Escuelas de Derecho, Veterinaria, Odontología e Ingeniería; Ver también: «En la "U": ofensiva contra-reformista», *Ahora*, Año I, N° 28 (martes 26 de octubre de 1971): 10-11.

46 Los estudiantes de la Escuela Industrial de Renca reclamaban la llegada de «un director de acuerdo a nuestra escuela». Cfr. *La Nación*, Santiago, miércoles 8 de septiembre de 1971, 2. En la prensa hay reiteradas informaciones que dan cuenta de tomas y conflictos en escuelas. Hay testimonio de ello en *La Nación* del 9 de mayo, 2 - 4 y 8 de junio de 1971; la revista juvenil *Ramona* también se hará eco de requerimientos de los alumnos de enseñanza media con la publicación de variados reportajes: «Rector de 81 años frena a cabros del Liceo N° 1», *Ramona*, N° 1 (1971): 19; «Los angelitos putamadres del Lastarria», *Ramona*, N°3 (1971): 20–22.

ganada por la Democracia Cristiana, con Guillermo Yungue a la cabeza[47]. Vale decir, la Unidad Popular nunca pudo tener el control de esta importante organización estudiantil hasta finales de 1972, cuando, en un contexto de crisis y fragmentación muy elevada, asume la presidencia Camilo Escalona, imponiéndose por sobre Miguel Salazar (DC) y Andrés Allamand (JN). Escalona explicaba del siguiente modo el giro hacia la derecha que tuvo su organización desde 1971:

> A partir del triunfo de la DC en esta organización se empezaron a integrar a ella una serie de liceos, hasta entonces marginados del sector del barrio alto. Eso se nota muy claramente en las últimas movilizaciones. Los estudiantes que salen a las calles vienen de Providencia y Ñuñoa. Los sectores de izquierda, que tienen una antigua tradición de lucha, siguen igual que antes, no han abandonado sus posiciones. Además es necesario considerar que el sector de estudiantes secundarios es de una extracción de clase burguesa o pequeñoburguesa[48].

Si bien en un primer momento la FESES no se presentó en abierta oposición al gobierno, progresivamente fue distanciándose. Al menos para los años 1970, 1971 y verano de 1972, esta federación colaboró con distintas actividades, desde trabajos voluntarios hasta una activa participación en el Congreso Nacional de Educación realizado durante el año 1971. Pero vale la pena recordar que el discurso educativo de la Unidad Popular –pese a su carácter nacional– fue recibido especialmente por aquellos que ya constituían la clientela del sistema escolar secundario, preferentemente sectores medios de la sociedad. Gran parte de estos sectores consideraron que las políticas que comenzaron a anunciarse desde el Ministerio constituían un peligro para su «status», conseguido sobre la base de un modelo escolar basado en la diferenciación.

Es a partir de abril de 1972 que la FESES comienza a enfrentarse, con verdadera fuerza, al Ministerio de Educación, en primera instancia convocando a un paro, argumentando ineficiencia del nuevo ministro Alejandro Ríos Valdivia en el control de un conjunto de tomas de liceos por parte de la izquierda más radicalizada[49]. Los representantes de la Unidad

---

47 Jorge Rojas Flores, «Los estudiantes secundarios durante la Unidad Popular, 1970-1973», en *Historia* N° 42, vol. II (julio-diciembre, 2009): 471-503. En 1971 se interrumpió sorpresivamente más de una década de predominio indiscutible de la izquierda en el movimiento estudiantil secundario. Las elecciones en la FESES y en las universidades arriba comentadas expresan, según algunas voces de la época, una tendencia de continuidad en esa juventud de clase media que mantiene su desplazamiento político hacia posiciones de derecha. Cfr. «Elecciones decisivas», *Visión*, Vol. 41, N° 1 (13 enero de 1973): 12–15.

48 «El enfrentamiento FESES - Ministerio de Educación, un conflicto inflado», *Chile Hoy*, Santiago, Año I, N° 16 (semana del 29 de septiembre al 5 de octubre de 1972): 7. Camilo Escalona cursaba 4° Año Medio en el Liceo 6 y su triunfo en la FESES significó un quiebre profundo del movimiento estudiantil: en los meses que siguieron cada juventud política tomó curso propio.

49 «¡Los secundarios acusan!», *Ramona* N° 33, (martes 13 de junio): 20-24. Al ministro Ríos Valdivia se le acusó rápidamente de «autocrático» y de despachar normativas sin consulta de los actores involucrados.

Popular en la Federación no vieron con buenos ojos este giro, el cual vino acompañado por la entrada en escena de la derecha, que comenzó a fortalecerse y confluir con el predominio de la oposición en la FESES cada vez con más fuerza a través de la Federación Única de Estudiantes Particulares (FUEP). Es así como durante el año 1972 y lo que restó de 1973, lo que caracterizó a la relación de los estudiantes secundarios con el gobierno fueron los desencuentros y las acciones de fuerza. Mal manejo político de los ministros de la época y tomas por diversos motivos marcaron la relación. Como señala Jorge Rojas, «a estas alturas, si bien muchas demandas seguían siendo gremiales, el enfrentamiento principal era político»[50]. Así lo demuestran los dichos del presidente de la Juventud Nacional de Providencia, Andrés Allamand, en octubre de 1972: «Debemos tener confianza en que seremos capaces de derrotar al marxismo, cueste lo que cueste, al precio que sea». Para Allamand, la sociedad chilena se extinguía fruto de sus propios vicios: «El Gobierno de la Unidad Popular –agregaba– cierra con broche de oro, un período de decadencia de nuestra Patria»[51].

Sin duda, un factor clave en este avance de las fuerzas de derecha y democratacristianas era el carácter burocrático de la política educacional del gobierno que, según algunas opiniones, había mantenido desmovilizados a amplios sectores del movimiento estudiantil. Es decir, se hizo patente la ausencia de una política educacional concreta para la gran masa estudiantil. Toda la laboriosidad que se veía en los distintos sectores de la actividad económica y social contrastaba con lo «precario de la política seguida por las autoridades en materia de educación». Según los propios estudiantes «en la educación media chilena nada ha cambiado. Tal vez lo único nuevo –dicen– es que cuando los secundarios salimos a las calles a protestar por algunas medidas tomadas sin consulta a las bases, ya no se nos apalea como antes»[52].

La base del enfrentamiento entre los estudiantes secundarios y el Ministerio de Educación, efectivamente se acentuó por desinteligencias que resultan explicables básicamente por la tendencia a asumir, desde la posición estatal, la mantención de la «normalidad». Requisitos más exigentes de aprobación de los cursos, control de la asistencia y recuperación de clases en el creciente ambiente de paralización de actividades fueron recursos que no hicieron más que entregar los argumentos perfectos para colocarse en la «oposición» por parte de

---

A mediados de 1972 sería reemplazado por un joven político radical, Aníbal Palma, a quien se le entregó la misión de resolver el conflicto con los secundarios.

50 Jorge Rojas, «Los estudiantes secundarios...» op. cit., 488.

51 Andrés Allamand, «La reconstrucción de Chile», *¡Alerta!*, Año I, N° 2 (octubre de 1972): 15-16.

52 *Ramona* N° 33 (1972): 21-22. Ver también Fabián González «La educación de masas, por las masas y para las masas. El programa de la unidad popular y la escuela como espacio de lucha política», en *Pacarina del Sur*, N° 17 (octubre-diciembre 2013). <http://www.pacarinadelsur.com/callers/45-dossiers/dossier-9/811-la-educacion-de-masas-por-las-masas-y-para-las-masas-el-programa-de-la-unidad-popular-y-la-escuela-como-espacio-de-lucha-politica>.

los estudiantes secundarios[53]. Guillermo Yungue, en este sentido, incluso ideológicamente, no estaba tan distante a las políticas educacionales; así, en 1972 afirmaba:

> La educación debe ser un instrumento que posibilite la formación integral del estudiante, debe entregar nuevos valores: el trabajo en comunidad, cambio social; debe hacer que los jóvenes se integren activa y críticamente al proceso que vive nuestro país. Debe ser pluralista y democrática; debe terminar con la enajenación del joven en los valores del sistema capitalista. Esto no significa enajenarlo de otra manera, sino entregarle las herramientas para que pueda discernir[54].

Sin embargo, claramente las acciones tendientes a radicalizar el proyecto socialista en educación por parte de los mismos actores del sistema, hacían que este mismo dirigente expresara sus reservas, como por ejemplo en lo que se refiere a la forma de gestionar los establecimientos educacionales: «Plantear el cogobierno es anarquizar la educación chilena, es no conocer la realidad educacional chilena, es no tener en cuenta la conciencia y madurez de los estudiantes secundarios»[55].

Otras maneras de vivir la crisis: los liceanos de provincia

Aquella era la dinámica política del movimiento estudiantil secundario, y básicamente en Santiago. Cabe preguntarse entonces qué pasaba en otros espacios y dimensiones de la vida escolar a lo largo del territorio.

Una comprensible mezcla entre niñez, juventud y política es lo que emerge desde los liceos del país: esperanza en el gobierno popular, actitud gremial, demanda ciudadana, despolitización a pesar de los tiempos que se vivían. Un reportaje de la revista *Ramona* revela algunos detalles. En el Liceo de Castro, apenas comenzado el año escolar de 1972, los baños insalubres, los vidrios rotos y el peligro de derrumbe del establecimiento, hicieron que su comunidad movilizada señalara que«en Santiago creen que todavía andamos con plumas; vienen a enriquecerse y luego se van olvidándose de todo». Pero, sin embargo, su actitud no era de confrontación directa con la administración, como lo señalaban los reporteros de la revista: «Al llegar al liceo nos encontramos con una serie de carteles pidiendo la colaboración del Gobierno Popular para solucionar sus problemas. Entretanto, nos dimos

---

53 Las Juventudes Comunistas reaccionaron «oficialistamente» en la misma línea que estamos señalando, respaldando las acciones del Ministerio de Educación: «Ante el temor de perder su año escolar, el resto de los alumnos ha empezado a formar los Comités de Normalización y Defensa de las Clases, para garantizar el término de sus estudios y para tomar medidas que impidan cualquier trastorno de la normalidad». Ver «Proceso a FESES», *Ramona* N° 49 (3 de octubre 1972): 47.

54 «¡Los secundarios acusan!», op. cit., 23.

55 Ibíd, 24.

cuenta que a pesar de los carteles no había ningún tipo de huelga. Todos los alumnos y profesores asisten regularmente a clases, conscientes de la importancia de la educación»[56].

Después de una larga descripción de los problemas de infraestructura y el abandono en que los tenía el Ministerio, la comunidad del liceo terminaba por señalar que «por eso hoy los estudiantes, profesores y apoderados del Liceo Mixto de Castro piden angustiados al Gobierno de la Unidad Popular que no se olvide de los chilotes, como ha sucedido siempre, y solucione lo más pronto posible sus graves problemas»[57]. Es decir, a una insatisfacción legítima, una petición que confiaba en su contraparte.

En Temuco, en otro reportaje de la misma revista, se entrevista a un grupo de liceanas que se habían tomado las dependencias del liceo exigiendo que se cumpliera el nombramiento de una nueva directora, cuya designación había sido rechazada por un grupo de profesoras y profesores. Las alumnas se manifestaban contra el machismo, rechazaban que las tratasen como objetos, opinaban en contra de las revistas de jóvenes que ahondaban la decadencia de la «juventud burguesa», representando la «frivolidad institucionalizada». Criticaban, del mismo modo, a los «marihuaneros» tachándolos de «la *creme* de Temuco». Por su parte, las estudiantes mapuches se referían al racismo y la discriminación de compañeras y profesoras. Criticaban el incumplimiento de algunas políticas educativas como la establecida en la ley de la JUNAEB en lo referido al privilegio de campesinos y mapuches en los internados[58].

En otra escena, los trabajos voluntarios fueron un reflejo de los compromisos que muchos estudiantes secundarios tomaron con la Unidad Popular. Bernardo Pincheira, presidente del Centro Juvenil de Las Campanas, en la comuna de La Reina, señalaba que jóvenes como ellos «trabajan para el mejoramiento de sus comunidades, aprovechando todas las posibilidades que ahora ofrece el país». Realizaban trabajos voluntarios todos los domingos y durante el verano pensaban realizar una campaña de alfabetización. Él mismo señalaba que cuando trabajaban lo pasaban mejor que cuando estaban en una esquina matando el tiempo o tomando unas *pilseners* en la fuente de soda del barrio, porque se sentían ayudando a la comunidad[59].

En tanto, en un ejercicio de rememoración de esos tiempos, un estudiante secundario de la época recordaba la cotidianidad de su liceo llena pequeñas contradicciones adolescentes:

> Recordando cuando hacían consejo de alumnos, era todo político, y resulta que había algunos cabros en otros cursos que no entraban y se quedaban en la sala en clases algunos, y el que quería ir iba. La obligación era que fueran todos pero algunas veces yo no iba, me

---

56 «Abandonados en una isla». *Ramona* N° 23, (martes 4 de abril de 1972): 34-35.

57 Ibíd.

58 «Esas vehementes, chispeantes... y felinas liceanas de Temuco». *Ramona*, Año I, N° 12 (enero de 1972): 34-36.

59 «Jóvenes organizados ayudan a la comunidad». *Ramona*, Año I, N° 13 (1972): 43.

quedaba en clases, y a veces cuando iba me devolvía, pero algunos no estaban para nada interesados en política. Y eso que en ese tiempo todo era político[60].

Es decir, si bien el clima político de la época convocaba a esa base biológica del ser revolucionario de la juventud, sus expresiones deben ser comprendidas en el polifacético transitar de contextos y perspectivas de una juventud que hacía sus primeras armas de experiencia política como actor histórico, más allá de la tradición universitaria. Los mismos estudiantes secundarios, no debemos olvidar, estaban en tránsito entre infancia y adultez, y por tanto, sus lealtades, oposiciones, discursos y acciones se movieron en un amplio rango de actuaciones[61], dando cuenta del mismo fenómeno de democratización del acceso a la educación secundaria de sectores sociales que no estaban ni por lejos habituados a ser parte activa de los procesos históricos, menos de la envergadura de lo que se disputaba por entonces.

1. *Preludio y final. La crisis y la ENU: una respuesta... ¿una solución?*

Según el historiador de la educación Iván Núñez, un aspecto clave para comprender en profundidad la decisión política de hacer público el *Informe sobre Escuela Nacional Unificada* en febrero de 1973 debe buscarse en la crisis del sistema universitario. Este nivel del sistema aparecerá durante todo este período como el verdadero «cuello de botella de la educación»[62]. El mismo presidente Allende, al visitar la Universidad de Concepción en 1972, lo dirá con transparencia: «A pesar de las cifras que señalan con tanta claridad cómo se ha expandido esta universidad y cómo ha cambiado en un porcentaje muy alto el contenido socioeconómico del alumnado, todavía, y por algún tiempo más, no podrán entrar a las universidades todos los jóvenes que desearan hacerlo»[63].

Como lo señalamos, tras la demanda por acceso a la educación superior se combinaban la expansión de la educación de nivel medio, a lo que se agregaba la legítima medida del gobierno de Eduardo Frei de facilitar el acceso a los estudios superiores de los estudiantes de la enseñanza técnico-profesional. A estas recientes transformaciones deben anexarse –de acuerdo con Iván Núñez– los procesos de reforma y democratización que vivían las universidades chilenas. La idea de 'universidad para todos' –señala Núñez– «aunque parecía

---

60 Entrevista a Manuel Alarcón, estudiante del Liceo 80 en 1972 (17 años en ese entonces).

61 «Por ejemplo yo cuando asistía a algún paro a alguna cosa era, no para defender una causa justa, yo iba a divertirme y generalmente a capear clases». Entrevista a Manuel Alarcón, estudiante del Liceo 80 en 1972.

62 *Ramona* N° 56, año II (21 de noviembre de 1972): 24-29.

63 Salvador Allende, «Discurso a los estudiantes de la Universidad de Concepción», 4 de mayo de 1972, en *Obras Escogidas (1970 – 1973)*, Tomo II (Santiago: Editorial Crítica), 263.

una caricatura y no se asumía oficialmente como compromiso de las instituciones o del gobierno, era una idea fuerza de peso considerable»[64].

Por lo tanto, a partir de 1973, el proceso de ingreso a las universidades chilenas se avizora como un «drama», ya no del futuro sino del presente, cuyos alcances aún eran insospechados para la gran mayoría del país. El colapso por exceso de demanda provocaría que las instituciones de este nivel «reventaran» –financiera y administrativamente– en el corto plazo, debido a una demanda incesante durante el último lustro. En 1973 unas 116.000 personas se inscribieron en las pruebas de ingreso a las universidades chilenas, mientras que estas instituciones solo ofrecían 50.800 vacantes. Pese a todos los esfuerzos realizados por el gobierno, de los noventa mil postulantes efectivos al nivel terciario, más de veinte mil no tendrían cabida en ninguna de las opciones que ofrecía la educación superior para ese año. Además, se estimaba que en 1974 la situación sería aun más complicada. Esta constante presión sobre el sistema universitario sería continua y la proyección para el año 1976 indicaba que, de mantenerse las tasas del período, la matrícula total se duplicaría ese año, llegando a unos trescientos mil estudiantes. Esta aguda crisis, según las autoridades del Ministerio de Educación, no se explicaba exclusivamente por las características deficitarias de la educación superior, sino más bien por la propia estructura del sistema educacional chileno, cuya aceleración desbocada comenzaba a colisionar con los delicados cimientos de un sistema universitario de élite[65].

El crecimiento del sistema en su conjunto había significado que entre 1970 y 1973 el total de alumnos aumentara en casi un millón, llegando a la cifra de 3.516.800. Mientras estas cifras iban en aumento, no se había logrado rebajar el porcentaje de los que abandonaban la escuela sin terminar sus estudios. Una reconocida revista juvenil del período explicaba del siguiente modo las censurables cifras que exhibía el agotado sistema escolar, señalando que «de cada cien niños que actualmente entran a 1° Básico, apenas 40 llegan a la Enseñanza Media, y sólo 15 de ellos terminan su segundo ciclo. De esos, 12 postulan a la universidad, y sólo 6 quedan adentro. De esos 6, sólo 3 terminan su carrera. Los otros 97, sonaron antes...»[66].

Tras los doce años de escolaridad básica y media existía un único camino que enfilaba los destinos de los egresados del sistema escolar hacia la vida universitaria. Sin embargo, resultará imposible pensar que la *«escuela para todos»* significara mecánicamente *«universidad para todos»*. No era realista pensar de ese modo. De igual manera, no era correcto para una sociedad en desarrollo proponer un horizonte tan estrecho de posibilidades, desatendiendo

---

64 Iván Núñez, op. cit., 98.

65 Jorge Tapia (ministro de Educación), «El ministro explica la ENU», *Revista de Educación*, N° 43-46 (septiembre-diciembre de 1972): 18. Ver también *Ramona*, año II, N° 74, Santiago (martes 27 de marzo de 1973): 21.

66 «Dimes y diretes de la ENU», *Ramona*, N° 76 (martes 10 de abril de 1973): (42 – 47), 43.

ámbitos de la educación superior y de la formación profesional que no eran del exclusivo territorio de los *campus* universitarios.

El problema educativo universitario era, entonces, extraordinariamente serio. Este nivel del sistema tenía un costo por alumno que llegaba a ser 25 veces más alto que el de la educación básica y absorbía casi el 40% de todo el presupuesto educacional, para formar apenas al 3,5% del total de los educandos, quienes, además, pertenecían a las familias de más altos ingresos. Asimismo, en los últimos años, su productividad venía en descenso, pues, como lo expresan las cifras arriba señaladas, se habían elevado las tasas de deserción a niveles considerados como «inconcebibles» por el ministro de Educación. De tal manera, según lo señalara el ministro Jorge Tapia, la educación superior universitaria se estaba convirtiendo en una forma de desempleo disfrazado[67]. No era extraño, entonces, que un número no despreciable de estudiantes sintiera que sus doce años de estudio no resultarían útiles para nada[68]. En este escenario, la educación chilena mostraba su peor rostro, rotulada como un terreno fértil para la enseñanza autoritaria y memorística, castradora de la creatividad y del espíritu crítico, competitiva, discriminadora y elitista. Una educación que no habilitaba a nadie para enfrentar con éxito la vida del trabajo. Aun más, una educación que mostraba un triste promedio de escolaridad que apenas llegaba a los 3,8 años de estudio, poniendo en serio cuestionamiento el impacto de las recientes reformas.

En consecuencia, para nuestras máximas autoridades educativas resultaba evidente que el sistema educacional estaba mal diseñado, pues seguía reiterándose la máxima según la cual el que tiene más recursos llega más lejos. Frente a la insatisfacción del conjunto de la sociedad y a las interrogantes que abría el futuro del sistema educacional chileno, el ministro de Educación Jorge Tapia sería el encargado de anunciar, a todo el país y por cadena nacional, la respuesta que desde el gobierno venía amasándose:

> La respuesta no es una reforma más. Hace falta un cambio revolucionario del sistema que rompa y reemplace las viejas estructuras, renueve los modos de gobierno y administración educacional y dé a nuestra enseñanza un sentido nuevo, nacional, creador y solidario. Esta no puede ser una revolución solo del Gobierno Popular. Necesitamos una revolución educacional deseada y realizada por la nación chilena»[69].

La Escuela Nacional Unificada fue la respuesta, honda y radical, con la que el gobierno del presidente Allende pretendió quebrar definitivamente la tendencia de progresión crítica que caracterizaba al sistema educativo chileno. Hasta ese momento, las reformas

---

67 Jorge Tapia (Ministro de Educación), «El ministro explica la ENU», op. cit., 18.

68 «Chillan los momios por la ENU: Lavado de cerebro para niños», *Ramona*, año II, N° 74, Santiago (martes 27 de marzo 1973): 21-23.

69 Jorge Tapia (ministro de Educación), op. cit., 18.

educacionales puestas en práctica no habían logrado constituirse en soluciones efectivas; aun más, todas ellas tenían como elemento en común el haber mantenido incólume la añeja estructura del sistema educacional, lo que en no poca medida contribuyó a acelerar la crisis. La «respuesta» que propuso la Unidad Popular se fundó en el acumulado histórico del movimiento magisterial del siglo xx y, por lo tanto, en una rica tradición de reformas educacionales de inspiración democrática. El propio ministro de Educación haría notar aquellas raíces profundas sobre las cuales se había erguido el proyecto de ENU, al señalar que se venía hablando de esta idea incluso con nombre de escuela nacional unificada desde hacía casi medio siglo, pues –según declara– desde ese tiempo «germinó en este país la idea de que la estructura educacional no correspondía a los requerimientos ni daba satisfacción a las necesidades de una sociedad que estaba desde siempre en proceso de cambio»[70].

Según se señala en el *Informe sobre Escuela Nacional Unificada* preparado por la Superintendencia de Educación[71], las coordenadas estratégicas en las que se ubicaba la nueva política educacional del gobierno correspondían a «la construcción de una sociedad socialista humanista». Ello implicaba la superación de la dependencia económico-cultural y la construcción de nuevas relaciones sociales que permitiesen asentar las bases de una auténtica democracia y justicia social, todo a partir del ejercicio del poder popular. Para el ministro Tapia, el camino hacia el socialismo no era tan solo la expresión de la lucha de clases, sino también «la rebelión de los marginados de la educación y de la cultura universal» en contra de quienes habían monopolizado la ciencia y la educación utilizándolas como «*forma de dominación*»[72].

La vía chilena hacia el socialismo será, entonces, también una vía *sui generis* hacia una revolución cultural, cuyos objetivos fundamentales no serán otros que democratizar la cultura y masificar la educación. Se entiende, por tanto, que esta concepción del desarrollo nacional implicara pensar en un sistema educacional cuantitativa y cualitativamente diferente. Así lo explica el ministro del ramo:

> Estableceremos un sistema nacional de educación que sirva a los chilenos desde el nacimiento hasta la ancianidad, un sistema de educación permanente, apoyado en los más avanzados logros culturales, científicos y tecnológicos, planificado en armónica integración con el planeamiento global de la sociedad, de acuerdo a criterios de unidad, continuidad, diversificación y democratización»[73].

---

[70] *Revista de Educación* N° 43-46 (septiembre-diciembre de 1972): 22.

[71] Superintendencia de Educación, Informe sobre Escuela Nacional Unificada, Santiago, febrero 1973. Suplemento *Revista de Educación*, 1.1

[72] Jorge Tapia (ministro de Educación), op. cit., 19.

[73] Ibíd.

El proceso que se iniciaría con la Escuela Nacional Unificada se trazaba como horizonte brindar las más amplias y permanentes oportunidades educacionales tanto a las nuevas generaciones como a los trabajadores adultos, favoreciendo la formación a lo largo de la vida y el desarrollo máximo de las posibilidades individuales, sin distinción de sexo, edad, credo, ideología, o lugar de residencia. Para ello era necesaria una escuela que se adaptase a las condiciones de vida y de trabajo de sus alumnos, con planes diferenciados y con horarios funcionales[74].

Por lo tanto, hablar de un «nuevo sistema» era pensar en la posibilidad de terminar con aquel sesgo clasista de la estructura escolar chilena tan denunciada por los partidarios de la Unidad Popular. La nueva escuela implicaría que todos los alumnos, sin excepción, debían pasar por un primer ciclo de 12 años, que contemplaría los mismos estudios para todos. Al egresar de este ciclo, el estudiante podría: «postular a la Universidad, si es que quiere y puede, y a la vez es capaz de trabajar en industrias, en el campo, en el comercio o en alguna oficina. Esto se hace posible debido a la nueva concepción de la enseñanza, que pretende insistir en el conocimiento directo de la realidad»[75]. Al mismo tiempo, un nuevo sistema terminaría con los estudios técnicos que, generalmente, inhabilitaban al estudiante para ingresar a la universidad: «no existirá esa separación de los secundarios, sino que todos los alumnos tendrán estudios similares». La idea de base era que la «teoría inútil» fuese reemplazada por la «práctica viva», valorando los «asuntos técnicos» como el manejo y mantención de maquinarias, especialización en cultivos, exportaciones, etc. De ese modo, a su egreso, los alumnos estarían preparados para trabajar en este terreno, contando el país con una enorme masa de chilenos que se dedicara a labores productivas del agro, la industria o la minería.

Tal como lo había señalado el presidente Allende en 1971, la educación en un país en transición al socialismo no podía concebir a la escuela como un espacio ajeno a la comunidad, o como mero receptor del paternalismo estatal. Por eso, la nueva escuela que promovía la ENU debía pertenecer a la comunidad, ser parte de ella, asumiéndose como una de sus fuerzas vivas, contribuyendo cotidianamente a resolver sus problemas. Por eso:

> Cada establecimiento educacional debe transformarse en un centro permanente de investigación, experimentación y reflexión, en que cada trabajador de la educación encarará su tarea profesional en su carácter de investigador que busca completar en su medio de trabajo los fundamentos de la nueva escuela, promoviendo a su vez en su propia comunidad el incentivo de que ésta se transforme en un foco promotor de la nueva cultura[76].

---

74 «Ministro Tapia: A las Minorías siempre les ha parecido muy grave que las Mayorías se eduquen». *Ramona*, año II, N° 74, Santiago (martes 27 de marzo 1973): 26.

75 «Chillan los momios por la ENU…, 22.

76 Jorge Tapia (ministro de Educación), «El ministro explica la ENU», 20-21.

Bajo esas premisas, 1973 fue denominado por el ministro Tapia como «el año de la escuela nacional unificada». Es decir, sería el año en que toda la comunidad nacional, y en especial los trabajadores de la educación, dieran inicio a la construcción de la 'nueva escuela chilena', concebida como la gran llave para dejar atrás el subdesarrollo. Dentro de este proceso, la puesta en marcha de la Escuela Nacional Unificada, proyectada para junio de ese año, constituiría un momento trascendental y de alta significación para el proceso histórico-social chileno. Apoyados en las orientaciones y políticas debatidas en diversos lugares del mundo en materia educacional y siguiendo los postulados de expertos en la materia, la reforma educacional del Gobierno de la Unidad Popular pasaría a discutirse públicamente una vez que sus documentos de base estuviesen disponibles para la consideración nacional. Aún faltaba elaborar los planes y programas de la ENU, asuntos que la politización febril que se avecinaba no permitiría que vieran la luz[77].

Con todo, la Escuela Nacional Unificada significaría, concretamente –como en otras reformas–, que el ciclo formativo se extendiese, esta vez, hasta los doce años. En este sentido, se diseñó una adecuación similar a la que se planteó en la reforma de Frei que, al colocar el término del nivel básico en el octavo año, elevó la masa de estudiantes en términos considerables. Estas y otras cuestiones más de fondo irrigarán un torrente de especulaciones y críticas sobre el proyecto de ENU. De un momento a otro las editoriales de los diarios, las portadas de revistas, las asambleas de estudiantes o las homilías dominicales se envolvieron en una vorágine de discursos y denuncias de orígenes e intensidades diversas.

Como era previsible, las críticas a la ENU no se dejaron esperar y provinieron de diversos flancos. Desde sectores de la Iglesia Católica, particularmente del arzobispo de Valparaíso, monseñor Emilio Tagle Covarrubias[78]; desde la prensa opositora, con especial apasionamiento desde las páginas de *El Mercurio, La Segunda, La Prensa*, o *Tribuna*; mientras desde algunas agrupaciones sectoriales las críticas se harían sentir a través de «comandos pro defensa de la educación libre». En este clima encapotado de dudas, donde reinaba la desinformación, todo se volvía confuso e impreciso. «*Apenas se habló de la ENU, una tempestad de críticas, opiniones, alaridos y condenaciones inundó el ambiente*» y el uso político que se haría del Informe sobre la Escuela Nacional Unificada no tendría freno. Para el ministro de Educación Jorge Tapia era claro que quienes se oponían a la ENU se estaban poniendo en contra de la cultura de la mayoría y del progreso de las masas trabajadoras. Bastaba que el gobierno propusiera algo –decía el Ministro– para que de inmediato se lanzara una campaña de

---

77 Ministro Tapia: «A las Minorías ... », 27.

78 La agrupación denominada «Poder Femenino», refiriéndose al rol del arzobispo de Valparaíso, señalaba: «Usted ha planteado el peligro de esta iniciativa que va a subordinar las mentes de los niños chilenos a la dictadura marxista, que el eminente Papa Pío XII califica de "intrínsecamente perversa"». Ver: «Chillan los momios por la ENU...», op. cit., 22.

desprestigio, confundiendo y distorsionando las cosas hasta el punto de que ya nadie sabía exactamente de qué se estaba hablando.

Sin duda, uno de los cuestionamientos que surgieron con más fuerza desde los sectores que criticaban la posible implementación de la ENU se relacionaba con la vulneración de la garantía constitucional que establecía la libertad de enseñanza. Ya sabemos que la Constitución de 1925 y las leyes vigentes consagraban y aseguraban tal libertad. La reforma era presentada, en todo caso, como respetuosa de ese orden jurídico. Según señalaban las autoridades del Ministerio de Educación, «cualquiera en este país podrá establecer el tipo de colegio que le parezca para enseñar lo que estime conveniente, de acuerdo a sus convicciones, ideologías o religiones. Pero tal como ahora acontece, para que la enseñanza tenga validez oficial debe sujetarse a los planes y programas establecidos por las autoridades educacionales del país»[79].

En tanto, para los detractores de la iniciativa esta nueva concepción de escuela, «lavará los cerebros de los estudiantes», injertando lentamente sucesivas dosis de «totalitarismo marxista» al tronco de la tradicional escolaridad obligatoria. Haciendo uso de una religiosidad hondamente arraigada en la sociedad chilena, instalando el fantasma de la desaparición de la educación particular, interpelando la delicada emocionalidad de los padres y apoderados respecto del futuro de sus hijos, el influyente diario de la familia Edwards organizó una letal ofensiva en fascículos contra la ENU. Así lo ejemplifican las palabras del director de *El Mercurio*, René Silva Espejo, cuando anticipaba que el proyecto ENU «de claro corte marxista, prácticamente toma el control del niño desde la cuna, para evacuar al término de sus estudios un producto totalmente afín a la causa socialista totalitaria». El proyecto, además, constituía un ataque a la tolerancia y a la libertad de conciencia que por largos años fuesen enarbolados como el «orgullo nacional». Según *El Mercurio*, la ENU tuvo «el triste privilegio de inaugurar entre nosotros el monismo ideológico, la unilateralidad sectaria e infecunda en el seno de la educación»[80].

La posición crítica adoptada por la Federación de Estudiantes de la Universidad Católica (FEUC) es coincidente con lo señalado desde las páginas de *El Mercurio*. Según la FEUC, lo que la Escuela Nacional Unificada perseguía era dar al Estado chileno la ideología socialista-marxista. Por lo tanto, tras este propósito mezquino no habría ningún sentido educativo sino puramente adoctrinador. Para el Movimiento Gremial de la P.U.C. el Informe sobre la Escuela Nacional Unificada era, en consecuencia, vago, autoritario, improvisado y contradictorio. Además, era evidente que el 'Informe' escondía una arremetida contra la educación particular, cuestión que, como se dijo más arriba, implicaba cercenar la siempre impoluta libertad de

[79] Ministro Tapia: «A las Minorías...», 25-27.

[80] «Comunismo y religión» [Editorial], *El Mercurio*, Miércoles 11 de abril de 1973, 5. Véase también *El Mercurio*, 24 de marzo de 1973, y «Escuela Nacional Unificada y Transición al socialismo», *El Mercurio*, 30 de marzo de 1973, entre otros. Ver también, «Palabras del Ministro Jorge Tapia en el Encuentro Ministerio de Educación – CUT – SUTE», 19 de marzo de 1973, en *Revista de Educación*, N° 43-46 (septiembre-diciembre de 1972): 21-26.

enseñanza. Se entendió, entonces, que la única actitud posible para hacer frente a tal amenaza, desde esa trinchera universitaria, era el rechazo radical del modelo educativo propuesto, especialmente por su carácter deliberada y maliciosamente ambiguo, pues su solo intento de implantación llevaba implícito un engaño soterrado.

Desde esta perspectiva, el avance en la concreción del programa de la U.P. era un evidente atentado contra el principio del pluralismo ideológico, cuestión que los gremialistas consideraban un asunto ilegítimo, inconstitucional e inaceptable. Insuflados de ese mesianismo delirante que les caracterizaría por décadas, los dirigentes estudiantiles de la Universidad Católica alzarían su retórica tan alto que al cabo de unos pocos años serían salpicados con su propia verborrea. ¿Qué sucedería –se preguntaban los dirigentes de la FEUC– si un gobierno pusiera la educación al servicio de los valores del fascismo o del nazismo?[81]. Los lazarillos de la libertad, los autodenominados heraldos de la tradición patria ya tenían una respuesta para su interesada interpelación. Su análisis crítico concluía del siguiente modo: «El pluralismo termina si el Estado pasa a tener 'ideología oficial'... Cuando el Estado adopta una ideología, los que no la comparten –la oposición– no tienen otro destino que hacer la guerra civil o irse del país»[82].

Desde la oposición política, el Partido Nacional desplegará una contundente publicidad mediática que tendrá como propósito fundamental trabar cualquier discusión y debate racional del problema educacional. La derecha vio en esta coyuntura una preciosa posibilidad para crispar aun más el ambiente, usando la ENU como chispa detonante en un ambiente social altamente convulsionado. Muy pronto, Mario Arnello, vicepresidente de la colectividad, anunciaría la presentación de una acusación constitucional en contra del ministro de Educación por considerar que el Informe sobre la ENU era «inconstitucional» y «totalitario»[83]. Por su parte, la Democracia Cristiana se pondría detrás del Partido Nacional y haría suyas las páginas editoriales de *El Mercurio*, despegándose del ciclo masificador al que habían dado inicio en 1965 y que ahora hacía crisis, para terminar alentando otra oleada de huelgas estudiantiles que terminarían trasladando la discusión del proyecto de reforma a las principales calles del país.

Mientras, el Comité Permanente Episcopal, a través de una conferencia de prensa ofrecida por el mismísimo arzobispo de Santiago, monseñor Raúl Silva Henríquez, entregó la perspectiva oficial de la Iglesia Católica frente al proyecto ENU, indicando que «el informe

---

81 *ENU. El control de las conciencias*. Informe crítico preparado por FEUC, 1973.

82 Arturo Fontaine Talavera, "Educación y adoctrinamiento", en *ENU. El control de las conciencias*, 20. En 1973 Fontaine era vocal de la FEUC. Participaron también en la elaboración de este informe los dirigentes Javier Leturia, Ramón Infante, Felipe Lamarca, Manuel Melero, Maité Sepúlveda, entre otros. El documento tuvo la colaboración de varios profesores de la Universidad Católica; entre ellos, Jaime Guzmán, Hernán Larraín y Juan de Dios Vial Correa.

83 «Un cura despreciable y un cardenal muy derecho», *Ramona*, año II, N° 75, Santiago (martes 3 de abril de 1973): 9.

tiene, sin lugar a dudas, aspectos positivos que apoyamos sin vacilar». En específico, se refería a dos de estos aspectos: en primer lugar, rescataban la idea de incorporar a «todos los chilenos a un proceso educacional que no discrimina a nadie por su condición económica, su condición social o su posición ideológica, y ofrece a todos las mismas opciones de acuerdo a las diversas capacidades». En segundo lugar, el Comité Episcopal mostraba su acuerdo con «la integración de estudio y trabajo, y valorización del trabajo físico, como uno de los elementos que contribuyen al pleno desarrollo del hombre y al desarrollo económico y progreso social de la comunidad». La posición fijada por la Iglesia Católica incluía críticas y reparos específicos al Informe, los que fueron admitidos como positivos por el Ministerio de Educación y el superintendente de Educación Iván Núñez.

¿La ENU, una solución realista para avanzar?

El movimiento político envolvente que era la Unidad Popular hará girar, con todas sus fuerzas, la rueda de su destino. En el centro de ese torbellino, su piedra angular: el socialismo, como palabra generadora. En medio de ese juego pendular, la Escuela Nacional Unificada tendrá la misión de abrir el camino al *hombre nuevo*. Será la arquitectura que diseña el futuro, el entusiasmo y el impulso, la pasión y la obcecación. Logrará avanzar hasta la frontera que nadie jamás pudo alcanzar y se detendrá en el punto justo desde donde ya no sería posible emprender el retorno.

El gobierno y los partidos que lo apoyaban harían uso de su mandato para hacer primar desde las oficinas ministeriales una forma de organización social que correspondiese a su programa y a sus planteamientos doctrinarios. En palabras del ministro Jorge Tapia, el proyecto ENU enfrentaba un destino ineludible y completamente legítimo, consustancial a las aspiraciones de todo gobierno:

> Dentro de este natural y perfectamente lícito propósito de organizar la sociedad conforme a una concepción, se produce más que por la voluntad de los hombres, por una especie de determinismo histórico y social, una automática adhesión a ciertas vías, a ciertas reglas de procedimiento, a cierta institucionalidad que definen el proyecto como estrictamente constitucional y democrático[84].

Tratándose de una reforma educacional de tal envergadura, las autoridades de gobierno decidieron hacerlo con el sello discursivo característico de la Unidad Popular, con su lenguaje y su poética identitaria. La ENU fue la expresión épica que, en coincidencia con sus doctrinas, ideologías y finalidades, señaló lo que era definitivo en el Gobierno: avanzar a una sociedad socialista.

---

84 *Revista de Educación* N° 43-46 (septiembre-diciembre de 1972): 21-22.

Sin embargo, no todo el espectro político compartía la narrativa explícita invocada desde el Informe sobre Escuela Nacional Unificada. Desde algunos sectores se habló de que este proyecto constituía uno más de los «errores evitables» del gobierno. Según un analista del período, el «Informe ENU» se convertiría a la postre en el peor enemigo de la propia idea de Escuela Nacional Unificada. Los más lapidarios dirán que la ENU acelerará la violenta reacción del conservadurismo chileno frente al proceso general de cambios que vivía el país. La crítica desde el interior de la Unidad Popular, no menos aguda, pondría su acento en el sentido de oportunidad de esta política y en su carácter aparentemente presuntuoso:

> Su enfoque no precisamente realista, su lenguaje pretencioso y espeso, el inútil afán de proclamar la adhesión al socialismo a cada paso, y otros graves defectos, no ayudaron a ganar fuerzas para los principios que aparecían en juego. Parecía que los redactores se habían esforzado por poner las cosas «en difícil», obteniendo que la Derecha aprovechara esto para difundir «su» versión de la ENU con altoparlantes[85].

¿Nadie previó que determinado lenguaje político resultaría infecundo? ¿Se actuó con inocencia? ¿No se quiso dar la batalla educativa, por privilegiar otras batallas más urgentes? Lo cierto es que el mito de la ENU, que crecería cual saga de espanto a través de la páginas de *El Mercurio,* se fue deformando y descascarando como un roble añoso que resiste inútilmente la más feroz de las tempestades. Pese a ser producto de los diversos florecimientos y aspiraciones del movimiento magisterial del siglo xx y de expresar las aspiraciones de reforma profunda del sistema educativo, la Escuela Nacional Unificada se fue deshojando, página a página, incluso por sus propios partidarios. La derecha y la oposición en su conjunto se encargarían de perpetrar sobre el tronco y las células más leñosas del proyecto los *golpes* que provocaron su caída definitiva.

En todo caso, tras el ensordecedor desplome del proyecto que establecería las bases para una nueva sociedad, la escolarización de masas no se detendría. Claro, comenzaba un nuevo ciclo en que un nuevo Estado, esta vez, «neutro», «despolitizado» y «patriota» le entregaría las llaves del sistema escolar directamente a capitales privados. Ya no sería necesario que nuestros heraldos de la «libertad de enseñanza» y del «pluralismo ideológico» se viesen obligados a abandonar el país. Desechada la ENU y derrotada la Unidad Popular, nuevamente el sistema educacional y el país les pertenecían.

---

85 «Las lecciones de la ENU» [opinión], Sergio Muñoz Riveros, *Ramona*, año II, N° 78 (martes 24 de abril de 1973): 9.

La experiencia televisiva en el tiempo de la Unidad Popular. *La Caldera del Diablo*

CÉSAR ALBORNOZ*

La televisión entrega paz, amor, felicidad,
deseos incontenibles de vivir en sociedad
[...]
Con la TV me dan ganas de comprar rifles y bombas,
de asesinar a un anciano y nadar en Coca Cola
[...]
Es estudio de sociólogos que la definen muy bien,
pero llegado el momento se sientan a ver TV.
...Y yo también.

ÁNGEL PARRA[1]

Así como Ángel Parra, eran muchos los que veían televisión entrando la década de 1970. Perfilándose desde fines de la década de 1950 como un medio experimental de carácter universitario y masificándose desde el año 1962, la televisión terminaba construyendo el sistema de medios de comunicación que le otorgaban a la sociedad chilena un carácter mediático y masivo donde factores como la radio, la música popular y el mismo cine, eran factores desde la primera mitad del siglo XX.

La televisión no era un producto de elite en 1970. La presencia de sus mensajes a nivel nacional era efectiva; la nación chilena en un porcentaje importante veía televisión, sobre todo la urbana, y parte importante de ella de modo cotidiano. La experiencia que tenía la masa en relación al seductor medio no era en cuanto a sus políticas, legislaciones y estructuras, sino en cuanto al mensaje efectivo que desde las pantallas se sugería. Para el hombre común, televisión era imagen más que institución. Era lo rutinario más que lo revolucionario; era el ocio, más que la acción. ¿Cómo era aquella experiencia en un tiempo en que las vicisitudes políticas y sociales obligaban a la praxis y el mensaje visual teletransmitido conllevaba justamente a lo contrario, la inercia factual?

---

* Historiador. Universidad Alberto Hurtado-Universidad de Stanford, Centro Santiago de Chile.

1 «La Televisión». En L.P. Canciones funcionales. Peña de los Parra, 1969. Tema 6.

Develar la experiencia televisiva en tiempos de la Unidad Popular no es solo comprender aquel lado B de la vida social chilena durante el gobierno de Salvador Allende. Es también darle un espacio en la comprensión histórica a aquel hombre masa que, pudiendo ser alienado e incluso reaccionario, merece ver su cotidianidad, aunque haya sido inane, en el contexto de un tiempo de creación, revolución y crisis. Su papel pasivo fue también parte del acontecer; su inacción, que significó reacción, también jugó un papel en el proceso. Un acercamiento a esta dimensión de la percepción es reconociendo el mensaje emitido. Haciendo una comprensión del mensaje imaginario, bien es posible acercarse a la vivencia del agente televidente. Y comprender la vivencia de este agente, en parte es comprender históricamente a la masa.

...

El FBI en acción

Cultura proletaria y cultura televisiva se han planteado como conceptos antitéticos. La primera, popular desde la conciencia de clases, aspira a la formación de una nueva sociedad desde la construcción del socialismo sobre la base programática elaborada por los partidos de izquierda. En ello, el Programa de la Unidad Popular fue sumamente explícito. La cultura a construir:

> Surgirá de la lucha por la fraternidad contra el individualismo: por la valoración del trabajo humano contra su desprecio; por los valores nacionales contra la colonización cultural; por el acceso de las masas populares al arte, literatura y los medios de comunicación contra su comercialización[2].

Cultura televisiva era, en cambio, cultura burguesa: individualismo, desprecio del trabajo humano, colonización cultural, comercialización. La construcción de nueva cultura, socialista, revolucionaria, implicaba un cambio diametral, severo, y a su vez combativo, pues obligaba a enfrentarse a aquella cultura de masas símbolo de la sociedad burguesa a derrotar, en la que los medios de comunicación masiva eran piedra angular. Respecto a estos, el mismo programa señalaba:

> Estos medios de comunicación (radio, editoriales, televisión, prensa, etc.) son fundamentales para ayudar a la formación de una nueva cultura y un hombre nuevo. Por eso se deberá imprimirles una orientación educativa y liberarlos de su carácter comercial adoptando las medidas para que las organizaciones sociales dispongan de este medio eliminando en ellos la presencia nefasta de los monopolios.

---

2 Unidad Popular (Chile). *Programa básico de gobierno de la Unidad Popular: candidatura presidencial de Salvador Allende* (Santiago: [s.n.], 1970), 28.

> El sistema nacional de cultura popular se preocupará especialmente, del desarrollo de la industria cinematográfica y de la preparación de los programas especiales para los medios de comunicación masiva[3].

No existiendo una mención especial a la televisión, la intención era clara: liberarla de su carácter comercial. No estaba dentro de las cuarenta medidas urgentes el intervenir este medio o algún otro. Se planteaba como una proyección, vinculada por cierto al proceso de fin de los monopolios comerciales, ergo, de refundación económica.

Mas, la televisión en Chile tenía una ley datada el mismo año de la elección de Salvador Allende que aparentemente salvaguardaba su naturaleza de la avaricia del capital. Su propiedad por parte de las universidades y el Estado parecía garantizar su carácter educativo y de servicio público y nacional. Pero no era así.

Desde la masificación del medio en la década de 1960 y en adelante, la incorporación de la dimensión comercial a la imagen en movimiento doméstica había sido sostenida. Los requerimientos técnicos que exigía la constitución de una programación regular y moderna no podían ser satisfechos con los presupuestos académicos de los canales de aquel entonces. Era necesario dar espacio a que el particular, la empresa privada, aportara dinero en el desarrollo de la industria televisiva y se le retribuyera mediante el sistema publicitario. Los canales no podían ser todo lo universitarios y educativos que se quería.

Y no solo eso. La exigencia económica de programas realizados en Chile, en las mismas universidades, con sueldos, material audiovisual y de archivo, escenarios, estudios, equipos de sonido y de imagen, implicaban un gasto permanente difícil de solventar para las instituciones universitarias. Era mucho más rentable la compra del programa envasado. Una serie podía cubrir hasta 20 horas semanales, lo que en programación en directo era un gasto no menor. Esto significó que, progresivamente, la televisión fuera incorporando como parte importante y hasta fundamental de su parrilla programática a las teleseriales, cuya proveniencia principal era Estados Unidos.

La revista televisiva por excelencia de fines de los años sesenta, *Telecran*[4], informaba a sus lectores sobre el resultado del concurso Telebarómetro, en que se votaba por los mejores programas de televisión de 1970 mediante un cupón que se mandaba a sus dependencias. La conclusión era «25 son los programas extranjeros favoritos, contra 12 nacionales»[5]. Entre lunes y jueves el número uno correspondía a series estadounidenses:

---

3 Ibíd., 31-32.

4 *Telecran* era la antigua revista *Ecran*, referente de la actividad cinematográfica en Chile, que había sido fundada el año 1930. En vista de la importancia del nuevo medio comunicacional, incorporó la televisión como eje de su contenido y se transformó en *Telecran* en julio de 1969. Circuló hasta agosto de 1971.

5 *Telecran*, Año 1, Nº 47 (del 29 de junio al 5 de julio de 1970): 6.

Lunes: *Bonanza*

Martes: *El FBI en acción*

Miércoles: *Ladrón sin destino*

Jueves: *Alma de acero*

Todas emitidas por Canal 13, de la Pontificia Universidad Católica de Chile. De la misma estación era el número uno de los días viernes y sábado, con los programas *Juani en Sociedad* y *Sábados Gigantes*. La excepción en cuanto a canal preferido era para el día domingo, cuyo primer lugar lo ocupaba un programa transmitido desde el Canal Nacional: el espectáculo norteamericano *El show de Jerry Lewis*.

De acuerdo a la votación total, los cinco programas más vistos eran los siguientes:

1.- *El FBI en acción*, con 10.800 cupones emitidos.

2.- *Bonanza*, con 10.500

3.- *Juani en Sociedad*, 10.500

4.- *Show Internacional*, 9.200 (emitido por Canal 13)

5.- *Sábados Gigantes*, 8.700.

Como vemos, la tarea era dura para el proyecto unipopular en lo que respecta a la televisión: derrotar nada menos que al *FBI en acción* y a su emisora: la Pontificia Universidad Católica de Chile[6].

En una popular revista de la época se podía leer en mayo de 1970:

> La televisión está adquiriendo en nuestro país cada vez mayor importancia. Los televidentes ya se sienten familiarizados con los personajes que a diario aparecen en la pantalla... La extensión de la red de Canal Nacional ha producido una verdadera explosión de televisores en el mercado. Según expresó el director de Industria y Comercio, Jorge Awad, el año pasado la producción de estos aparatos en Chile alcanzó las 100 mil unidades, y se espera que este año se obtengan 120 mil, lo que significaría producir 10 mil por mes ¡No cabe duda que estamos viviendo la era de la imagen![7]

Según datos ofrecidos por María de la Luz Hurtado, la televisión de fines de los años sesenta tenía un parque de 374 mil receptores[8]. Bajo la administración de Eduardo Frei

---

6 El análisis de las cifras ofrecidas por el concurso, realizado durante todo el año 1970 puede ser largo y fascinante. Solo como muestra: de los 37 programas referidos, 17 eran transmitidos por Canal 13, 17 por Canal 7 y 3 por Canal 9. El día sábado, de los cinco programas más votados, cinco eran chilenos.

7 *Telecran*, Año 1, Nº 41 (del 18 de mayo de 1970): 6.

8 María de la Luz Hurtado, *Historia de la televisión chilena entre 1959 y 1973* (Santiago: Eds. Documentas, Ceneca, c1989), 209.

Montalva, las ventas de aparatos alcanzaban las 150 mil unidades, y su producción se había elevado de 31 mil a 364 mil por año. Los modelos más usados eran Bolocco, Geloso, Motorola y RCA.

De acuerdo al programa de la Unidad Popular, esta situación debía cambiarse. La «orientación educativa» que debían tener los *mass media* y la liberación de su carácter comercial hacía necesario un plan estatal para hacer más accesible el medio, más democrático, más popular, y a su vez generar los contenidos para que desde este se pudiera construir aquella nueva cultura y hombre nuevo.

Fue así como desde comienzos del primer año de gobierno se realizó un programa de fabricación de televisores populares para distribuirse a partir del mes de julio, con una meta anual de 130 mil unidades terminadas. Esto se tradujo en el televisor blanco de 11 pulgadas modelo Antú de IRT. En el sello ubicado en la cara posterior se leía «IRT: Fabricado por mandato, Comité Eléctrico y Electrónico, CORFO. Fabricación chilena». A su vez, en su frente, bajo el parlante que estaba bajo la perilla de dial, un escudo de Chile daba cuenta de su carácter nacional[9].

A poco andar, algo cambió el panorama. Según estudios realizados por el Departamento de Marketing del Centro de Investigaciones Económicas de la Universidad Católica, en el año 1972 había en Chile unos 600 mil hogares con televisión: 400 mil en el Gran Santiago y 200 mil en provincias[10]. Si uno proyecta tal índice al número promedio de una familia chilena en aquel entonces, 4,5 personas, 3 millones de personas tenían acceso directo al medio televisivo. Casi un tercio para una población total de 8.884.768 personas[11], lo que se duplicaría a un 65 % aproximado para el caso de Santiago, con una población de 2.820.000 habitantes.

El medio televisivo ya no tenía ese carácter exclusivo de mediados de la década anterior. Aquella imagen de decenas de pobladores reunidos en torno al televisor de la cuadra para ver los partidos del mundial del 62, ya no era tal a comienzos de la década de 1970. El mensaje televisivo era masivo y cotidiano: de la masa, no necesariamente de un pueblo consciente; y para el tiempo libre, espacio en que la dimensión doméstica era la preponderante. Y por cierto segmentado en nivel socioeconómico. El mismo estudio antes citado concluía que en los estratos medios y altos un 80 % de los hogares tenía un aparato, contra un 20 % de los modestos.

En cuanto a las cualidades de la emisión, la televisión, desde sus orígenes con el gobierno de Jorge Alessandri, tuvo una reglamentación preocupada porque sus estaciones estuvieran desvinculadas de intereses privados. Su carácter se reafirmó en la Ley 17.377,

---

9 Un interesante capítulo referente al diseño industrial en Chile en tiempos del gobierno de Salvador Allende es: Hugo Palmarola, «Productos y socialismo: Diseño industrial estatal en Chile». En: Claudio Rolle (ed.), *1973. La vida cotidiana de un año crucial* (Santiago: Ed. Planeta, 2003), 225-295.

10 Maura Brescia, «Canal nacional: Lo que es y lo que debe ser». En: *Revista EAC* Nº 1 (1972): 43.

11 Instituto Nacional de Estadísticas. XIV Censo de Población y III de Vivienda. República de Chile, 1970.

promulgada el 21 de octubre y publicada el 24 de octubre de 1970, el mismo día en que Salvador Allende era ratificado como Presidente de la República en el Congreso Pleno. En su artículo primero señalaba:

> La televisión como medio de difusión ha de servir para comunicar e integrar al país; difundir el conocimiento de los problemas nacionales básicos y procurar la participación de todos los chilenos en las grandes iniciativas encaminadas a resolverlos; afirmar los valores nacionales, los valores culturales y morales, la dignidad y respeto a los derechos de la persona y de la familia; fomentar la educación y el desarrollo de la cultura en todas sus formas, informar objetivamente sobre el acontecer nacional e internacional, y entretener sanamente velando por la formación espiritual e intelectual de la niñez y la juventud.
>
> Además de estas funciones, a la televisión universitaria le corresponde ser la libre expresión pluralista de la conciencia crítica y del pensamiento creador.
>
> La televisión no estará al servicio de ideología determinada alguna y mantendrá el respeto por todas las tendencias que expresen el pensamiento de sectores del pueblo chileno[12].

Se estipulaba que solamente las universidades de Chile, Católica de Santiago, Católica de Valparaíso y Televisión Nacional de Chile podían poseer canales, y se reglamentó su ámbito de acción: al último, todo el país; a los de la universidades santiaguinas, la posibilidad de extenderse a una red conjunta; finalmente, a la UCV su radio de cobertura a nivel local[13].

Con la misma ley se creó la persona jurídica Televisión Nacional de Chile Ltda.[14], administrada por un directorio de siete miembros. Su financiamiento sería a través de la comercialización de sus espacios y un aporte fiscal que, al igual que para los canales universitarios, provenía del Impuesto Patrimonial.

---

12 Ley 17.377, artículo 1 <http://www.leychile.cl/Navegar?idNorma=28963&idVersion=1970-10-24> [23 de enero de 2013].

13 Esta característica, más la carencia de información sobre programación existente en las fuentes consultadas, determinaron que el Canal 4 de la UCV se considerara irrelevante en el presente estudio.

14 «El Canal Nacional nació como empresa en febrero de 1969, como filial de CORFO, y empezó a operar con los equipos y bienes que para la televisión educativa había adquirido el Ministerio de Educación. El traspaso efectivo de los bienes, por valor de ocho millones de dólares, no podía hacerse legalmente a la nueva empresa hasta que una ley lo autorizara [...] Fue elaborado por un equipo de difusores del Ministerio de Educación a cargo del entonces subsecretario Patricio Rojas. El Ministerio de Educación había importado equipos para su utilización en televisión educativa, y para esos efectos se creó un Centro de Producción de Programas Educativos [...] Las autoridades del Ministerio de Educación aprobaron el traspaso de los equipos para un canal de televisión a nivel nacional, por medio de un acuerdo con los dirigentes del incipiente Canal 7, y su gerente, Jorge Navarrete, sobre la transmisión de los consiguientes programas educativos y teleclases a los estudiantes de todo el país». Maura Brescia, «Canal nacional: Lo que es y lo que debe ser». *EAC*, Nº 1. (1972): 42-43.

En el caso de la información política, se señalaba que en los períodos en que estaba permitido hacer propaganda electoral los canales debían destinar una hora diaria de su programación a ello. En épocas normales debían destinar treinta minutos a la semana, donde los partidos y movimientos políticos con representación parlamentaria pudieran presentar y debatir sus ideas. El Congreso, como institución específica de la República, tenía derecho a cinco minutos de transmisión diaria en el principal noticiero de cada una de las estaciones.

En relación a la presencia del Gobierno en el medio, el artículo 36 era muy explícito. Señalaba que toda intervención de aquel para exponer ideas, proyectos y realizaciones, otorgaba el derecho de réplica a los partidos políticos de oposición, con igual horario de extensión.

La televisión chilena era una camisa de fuerza. ¿Cómo enfrentarse a ella desde la opción popular? Augusto Olivares, periodista que asumiría la gerencia general de Canal 7, afirmaba frente a la pregunta «¿Qué le parece en general la televisión chilena?»:

«Impera en ella la ideología burguesa que en muchos casos domina a nuestra propia gente. Hay que destruirla»[15].

Así, con las reglas claras, empezaba su primer día de gobierno Salvador Allende. Pero la televisión se había hecho notar desde algunas semanas antes.

Decisión 70

Efectivamente, la campaña del año 1970 fue particularmente álgida. «De terror». Las figuras de Salvador Allende, Radomiro Tomic y Jorge Alessandri daban cuenta de las pugnas entre aquellas planificaciones globales que se habían desarrollado en la segunda mitad del siglo xx. Tres proyectos excluyentes –aunque, en la forma, dos de ellos eran bastante afines–, con tres colosos de la política chilena: un expresidente de la República y de la Confederación Nacional de la Producción y el Comercio; un exsenador y embajador en Estados Unidos con una oratoria que ponía la piel de gallina; y un referente del socialismo chileno, expresidente del Senado y candidato a la presidencia de la República por cuarta vez consecutiva. Pocas veces en la historia de Chile los candidatos presidenciales alcanzaban tal magnitud. Todo detalle había que cuidar; la menor distracción podía generar la ventaja del otro. En una sociedad y cultura de masas había que ser cuidadoso: la impostación de voz y su sonido eran claves para la emisión radial; la definición de ideas, sencillas, claras y contundentes, era fundamental para la prensa escrita; y ahora había un nuevo medio, consagrado, mucho más masivo de lo que era el año 1964, de la elección presidencial pasada.

---

15 *Ahora* Nº 11 (29 de junio de 1971): 64.

Y la televisión fue factor. Hubo dos eventos que podrían haber marcado la elección, cargando la balanza. Son conjeturas, pero tres puntos de diferencia pueden haberse debido a detalles. Y un detalle lo puede marcar una imagen de difusión masiva[16].

Se realizaba el debate televisivo entre las tres candidaturas. Era el programa *Decisión '70*, transmitido por Televisión Nacional de Chile los domingos a las 22:30 hrs. y compitiendo directamente con *A esta hora se improvisa*, del Canal 13 de la Universidad Católica. El programa había sido concebido originalmente para veintiún episodios, siete por candidato, en cada uno de los cuales el entrevistado debía responder diez preguntas, tres realizadas por cada candidatura y una por el canal anfitrión. Los equipos tomaban todas las precauciones para que su candidato no tuviera desventajas frente al contrario. Incluso desde la producción se les ofreció revisar los programas grabados antes de ser emitidos y disponer de maquilladores comunes para evitar suspicacias.

Pero se dio la controversia. La imagen televisiva habló. En uno de los capítulos correspondientes a Jorge Alessandri, a la sazón de 74 años de edad, este venía llegando de una gira por las provincias de Atacama y Coquimbo. Su desgaste físico, que era natural, se hizo evidente en una toma de cámara en que se mostró la mano temblorosa del político al manipular sus tarjetas. Pocos segundos, pero suficientes para dar la sensación en la masa televidente de un hombre añoso y cansado[17]. El programa fue cuestionado por el comando derechista pero igual se emitió al aire. «Eso dicen que influyó mucho en que la gente votara por Allende y no por Alessandri», comentaba treinta años después del evento Manuel Mendoza, director del programa que le precedía, el noticiario *Telediario*[18].

Pero no solo fue el programa *Decisión 70* el que tuvo relación con la candidatura del político de derecha. El recién nombrado *Telediario* también fue motivo de polémica[19].

---

[16] En este mismo sentido es emblemático el caso del debate televisivo entre Richard Nixon y John Fitzgerald Kennedy para las elecciones presidenciales de 1960. Las imágenes mostraban al primero, vicepresidente de los Estados Unidos, serio, con el seño fruncido, sudoroso, curvado, agresivo, tenso, con apariencia cansada a pesar de su juventud (47 años). El segundo se veía joven, en apariencia más joven que sus 43 años: sonriente, erguido, relajado, ganador, seguro, católico y millonario. Kennedy salió elegido el trigésimo quinto presidente del país del Norte, con un porcentaje del voto popular de 49,7 % contra el 49,5 % de su contendor (303 electores contra 219).

[17] «En el primer programa en que apareció don Jorge Alessandri le temblaron las manos y eso lo vimos la gente de su comando que lo acompañaba, lo vio él mismo y lo vi yo... Se dijo que nosotros le habíamos hecho temblar las manos con la cámara», comentaba Guillermo Blanco, director del programa, más de treinta años después.

[18] Programa de televisión *TVN 40 años. Tu historia es mi historia*. Capítulo 1 (1969-1973) <http://www.youtube.com/watch?v=4s6pPofqv5Q> [10 de febrero de 2013].

[19] Telediario era entonces un programa realizado por una productora externa, Los Paparazzi, de Eduardo Ravani y Fernando Alarcón. Fue la base de la organización del departamento de prensa de Televisión Nacional, liderado por Manuel Mendoza.

Se realizaban las últimas concentraciones de campaña a la espera del acto cívico del 4 de septiembre. La televisión trataba de cubrirlas todas. Era agosto del año 1970. Jorge Alessandri realizaba su último acto electoral en el frontis de la Estación Mapocho de ferrocarriles. Se reunieron miles de personas, mas el informativo no puso el énfasis en mostrar a la multitud. Por la pantalla se veían numerosos vacíos y se privilegiaron grupos de gente elegante, *jai* según los vocablos de la época[20], dando la impresión de que el respaldo del candidato no era mayoritario y se restringía principalmente a la clase acomodada.

El hecho fue de controversia. El canal estaba dirigido por Jorge Navarrete, joven militante democratacristiano, razón por la cual se especuló que se quería favorecer la candidatura de Tomic. Mas, el error en términos técnicos fue evidente. Navarrete reconocía lo injusto de la cobertura y Guillermo Blanco decía años después: «Esa fue la vez en que pecamos, y no hay duda de que pecamos»[21].

Los resultados electorales fueron tan estrechos que no es antojadizo pensar que ambos eventos mediáticos pudieron haber influido. Allende obtuvo el 36,3 % de los votos contra el 34,9 % de Alessandri y un 27,8 % de Tomic.

La imagen televisiva siguió aportando antecedentes para el curso de los acontecimientos. La ratificación por parte del Congreso Pleno de la elección del candidato popular la transmitió Televisión Nacional, transformándose en uno de los primeros hechos políticos chilenos registrados íntegramente por televisión. Así también, la firma del Decreto Ley de la Nacionalización del Cobre, el 11 de julio de 1971, fue seguida por televisión con gran expectación. La masa chilena pudo ver a Allende en su despacho de La Moneda firmando el trascendente documento flanqueado por los presidentes de la Cámara y el Senado, el presidente de la Corte Suprema, el contralor general de la República y el arzobispo de Santiago. De estos destacaban junto al Presidente, el arzobispo Raúl Silva Henríquez y el dirigente del Partido Demócrata Cristiano Patricio Aylwin, sentado a la derecha del mandatario. El corto diálogo entre este y el Presidente, apreciado en breves segmentos de la transmisión, no fue capaz de dar cuenta del contenido, pero sí, de alguna forma, insinuaba visualmente la unanimidad de la decisión política y económica, con el respaldo del líder de un partido que se manifestaba como categórico opositor al gobierno, más aún pocos días después del asesinato de uno de sus referentes, Edmundo Pérez Zújovic.

En Televisión Nacional asumía como director Augusto Olivares, aplicado militante socialista pero lego en lo que a manejo y programación televisiva implicaba. La señal se comprometía con el proyecto unipopular. En ese marco le tocó cubrir la visita de Fidel Castro a Chile.

Efectivamente, el líder del proceso cubano, referente para los afanes revolucionarios de América Latina, visitaba el país en noviembre de 1971. Su calendario se modificó por las

---

20 Del ingles *high*, alto, referido a la población habitante del barrio alto de Santiago.

21 Programa televisivo *TV or not TV* <http://www.dalealplay.com/informaciondecontenido.php?con=347689> [11 de febrero de 2013].

circunstancias: su plan inicial de estadía de pocos días se transformó en una permanencia de tres semanas, la que fue cubierta acabadamente por la señal nacional. En este sentido, el hito más significativo fue el acto realizado en el Estadio Nacional el 2 de diciembre. La dirección estuvo a cargo de René Schneider Arce, hijo del recientemente asesinado Comandante en Jefe del Ejército.

El desafío técnico era importante. El evento debía ser mostrado con la solemnidad que se merecía y además con un público comprometido y entusiasmado con las fervorosas palabras del líder revolucionario. Pero las dificultades se empezaron a plasmar a los minutos..., en rigor, horas. La costumbre de Castro de pronunciar largos discursos no era asimilada por el público, que en masa había asistido al estadio. Más allá de su compromiso con el líder y su proyecto político, el tedio empezó a invadir a la masa, que paulatinamente empezó a abandonar las galerías transcurridos los minutos del acto y las horas de palabras de Fidel. La insigne frase: «Con la verdad, con la verdad con la verdad. Con la razón, con la razón, con la razón. Con la moral, con la moral, con la moral», declamada con la reconocida energía del Comandante y aclamada por la multitud en el estadio, fue por cierto construida desde la dirección televisiva. La masa que aplaude la arenga de pie es aquella que rodea el proscenio. No hay una vista general del estadio, pues más de la mitad de la gente ya había hecho abandono del recinto. El director señalaba:

> Evidentemente que no podía mostrar el Estadio Nacional con tan poca gente, porque al final realmente quedaba muy poca gente. Entonces yo trataba de tomar planos más cerrados del público. Y al día siguiente en el diario *La Segunda* el titular dice: «Felicitamos al director de Televisión Nacional que hizo la transmisión del discurso de Fidel Castro, porque mostró un estadio nacional con mucha gente, cuando al final estaba vacío»[22].

Estos eran solo ejemplos esporádicos. La televisión tenía una programación regular en que durante la semana colmaba los hogares chilenos de imágenes recurrentes, distractivas las más, informativas y educativas las menos, que bien pueden alumbrar sobre el cómo parte importante de la población chilena recibía mensajes audiovisuales en un Chile en convulsión.

Es jueves 2 de diciembre de 1971 en la casa de la señora Gladys. Luego de servir el almuerzo a Ernesto, su hijo mayor que acaba de llegar del colegio –el Amanecer, a pocas cuadras de la casa– prende su televisor Antú recién comprado y sintoniza el Canal 13 para escuchar, mientras lava la loza, *Pasado meridiano*. Son las 14:00 hrs. Siempre ha encontrado toda una dama a su conductora, Mireya Latorre. No le molesta que esté casada con el «Guau guau» Olivares, activo militante socialista, director de programación de Canal 7. Se instala en el living a ver la teleserie *Rosario*. Pero la verdad es que es solo para descansar después del quehacer doméstico. Su preferida es *Simplemente María*. Pero esta es mucho más tarde, a las 20:05, en el 9. Bueno, hay que seguir haciendo las cosas de la casa.

---

[22] Ibíd.

Es el turno de Ernesto. Piensa en cambiar de canal, pero en el 7 todavía no empieza su programa preferido. Y el 9 empieza recién a las 17:25, y con un noticiario leído por Justo Camacho. Nada muy interesante para un niño de 10 años. Le encanta ver televisión y no todos sus compañeros la tienen, pero *Magila Gorila* y *Furia* no son de su particular agrado. Está esperando las 18 hrs, en el Canal 7, *Música Libre*. A Gladys no le agrada mucho que su hijo se instale a ver chicas con minifalda y jóvenes melenudos con pantalones «pat'elefante». La música le da lo mismo, no importa que sea en inglés y que no la entiendan, pero hay mucha pierna y mucho pelo. Ernesto aprovecha de hacer las tareas. Son las seis de la tarde. Es tiempo de instalarse en el living.

Ya terminaba el programa cuando llega Alfredo, el dueño de casa. Él no lo reconoce, pero siempre que puede, cuando llega más temprano o en algún feriado, trata de ver *Música Libre*. Le gustan Aracelly y Alejandra, y jura que Gladys no lo ha notado. Pero no importa, es televisión.

Al compás de una once-comida comparten lo sucedido en el día con Gladys. Ernesto fue a terminar las tareas. Conversan sobre su hijo, la casa, la visita de Fidel. Hace ya más de tres semanas que Fidel Castro llegó a Chile y hoy, jueves 2 de diciembre, se despide en un multitudinario acto en el Estadio Nacional, que empieza a las 18:00 hrs. O sea, ya empezó. El discurso está programado a las 20:30 hrs. ¡Y con lo que habla Fidel!, va a terminar tardísimo. Pero... las 8 de la tarde ¡*Simplemente María*!

Hora sagrada para Gladys. Alfredo lo entiende. Va a conversar con Ernesto a la pieza mientras él hace las tareas. Le ayuda un poco y le pregunta si está pololeando. Ernesto se ruboriza. Su esposa lo llama al living: «Ya se terminó», le grita.

Alfredo se instala en su sillón preferido, prende un cigarro y cambia la tele. Del 9 al 13. Por último ve la segunda parte de *Combate* y sobre todo el noticiario *Teletrece*, leído por el simpático Pepe Abad. «¿Cómo estará el acto del Nacional? ¿Qué dirá Fidel?» se pregunta. «¿Lo irán a dar por la tele?»

A las 22:20 empieza en el 13 *La Manivela*. Alfredo y Gladys se sientan juntos en el sofá frente al televisor. Ernesto dura un poco; no entiende cómo sus padres se ríen de algo tan fome. Además tiene sueño, es tarde y debe acostarse para ir al colegio mañana temprano.

Son las 23 horas. Se acabó el programa y la transmisión. Alfredo y Gladys apagan el televisor y parten a la pieza a acostarse. Mañana es otro día de trabajo. Alfredo, a punto de quedarse dormido, recuerda «¡El discurso de Fidel!... ¿Lo habrán trasmitido?...».

Simplemente María

El estudio sobre los primeros años de la televisión chilena realizado por María de la Luz Hurtado dimensionaba la programación televisiva sobre la base de dos variables: función y origen. Respecto a la primera, promediando los índices otorgados a lo largo del período 1970-1973, la función distractiva fue la más importante: esta superó el 54 % del total promediando los tres canales más importantes, siendo la del 13 el índice más significativo, con un 64 % promedio. A la distractiva le seguía la noticiosa, con sobre un 12 % general, destacándose Canal 9, con un 16,4 % promedio. La política, afín con la anterior, era para el 13 un 2,4 %, un 4,2 % para el 7 y un 5,2 % de Canal 9. A pesar de que, como veremos más adelante, el canal con menos horas de transmisión fue el de la Universidad de Chile, porcentualmente fue el que ofreció mayor cantidad de información política contingente: un 21,6 % sumando la noticiosa y la política. Lo seguía Canal 7 y, al final, el canal católico con un 14,5 %. No deja de llamar la atención el hecho, pues en la memoria colectiva dentro del área política está un programa perteneciente a la estación que, paradojalmente, tenía el menor porcentaje de programación en ese sentido.

En el ámbito de la programación educativa, sin embargo, destacaba el canal pontificio de Santiago. Ofreció un 15,3 % del total. Mas, esta línea educativa debía considerarse desde un aspecto convencional; no educar para la revolución sino para mejorar el rendimiento escolar, aspecto representado en su programa matinal *Teleclases*.

Un resumen para el período en cuestión es el siguiente:

Función de la programación	Canal 13 (%)	Canal 9 (%)	Canal 7 (%)
Distractiva	64	54,5	56,3
Noticiosa	12,1	16,4	12,4
Educativa	15,3	10,1	7,7
Artística	1,9	4,9	4,7
Deportiva	1	4,4	8,6
Política	2,4	5,2	4,2

En cuanto al origen de la programación, la factura era bastante pareja. Incluso en dos de las tres estaciones, los programas nacionales emitidos en promedio superaban a los extranjeros para el período en cuestión:

Factura – Origen de la programación	Canal 13 (%)	Canal 9 (%)	Canal 7 (%)
Nacional	47,6	49,5	47,3
Extranjera	49,9	46,3	42,7

[23]

[23] Los porcentajes del estudio de Hurtado se estructuraron sobre la base de cortes de muestra para noviembre de 1970, mayo y noviembre de 1971, mayo y noviembre de 1972 y mayo de 1973. Las cifras promedios son calculadas por este autor. Para complementar el análisis, y notando la carencia en el estudio de la relación de programas específicos, horarios y competencias, en este trabajo se realizó una muestra de

Infiriendo que de los extranjeros la mayor parte era de origen estadounidense, la programación de origen chileno, no siendo abrumadora, era significativa. El dilema principal parecía no ser el origen, sino la función. Se podría conjeturar, por tanto, que de los programas nacionales la mayor parte tenían como intención distraer. Era la entretención el sentido de la programación. En tiempos en que había que construir y hasta combatir según la lógica unipopular, la televisión ofrecía sobre todo la comodidad del entretenimiento.

Si se evalúan las horas de transmisión televisiva y, a través de ello, la influencia en la masa televidente, la injerencia del medio era pasado meridiano. El único canal que ofrecía –con algunas excepciones durante el segundo semestre de 1972 y el primero de 1973– programación matinal era el 13, que de lunes a viernes, entre las 9 y las 10:30 de la mañana, ofrecía *Teleclases*. El programa, dirigido a estudiantes entre 6° y 8° básico, otorgaba conocimientos básicos en las áreas de Ciencias Naturales y Ciencias Sociales. Mas, era la tarde el momento de «ver tele». Desde las 18 o 19 horas todos los canales estaban emitiendo sus señales; era el momento de la verdadera competencia. Era la hora en que se llegaba del trabajo y de las clases, se terminaban las labores del hogar y se compartía un momento en familia, muchas veces a la luz de la imagen televisiva. Las transmisiones no se extendían, por lo general, después de las 00 hrs. del día siguiente. En rigor, eran más o menos cinco horas las más relevantes en cuanto a televisores prendidos[24].

Hacia mayo de 1971 la programación de factura nacional en Canal 13 alcanzaba el 50 % del total. La situación cambió de modo sorprendente con la asunción de Raúl Hasbún como director de programación. Mientras arrasaban series gringas como *Hawaii 5-0*, *Misión Imposible* y *Cannon*, así como la telenovela argentina *Nino* y la mexicana *Los Hermanos Coraje*, con la administración del sacerdote se suprimieron todos los programas producidos por el Departamento de Comunicación Audiovisual de la Universidad Católica DECOA[25]. y, como veremos, *La Manivela*. Sin embargo, los programas nacionales emitidos por la estación eran el 47,3 % de la programación en noviembre de 1971 –bajo la dirección de Claudio Di Girolamo– y pasa a un 57,2 % en mayo de 1972, 44,3 % en noviembre de 1972 y 50,9 % en mayo de 1973. Si uno se somete a este diagnóstico, bajo la segunda administración se incrementó considerablemente la programación nacional, pero ello no necesariamente

---

la programación total de la televisión ofrecida durante el período comprendido entre noviembre de 1970 y agosto de 1973, de lunes a domingo. Los meses de corte fueron: noviembre de 1970; abril, agosto y noviembre de 1971; marzo, julio y noviembre de 1972; marzo, junio y agosto de 1973. Tal información fue extraída de la programación televisiva incluida en la prensa periódica, específicamente el diario *La Tercera de la Hora*.

24 Es muy interesante que cuando se hace un ejercicio de memoria en relación a la programación televisiva de aquel entonces, la mayoría de los encuestados recuerdan programas de aquel lapso: *A esta hora se improvisa*, *La Manivela*, *Música Libre* o *Sombras Tenebrosas*, por ejemplo. El único que queda fuera de ello es *Sábados Gigantes*.

25 El DECOA fue creado en la Vicerrectoría de Comunicaciones en 1968 con el fin de integrar orgánicamente la universidad con la televisión.

implicó que esta fuera de carácter formativo, más aún con el antecedente del fin de los programas DECOA.

De acuerdo al mismo estudio, la programación principal emitida era la de función distractiva, promediando un 64 % para el período en cuestión. En mayo de 1971 esta tuvo su momento *peak*, con un 78,9 % del total, para tener en mayo de 1973 su punto menor con un 54,9 %. La noticiosa, un 12,11 %; la educativa, 15,35 % (según la citada información, en mayo de 1973 era de un 24,7 %, casi un cuarto del total); la artística, un 1,95 %; la política, un 2,4 %. En el estudio se incluyen otras tres categorías: religiosa, deportiva y publicitaria. La primera era patrimonio de la estación católica de Santiago, por lo que su especificidad no permite una comparación con las otras estaciones. Respecto al deporte, es recién en este tiempo cuando este se constituye como un área definida en las estaciones televisivas. Su promedio no alcanzaba el 2% de la programación. El ámbito publicitario, que se refiere a programas específicos conducentes a la venta de algún producto, no superaba el 0,5 %.

Canal 13 era la estación preferida por los televidentes y la única que emitía en la mañana. Pero las transmisiones regulares empezaban después de almuerzo, destacándose el magazín para la mujer *Pasado Meridiano*, conducido inicialmente por un rostro señero como era Mireya Latorre, quien al poco andar se trasladaría a Televisión Nacional, asumiendo en su reemplazo María Elena Aguirre. El programa era representativo de la estructura, entre lunes y viernes, de franjas que establecían el ordenamiento de los programas por segmentos etáreos o de género. A saber, desde la hora de almuerzo y sucesivamente: para la mujer, para el niño, para el joven y para los adultos. Canal 13 proponía *Pasado Meridiano*; luego, desde las 16 hrs., dibujos animados y series infantiles en que se sucedieron durante el período *Johnny Quest*, *Magila Gorila*, *Porky*, *Furia*, *Los Supersónicos* o *La Hechizada*. A continuación, entre las 18 y las 19:25 se privilegiaban programas chilenos o series envasadas orientados a la juventud: *Escenario*, un programa realizado por la FEUC; *Los Jóvenes Rebeldes*, etc. Mas, en este segmento había un líder indiscutido y que no pertenecía a la estación católica: *Música Libre*, del Canal 7.

A continuación, desde las 20:15 hrs. series nacionales o internacionales. Entre las segundas: *Combate*, *Hawaii 5-0*, *Bonanza*, *Julia*, *El Gran Chaparral* y *El FBI en acción* (como veíamos, una de las más vistas). Entre las nacionales, una emblemática: *Juani en Sociedad*, transmitida los viernes a las 21:30 y luego, desde agosto de 1971, los miércoles a las 21:00. Era la teleserie chilena más vista en 1971. La historia de la pareja pudiente que tenía una hija díscola, indignaba a las mentes conscientes unipopulares que esperaban ver reflejada en la pantalla chica la lucha de clases, concepto imprescindible para conseguir el cambio revolucionario. Pero *Juani en Sociedad* distaba mucho de aquello; todo lo contrario, su mensaje era de consenso, transigente, armonioso, descongestionado del conflicto. La familia protagonista, los Moller McKay, eran unos burgueses, pero buenas personas donde la tónica era el amor y la comprensión. Si a ésta le sumamos las series antes mencionadas, donde dentro de los protagonistas había una patrulla militar combatiendo en la Segunda Guerra Mundial, familias de cowboys, una patrulla de detectives de Hawaii o nada menos que el FBI, por cierto que el modelo televisivo imaginario era, por decir lo menos, distante al proyecto revolucionario.

Esta era la programación que precedía al noticiero. Siendo según muchas encuestas, parte de los programas más vistos durante la época, *Teletrece* respondía a la misma cualidad, transformándose en un informativo evidentemente de oposición al gobierno de Salvador Allende. Se constituyó, así, toda una maquinaria que, vía imagen televisiva, distanciaba a la masa de la contingencia revolucionaria, instalándola cómodamente en el living del hogar y permitiendo que el acontecer nacional circulara filtrado por los mensajes en 525 líneas.

En el horario nocturno –desde las 22:20 hrs.– destacó los días martes del segundo semestre de 1971 *Historia y geografía de Pablo Neruda, La Manivela*, los jueves (de 1971), y los comentarios deportivos de Julio Martínez, *Jota Eme*, los lunes.

Pero el fin de semana era **El** momento del canal. Especialmente el sábado. *Sábados Gigantes* fue el coloso de la televisión chilena por aquel entonces. Desde las 15 a las 19:30 de la tarde, la mayoría de los televisores chilenos estaba sintonizando las artimañas de Don Francisco para entretener, entretener y solo entretener. Lo que venía (*El Gran Chaparral, Teletrece, Noches de Estreno*) era sólo un detalle. Don Francisco era el amo y señor de los hogares chilenos los días sábados.

El programa, producto de la fusión entre *Sábados Alegres* y su derivado estelar *Sábado Gigante*, se empezó a emitir con el formato que le sería característico el año 1965. Su animador era Mario Kreutzberger, quien bajo el seudónimo de Don Francisco mezclaba variedades con música y concursos, generando un *cocktail* tan atractivo para el telespectador que este quedaría prendado a la pantalla por más de 25 años. En los mismos años de la Unidad Popular su nivel de audiencia era indiscutible. En la revista *Ahora* se señalaba «Un estilo pedestre y mofletudo que cada sábado le reporta quinientos mil televidentes santiaguinos»[26].

Los avatares políticos no pasaron por Sábados Gigantes. Parecía que no existieran. La estructura siguió igual, fomentando el consumo y la enajenación, todo lo contrario a la construcción de la nueva sociedad. En la evidencia era la programación que la gente más veía. El mismo Don Francisco, ante la pregunta realizada por el periodista Fernando Barraza sobre qué cambios había tenido el programa después del triunfo unipopular, señalaba:

> Mis programas están totalmente al margen de la política. Creo que la obligación de un animador es estar con lo que está ocurriendo en el país. Si están tocando cha-cha-cha, yo no puedo bailar rock. Nosotros hacemos campañas con todos los gobiernos. Nos interesa llegar al telespectador y entre ellos hay personas de todas las tendencias[27].

---

26 *Ahora* Nº 2 (27 de abril de 1971): 62.

27 Ibíd., 64.

Mas, justamente en el país, junto al cha-cha-cha, se estaba viviendo un proceso político particularmente severo y significativo. Igualmente el programa se vería afectado con la contingencia. El animador, en sus memorias, escribiría años más adelante:

> A nadie le interesan los concursos, el humor, la entretención y el programa parece quedar fuera de foco, porque son otras las urgencias que apremian a la gente. Los auspiciadores que financian el programa se retiran y quedamos sin apoyo económico. Fue necesario regresar como en los primeros tiempos a regalar paquetitos con papas fritas a los participantes o un vale para una comida en un restaurante. Sin embargo el equipo parece como una isla en medio de tanta confusión y presagios. Nos ponemos a cantar para hacer menos tensa la situación y otra vez la crítica trata de destruirnos, afirmando esta vez que estamos desligados de la realidad en el instante en que el país vive uno de sus momentos más críticos. Un día una mujer me grita ¡fascista! en la calle y tomo la iniciativa de irme del país. Surge la posibilidad de un trabajo en un canal de Costa Rica. La pasión política es el factor predominante del momento[28].

Esa misma contingencia era la que se reflejaba en el programa político más importante de aquel entonces. El referente de política y televisión para los años de la Unidad Popular fue el programa *A esta hora se improvisa*, emitido por Canal 13 los días domingos en la noche desde junio de 1969. El espacio era conducido por Jaime Celedón e integraba a una serie de panelistas del mundo político, y no tanto para discutir sobre la contingencia. En los comienzos los panelistas estables eran: Tito Mundt, Enrique Campos Menéndez (el único que no era periodista), José María Navasal, Eugenio Lira Massi, Julio Martínez y Fernando Rivas Sánchez. Este último, reconocido por su posición política de izquierda, tuvo un fuerte duelo con Julio Durán en el marco de las elecciones presidenciales. Ante las constantes interpelaciones de Rivas desde la muletilla «Se dice que...», el político lo encaró diciéndole: «Fíjese señor Rivas que 'se dice' que usted es maricón. Pero a mí no me consta. O sea, que con el 'se dice' usted no me va a sacar ninguna frase»[29].

El episodio fue solo la sinopsis de la atmósfera que marcó el programa durante sus casi cuatro años de duración. La polémica, la discusión álgida y el enfrentamiento entre posiciones excluyentes fue la tónica que hiciera a este espacio uno de los más emblemáticos reflejos de la contingencia política. El hombre común, a través del programa, «conocía» a sus ministros o líderes políticos. La simpatía, la elocuencia o la agresividad se transformaban

---

28 Mario Kreutzberger, *¿Quién soy? Telebiografía de Mario Kreutzberger* (Santiago: E.P.S.A., 1987), 69. Resulta también elocuente el hecho de que en sus memorias, Mario Kreutzberger le otorga al tema solo un párrafo entre más de doscientas páginas.

29 Jaime Celedón, *Memorias que olvidé en alguna parte* (Santiago de Chile: Aguilar Chilena de Ediciones Ltda., 2001), 135.

en un capital fundamental, que era lo percibido por la masa televidente. Era la pantalla la que muchas veces levantaba o sepultaba a personalidades, en función de su desplante a través de la imagen.

En un capítulo de mediados de septiembre de 1970, fue invitado el senador democratacristiano Juan Hamilton ante un panel compuesto por Julio Martínez, Germán Becker, José María Navasal, Raúl González Alfaro y el recién nombrado ministro del Interior José Tohá. Este último, haciendo un análisis del significado del triunfo de Salvador Allende, afirmó: «En Chile llega al poder el movimiento popular sin tener un problema frente a las Fuerzas Armadas. No es el caso de otros países, en que han sido guardias pretorianas, en que han encabezado dictaduras o tiranías. Aquí no hay conflicto entre pueblo y Fuerzas Armadas»[30]. Lo decía, como sabemos, tres años antes del Golpe de Estado.

Los panelistas eran sugeridos por el conductor y ratificados por la autoridad máxima de la estación, es decir, el rector Fernando Castillo. Desde la elección de Salvador Allende la intención fue invitar a políticos de las distintas tendencias, pero a medida que avanzó el proceso, el 8 de abril de 1973, mediante un comunicado que se hizo llegar al canal, los militantes de partidos de la Unidad Popular declinaron la participación en el programa, en vista del perfil reaccionario que este fue adquiriendo[31]. Así, pasaron por el set, además de los ya señalados: Claudio Orrego, José Miguel Insulza, José Joaquín Brunner, Genaro Arriagada, Germán Becker, Alfonso Calderón, Rodrigo Campos, Carlos Cerda, Darío Carmona, Jorge Dahm, Jaime del Valle, Vittorio di Girolamo, Manuel Antonio Garretón, Raúl González Alfaro, Eduardo Labarca, Alejandro Magnet, Tomás Moulian, Jorge Navarrete, Jorge Palacios, Vicente Sota y José Tohá.

Pero hubo un joven panelista que llamó mucho la atención. Jaime Guzmán Errázuriz, joven abogado y profesor universitario que por el año 1972 bordeaba los 26 años, se había hecho conocido por su liderazgo desde la Escuela de Derecho de la Universidad Católica de Chile y su férrea oposición al proceso de reforma que llevaba a cabo dicha casa de estudios desde el año 1967, instancia en la cual había formado el Movimiento Gremialista, de carácter eminentemente reaccionario. Su invitación al programa respondió a la presión de los estudiantes liderados por la FEUC gremialista, presidida por Tomás Irarrázabal, quienes habían puesto un lienzo en la casa central de la Universidad –ergo, en las dependencias de la estación televisiva–, que decía «Los estudiantes exigimos pluralismo y objetividad en Canal 13 de TV». Invitado como panelista estable desde septiembre de 1971 y representante de aquel movimiento, llamaba la atención su clara oratoria y profundo rechazo a la vía chilena al socialismo. Más aún, una de sus intervenciones en el programa dio cuenta de su evidente golpismo, al afirmar:

---

30 *Tv or not TV*. Op. cit.

31 Según cuenta Celedón en sus memorias, para cubrir el vacío se invitó a un par de militantes del comunismo maoísta: el filósofo Jorge Palacios y el abogado Rodrigo Campos.

> Los países tienen que dirigirlos grupos más o menos organizados. Y ocurre que en Chile se ha organizado un grupo que se llama la Unidad Popular; existe otro grupo organizado en vastos sectores partidistas o gremiales, que están en la oposición; y existe un tercer sector organizado que se llama las Fuerzas Armadas. Tu argumentación [...], a mi juicio, es la que conduce en forma más clara y más evidente a la conclusión de que si no puede gobernar ninguno de esos dos sectores civiles, no queda más que las Fuerzas Armadas. Porque la gente suelta no puede gobernar las naciones[32].

El programa asumía un cariz eminentemente opositor al gobierno de Salvador Allende. Era la imagen televisiva de la contrarrevolución para algunos, del espíritu realmente pluralista, democrático y republicano para otros. Tal perfil se transformó en controversia penal hacia fines de 1972, cuando fue invitado el dirigente de la Confederación de Dueños de Camiones León Vilarín, a la sazón referente del paro nacional que se extendía desde octubre de aquel año, y quien tenía orden de detención por Ley de Seguridad Interior del Estado. Su participación en el programa y presencia en el canal fue de antología. La estación, que por aquel entonces se ubicaba en Alameda esquina Lira, estuvo cercada por fuerzas policiales; el invitado, circulando por los pasillos, protegido por los personeros del canal; personal policial buscándolo en los recovecos del recinto, en fin. El hecho es que Vilarín fue remitido a dependencias del hospital universitario, contiguo, y sacado dentro de una ambulancia, eludiendo a la justicia. El Fugitivo en versión chilena.

El último capítulo en emitirse fue la noche del domingo 9 de septiembre de 1973.

El 13 mantuvo su política en cuanto al orden de la programación. Las franjas se respetaban como verdad absoluta, en vista de que los resultados eran óptimos. Era, según todos los índices, el canal más visto. Y desde 1972 contaba con un nuevo chiche: la teleserie *Nino*, «Vida y amores de un emigrante italiano en una barriada de Buenos Aires»[33]. Al son de «Las cosas simples de la vida», Enzo Viena, actor protagonista, se transformaba para los hombres en lo que *Simplemente María* era para las mujeres. Durante 1972, los varones que se instalaban frente al televisor a la vuelta del trabajo veían *Nino*, una serie estadounidense (*Cannon, Combate*) y un *Teletrece* que, conducido por Pepe Abad, manifestaba una oposición intransigente al gobierno. Si el mismo señor no cambiaba el canal los días jueves, a las 22:30 podía ver *El FBI en acción.*

En el Canal 9 de la Universidad de Chile la programación empezaba a las 14 horas desde 1970. Manteniendo la estructura de franjas –a pesar, como veremos, de la voluntad de sus autoridades– había un bloque femenino después de almuerzo; en la tarde uno infantil y pasadas las 18 hrs. uno juvenil de índole más bien cultural. A pesar de que su porcentaje de programación nacional fue igual o superior al de la competencia, por estar al aire menos

---

32 *Tv or not TV*. Op. cit.

33 *La Tercera de la Hora*, domingo 23 de junio de 1972, 36.

horas al día sus programas eran cuantitativamente muchos menos que los del resto de las estaciones. El fenómeno se acrecentó en 1973, tiempo en que las transmisiones menguaron hasta llegar a solo seis horas entre lunes y viernes.

Entre los programas nacionales, uno de los más destacados fue *La Manivela*. El programa, con la clásica cortina musical introductoria interpretada por Los Beatles –el tema «Ob-la-di Ob-la-da»– nació producto de la solicitud realizada por Guillermo Blanco, por aquel entonces director de programación de Televisión Nacional, al grupo teatral Ictus hacia fines del año 1969. Programa de humor absurdo, su crítica abarcaba todos los segmentos del ámbito político y social chileno. Mas, eso mismo no era del gusto de las instancias de poder, recibiendo críticas de lado y lado: representación de la cultura burguesa, por una parte; ridiculización de los valores de nuestra sociedad, por otra.

A modo de muestra, dos botones. Santiago del Campo, periodista de la revista *Ahora*, afirmaba en el semanario que el programa en cuestión reflejaba los intereses de la burguesía por ser su humor elitista. En una entrevista realizada por él mismo a Jaime Celedón –figura televisiva que no se restringió a *A esta hora se improvisa* sino también fue protagonista del controvertido programa humorístico–, dialogaban:

> J. Celedón.: He sabido de tu polémica con Sharim sobre *La Manivela*. Encuentro que hay dos elementos erróneos en tu planteamiento: uno es tu acusación de que *La Manivela* refleja los intereses de la burguesía. El otro es tu acusación de elitista. Ese es un razonamiento reaccionario. Tendríamos que descalificar a Neruda, a Matta, a todos los que no compartieron el 'realismo socialista', que, por lo demás, está pasado de moda. Además los actores de *La Manivela* son casi todos UP.
>
> S. del Campo.: Yo no he cuestionado a los actores, a las personas. Digo que *La Manivela* está convertida en una lata reaccionaria, porque los problemas que refleja no corresponden a los problemas que afligen a las masas. No se trata de realismo socialista. Se trata de estar un poco al tanto de los intereses del pueblo en esta etapa del desarrollo político chileno...
>
> J. Celedón: Mira, yo creo que *La Manivela* ha tenido varios capítulos en que le ha dado como caja a la burguesía. El asunto no es muy simple[34].

Fue el único programa que durante el período se emitió por los tres canales: el programa empezó en Canal 7, luego pasó a la estación católica y terminó siendo transmitido por Canal 9 de la Universidad de Chile. Este último paso fue debido a que para la nueva autoridad clerical, Raúl Hasbún, el espacio no era de su particular agrado debido a su carácter irreverente contra la moral y las instituciones. Fue sometido a control y censura por la estación católica, lo que implicó la no renovación de contrato en marzo de 1972, oportunidad en que se incorporó a la parrilla programática de la estación laica, emitiéndose a las 22:30 horas los días martes,

---

34 *Ahora* Nº 33 (30 de noviembre de 1971): 64.

primero, y miércoles, desde fines de 1972 hasta julio de 1973. Manteniendo su esencia, esta vez sí contó con la anuencia de los segmentos militantes unipopulares[35]; el contenido no había cambiado, sí el medio. Y era suficiente.

La programación nacional de Canal 9 promedió un 49,5 %, pero su tendencia fue de notable desmedro en el período: en noviembre de 1970 alcanzaba un 62,1 %, decayendo constantemente hasta alcanzar en mayo de 1973 un escuálido 27,8 %. La extranjera, en cambio, pasó de un 31,6 % hacia fines de 1970, a un 64,7 % en mayo de 1973.

En cuanto a funciones, del total de la programación la de carácter distractiva promedió un 54,5 %, aumentando de un 40,8 % en noviembre de 1970 a 68,5 % en mayo de 1973. En noviembre del año anterior había alcanzado un 64,6 %. La noticiosa se había mantenido en el promedio, mas la educativa en el corte de 1973 alcanzaba la cifra de 0. En cuanto a la programación política, en mayo de 1971 alcanzaba el 9,1 % de la programación, bajando progresivamente hasta alcanzar en mayo de 1973 el 1,6 %.

El Canal de la Universidad de Chile fue el que menos horas al aire tuvo debido a los serios conflictos vividos en la institución. Sus transmisiones empezaban después de la 17 horas, llegando los primeros meses de 1971 a empezar a transmitir a las 18:30 hrs. Sábados y domingos lograba transmitir señales desde las 14 hrs. En suma, el canal más cercano al proyecto de gobierno transmitía casi la mitad de horas semanales que el más opositor al mismo. A pesar de ello, se esforzaba por una programación nacional, con sentido, con presencia del segmento universitario –especialmente la Federación de Estudiantes de la Universidad de Chile (FECH)–, todo bajo el incentivo de Sergio Ortega. Así, tenía un programa de pobladores, *Tramoya* (programa de teatro), *Proyección 25* (de la FECH), *Forma y Espacio* (de arte), *Mimos de Noisvander*, y otros tantos más en la misma línea. Todos transmitidos en el segmento entre el inicio de transmisiones y las 20 horas. Rompía así en algo ese ordenamiento franjeado tan característico en la estación católica. Pero solo un poco; desde las 17 horas emitía programación infantil bajo el título *El Volantín*. El interés y profundidad de aquellos programas sin duda que respondían a la construcción de la «Nueva Cultura». Pero ¿eran estos los programas más vistos de la estación? Lamentablemente para el interés del proyecto popular, no. Es más, fueron dos que no tenían nada que envidiar a los populares de la competencia, y ambos emitidos en la misma franja, las 20 hrs.

Para competir con *Combate* o *Hawaii 5-0* al canal laico solo le quedaba utilizar las mismas armas. Así, los primeros meses de 1971 se emitía *La Caldera del Diablo*, teleserie gringa que narraba los conflictos en la localidad Peyton Place, y desde julio de 1971 un programa emblemático: *Simplemente María*.

---

35 «En las últimas experiencias se han servido de situaciones tomadas de los argentinos Julio Cortázar y Germán Rosenmacher. La mezcla de un texto de categoría absorbido en la fluidez televisiva de los integrantes de La Manivela, está empezando a resultar una experiencia sobresaliente en la televisión chilena». *Quinta Rueda* Nº 6 (mayo de 1973): 2.

El fenómeno de *Simplemente María* merece particular atención. El canal de la Universidad de Chile era una verdadera caldera desde antes de asumir el gobierno popular. La designación de Jaime Celedón como director generó la acérrima oposición de los distintos estamentos, los que veían al conductor televisivo como una maniobra de parte del democratacristiano rector Edgardo Boeninger para desmovilizar al canal en cuanto a su decidido apoyo al candidato Allende. La presión fue tal que Celedón duró solo unos pocos meses en el cargo[36].

El año 1971 asumió como director artístico de la estación Sergio Ortega, acompañado de Carlos Sancho en la Dirección General. Ortega era un destacado compositor que se desempeñaba en el Instituto de Extensión Musical y como profesor del Conservatorio de Música Nacional de la Universidad de Chile[37], cuyo compromiso con el gobierno de Allende era reconocido, más aún en su calidad de militante del Partido Comunista. La propuesta ahora era dar la batalla de la producción televisiva a nivel académico y popular a la vez. Así, la idea era entregar una mixtura que incluyera el mejor cine –películas de Bergman, Buñuel o Fellini– junto a largometrajes del gusto popular. Esto, junto a programación educativa dirigida a las empleadas domésticas, los sindicatos o los estudiantes, con el objetivo de aportar desde el mensaje visual mediatizado en la educación popular y la conciencia revolucionaria.

Se evaluaba que la programación era poco atractiva para la masa, ergo, poco vista, por lo que uno de los principales desafíos era aumentar la audiencia. De acuerdo a diagnósticos realizados por aquel tiempo, aquella estaba muy por debajo de la obtenida por el Canal 7 y, por sobre todo y lo más preocupante, por el canal católico. Para esto se propuso perfilar la cultura de masas dentro de la programación, pero no cualquiera. Se optó por destacar la emisión de películas mexicanas, especialmente algunas de Miguel Aceves Mejía. ¿Una contradicción? Ortega lo explicaba:

---

36 Jaime Celedón fue nombrado director del canal el 8 de enero de 1970 por el Consejo Superior de la Universidad de Chile a sugerencia del rector de dicha casa de estudios, el democratacristiano Edgardo Boeninger. Su labor fue de antología: recibió la oposición intransigente del director de programas Miguel Littin, del sindicato de funcionarios, liderado por Humberto Palma, y de la Federación de Estudiantes FECH, comandada por Alejandro Rojas. Se consideraba un interventor democratacristiano. El boicot llegó al nivel de que Celedón, en ocasiones, no podía siquiera entrar a su oficina. En los muros se leían rayados que decían: «Celedón fuera. FECH», «Celedón te despreciamos por chueco y...», «Celedón te repudiamos. FECH». La situación concluyó con su renuncia, el 10 de julio de 1970.

37 Sergio Ortega fue uno de los referentes del movimiento Nueva Canción Chilena al plasmar en su labor la relación entre las músicas docta y popular. En ese sentido bien puede ser un ejemplo de la aspiración cultural pretendida por la Unidad Popular, que en su programa proponía «Si ya hoy la mayoría de los intelectuales y artistas luchan contra las deformaciones culturales propias de la sociedad capitalista y tratan de llevar los frutos de su creación a los trabajadores y vincularse a su destino histórico, en la nueva sociedad tendrán un lugar de vanguardia para continuar con su acción». Entre sus obras se puede destacar: Canto al programa, Fulgor y muerte de Joaquín Murieta, Canto General, y los himnos «Venceremos» y «El pueblo unido»

> Al principio es fundamental contar una mayor audiencia. Pero no con «La caldera del diablo». Elegimos el cine mexicano, porque en cierto modo es expresión popular: capta y refleja una sicología y es gustador. Ese mismo público que verá a los mexicanos es el que queremos atraer. No hay que olvidar que vivimos una etapa de transición en todo sentido. A ella no escapan los medios de comunicación como la televisión. A la larga, el ideal es integrar ambos frentes[38].

El proyecto incluía incentivar teleteatros nacionales elaborados por un taller de escritores entre los que participaban Antonio Skármeta, Enrique Lihn y Ariel Dorffman; incentivar los programas infantiles de formación general, contando con el apoyo de un Taller Artístico asesorado por una unidad antropológica del Hospital Arriarán; y aportar en la construcción de un nuevo periodismo televisivo. Sobre esto, se quería terminar con los foros-debates y avanzar en un periodismo de investigación y educativo. Mas, se continuaba emitiendo el tradicional programa político periodístico consular de la estación: *El juego de la verdad*, conducido por el periodista Igor Entrala[39], que se emitía desde el año 1964.

Se esperaba que el canal poco a poco se convirtiera en el referente televisivo de cultura popular que el gobierno esperaba. Pero con la conciencia de que se estaba en un momento de transición, la cosa debía ser paulatina. Decía Ortega: «Mientras tanto continuamos con algunos vicios del sistema anterior: la publicidad aún sigue siendo fuente de recursos, la programación envasada es inevitable, pero lo que está cambiando es el criterio de selección»[40].

Efectivamente, la decisión de emitir series y películas envasadas representaba un paso difícil de eludir. En los hechos, la programación popular masiva desde el canal de la Universidad de Chile no tuvo en las películas mexicanas su referente. El programa señero de Canal 9 en cuanto a audiencia, en tiempos de la Unidad Popular, fue la teleserie peruana *Simplemente María.*

El programa, conformado por cerca de 400 capítulos y protagonizado por Saby Kamalich y Ricardo Blume, fue un fenómeno de audiencia a nivel latinoamericano. La historia de la provinciana analfabeta que llegó a tener una casa de modas en París correspondía a una novela de la argentina Celia Alcántara, y tuvo su presencia en Chile a través de todos los medios de comunicación masiva existentes, transformándose en un paradigma de la cultura de masas en tiempos de la Unidad Popular. Como largometraje, dirigido por el argentino Enzo Bellomo, se exhibió durante 1971 en los cines Real, Continental y Gran Avenida y significó a mediados de año la recaudación líquida de 700 mil escudos. A su vez, la Radio

---

38 *Ahora* Nº 8 (8 de junio de 1971): 43.

39 El programa surgió en el contexto de las elecciones presidenciales del año 1964, siendo el primer invitado el entonces candidato Eduardo Frei Montalva. Se emitió siempre por la estación laica hasta septiembre de 1973.

40 Ibíd.

Corporación adquirió los derechos de autor y con Alejandro Hidalgo como adaptador transmitió el mismo año la versión radial, todos los días, a las diez y media de la mañana. En un breve concurso llegaron más de 400 mil cartas de las fervorosas seguidoras del teleteatro.

En televisión, fue el emblema de sintonía de Canal 9. Sobre su transmisión, Sergio Ortega declaraba:

> No era el ideal, pero ante la necesidad imperiosa de aumentar la sintonía, la adquirimos. Es populista, tiene defectos y da soluciones capitalistas, pero en todo caso más aceptables que las de una serie norteamericana o de la misma Caldera del Diablo. De 1,8 % la sintonía efectivamente aumentó a esa hora a más del 10 %. Hay teleclubs donde las mujeres se reúnen a verla y comentarla[41].

Simplemente María fue el producto comercial que demostró que aún no se podía romper en forma violenta con la herencia del pasado televisivo. O quizás, con la naturaleza mediática de un medio por esencia masivo. De lo mismo daba cuenta la programación concebida para el fin de semana, especialmente el sábado. Ante la colosal presencia mediática de *Sábados Gigantes*, Canal 9 formuló un sucedáneo: exactamente en el mismo horario Canal 9 transmitía *Sábado en el 9*, animado por Enrique Maluenda. El combate fue desigual: el sábado era dominio de Don Francisco.

Respecto al Canal 7, el objetivo de aumentar la proporción de programación nacional se cumplió solo a comienzos del período, cuando en noviembre de 1971 alcanzaba un 55,6 %. Para fines del período esta mermó hasta llegar a un 43,3 % en 1972 y un 44,6 en mayo de 1973.

Los programas distractivos siempre estuvieron sobre un 50 %, excepto en mayo de 1973, cuando alcanzaron un 48,9 %. Las funciones noticiosas y políticas alcanzaban su mayor porcentaje de emisión en mayo de 1971, con un 18,8 % y un 7,2 %, respectivamente. Si bien la primera bajó en los años siguientes, se mantuvo por lo general sobre el 10 %, alcanzando en mayo de 1973 un 11,9 %. Llama la atención la programación artística, que de un 1 % hacia fines de 1970 llegó a un 9,7% en mayo de 1973.

El Canal Nacional, desde 1971, empezaba sus transmisiones a las 13:30 hrs. al son de los compases de «Charagua»[42] y el baile de la mascota Tevito, creación de Carlos González. Concluían a las 24 hrs. Entre los programas chilenos destacados, que se podrían comprender como un aporte en cuanto a la construcción del socialismo, se podría mencionar: *Balmaceda*, serie histórica que se emitió a mediados del año 1971, de lunes a viernes a las 21:30 hrs., y duraba 25 minutos; *América*, programa de música folklórica conducido por Víctor Jara, los martes a las 15:25 hrs., también de 25 minutos de duración; programa de la CUT, los jueves

---

41 *Ahora* Nº 13 (13 de julio de 1971): 46.

42 Tema instrumental compuesto por Víctor Jara, grabado por Inti Illimani y publicado en el álbum «Autores chilenos», de 1971.

cada quince días, entre 18:25 y 18:40 hrs; *Raíces del Canto*, también de música folklórica, los viernes entre 18:40 y 19:00 hrs., y *Lira Popular*, los sábados a las 20 horas.... durante 15 minutos; y el más largo, aunque de corta vida, *Póngale el hombro*, que se emitía los días domingos entre las 14:55 y las 17 hrs. Este era el programa más significativo de lo que podía esperarse de una televisión que sintonizara con el proyecto popular. Se transmitía desde provincias y daba cuenta del desarrollo de los trabajos voluntarios. En las tres horas de transmisión se proponía una tarea que debía ser cumplida en el lapso de duración del programa, matizando con números artísticos, entre los que se podía contar a Los Perlas, Verónica Hurtado, Los Puntillanos o el humor de Firulete. Era un verdadero show de la construcción del socialismo, animado por Jorge Guerra. Mas, el programa se emitió solo hasta septiembre de 1971. Si a ellos se les agregaran algunas transmisiones esporádicas, como en noviembre de 1971 la del Festival Nueva Canción Chilena, se puede advertir que, en total, la programación vinculada a la «Nueva Cultura» propuesta en el programa alcanzaba más o menos las 7 horas semanales, de aproximadamente 77 horas emitidas: alrededor de un 8 %.

¿Qué programas nacionales eran entonces los más significativos dentro de la lógica televisiva? Pues *Pimpón*, de lunes a viernes a las 17:30 horas, e inmediatamente después *Música Libre*, entre las 18 y las 18:25; el noticiario *Martini al instante*; los días sábados hasta septiembre de 1971, a las 18 hrs, *Tugar, tugar, salir a bailar*, entre las 18 y las 20 hrs.; y los domingos, uno de los más vistos y controvertidos por los grupos pensantes: *Titanes del Ring*. Este último se emitió durante todo el período estudiado y, según información periodística y encuestas del momento, fue uno de los programas más vistos de la estación pública.

Uno de los programas emblemáticos del acontecer político fue *A tres bandas*, reemplazante de *Decisión 70* y transmitido los días domingos a las 22:30, transformándose en la competencia directa de *A esta hora se improvisa*. Su elocuente título daba cuenta de los sectores políticos en pugna durante gran parte del período. Se transmitió hasta septiembre de 1972.

Un programa emblemático de la estación por el año 1972 fue *Buenas tardes Mireya*, conducido por Mireya Latorre, quien había cambiado de casa televisiva haciéndose parte del proyecto de su marido, Augusto Olivares. Se emitía todos los días, de lunes a viernes desde las 14:30 hrs., y en él se incluían conversaciones sobre la realidad que vivía la mujer y su responsabilidad como actriz relevante en la construcción del proyecto socialista; reportajes de interés como «Nulidad y divorcio», realizado por la periodista Maura Brescia y transmitido el martes 28 de noviembre de 1972, y telenovelas del tipo *Anita de Montemar* y la emblemática *Muchacha italiana viene a casarse*.

Entre los programas distractivos destacaban *Campeonato Nacional de Baile*, *Escape Libre* y, por sobre todos, *Titanes del Ring* y *Música Libre*.

Sobre los titanes, nada más distante para la educación en una cultura popular que la emisión de fortachones disfrazados de héroes o villanos enfrentándose en un ring.

La versión chilena del popular programa argentino que databa del año 1962, se emitía por la señal nacional desde 1971 los domingos en la tarde –se grababa los jueves– y era el evento televisivo de la jornada dominical. Los padres de familia tenían que explicarles a sus hijos en qué consistía «una plancha», «una llave» o qué era una «manopla». Toda una generación de padres jugando a la lucha con sus hijos. Y esto cuando existía una ley que había entregado la concesión de los canales televisivos al Estado y a las universidades para que garantizaran la calidad cultural educativa del medio. Pero era más fuerte «Atila, el azote de Dios» dando rodillazos y dejando en plancha a «Mister Chile», o «La Momia» rompiendo los huesos del vanidoso «Ángel».

Sobre el programa de música, según datos entregados por Armand y Michelle Mattelart en un estudio publicado en 1970 referido al consumo cultural de la juventud, el 74 % de los universitarios, el 80 % de los empleados, el 52 % de los obreros y el 37 % de los campesinos jóvenes veían televisión[43]. No es antojadizo especular que dentro de esos porcentajes, *Música Libre* era un programa consular. Era la construcción virtual de una juventud idílica, descongestionada y enajenada de la contradicción. Se emitió de lunes a viernes desde las 18 hrs. bajo la conducción inicial de Ricardo García y la posterior de César Antonio Santis, quienes presentaban a los «lolos» y «lolas» que, al compás de las coreografías de Pepe Gallinato, bailaban los éxitos musicales de moda: «Padre sol», de Tormenta; «Que la dejen ir al baile sola», de Plebada Norteña; «Salta pequeña langosta» de Rubén Mattos o «Troglodite (Caveman)» de Jimmy Castor Bunch.... Nada muy edificante. En *Qué Pasa* se afirmaba: «El programa ha sido creado con sentido profesional. Independientemente de sus resultados se nota una mano exigente y responsable...[44]. Por otra parte, Hugo Rodríguez, trabajador de la estación de televisión de la Universidad de Chile, decía: «Ese programa en cierto aspecto parece como una burla contra la juventud proletaria. En primer lugar, se parte de la base que no todos pueden tener un televisor y no todos pueden desarrollarse en ese ambiente que aparenta música libre. Yo considero, entonces, que es un programa, en cierto aspecto, antirrevolucionario»[45]. Era en todo aspecto contrarrevolucionario. Pero para la juventud chilena era uno de sus preferidos.

Canal 7 mantuvo su tendencia, tal como señaláramos. Manteniendo a *Pimpón* y *Música Libre* como programas emblemáticos, junto a rostros como Mireya Latorre y un joven y apuesto César Antonio Santis, «El niño maravilla», desde los primeros meses de 1972, en horario nocturno, de lunes a viernes, emitió un clásico de las series de terror emitidas en Chile: *Sombras tenebrosas*. Las historias del existencialista vampiro Barnabás Collins y su inepto criado Willy fueron la fascinación de los adultos durante dos años, y el temor de los niños, a quienes pocas veces se les permitía contemplar ese inicio con tétricas olas al compás

---

43 Armand Mattelart, *Juventud chilena. Rebeldía y conformismo* (Santiago: Editorial Universitaria, 1970), 163.

44 *Qué Pasa* Nº 56 (11 de mayo de 1972): 42.

45 *Chile Hoy*, Año 1, Nº 28 (diciembre de 1972): 16.

de la música instrumental compuesta por Danny Elfman. El subsecretario de Interior, Daniel Vergara, sería apodado por la reacción como el renombrado vampiro.

En el aspecto teleseries, desde 1973 la estación nacional transmitió, en el espacio conducido por Mireya Latorre, la teleserie mexicana *Muchacha italiana viene a casarse*. La historia de una especie de Carmela latinoamericana que llegaba a la ciudad portando cajas en vez de maletas y que luchaba por su felicidad, consistente en responder al amor real, fue un nuevo embeleco para las dueñas de casa. Angélica María se transformó en verdadero ídolo al representar al personaje protagonista Valeria Donatti. Fue tal su popularidad que la actriz visitó Chile a medidos de 1973. Alabando el proceso político vigente, le tocó la mala suerte de presenciar el Tancazo, el 29 de junio, desde su habitación en el Hotel Carrera[46]. La realidad era, por cierto, más cruda que la imagen.

Noviembre de 1972 vio aparecer por las pantallas de Canal Nacional dos teleseries chilenas de carácter histórico y de muy buena factura: *Manuel Rodríguez* y *La Sal del Desierto*, producida esta última por DECOA y que hablaba de la realidad del Chile salitrero de fines del siglo XIX. Ambas se emitieron un día a la semana, miércoles o jueves, entre a las 19 o 20 hrs., mismo horario de... ¡Simplemente María!

Misión Imposible

¿Avanzar sin transar y cambiar la televisión de sopetón, o avanzar consolidando respetando el cambio según los tiempos sugeridos por la presidencia? No solo aquello. ¿Podía haber coherencia entre una dialéctica tendiente a un Chile socialista y un medio que por naturaleza se presentaba desde la industria hacia el espectador en función de la entretención? ¿Era factible realmente aportar en la construcción de una nueva cultura a través de un medio masivo consular como lo era la televisión, sin cambiar la estructura del propio sistema?

La televisión chilena, en cuanto depósito de una cultura burguesa, no se destruyó como lo esperaba Olivares. Al contrario, fue su dimensión comercial por naturaleza, su constitución estructural, la que se impuso a la buena intención de transformar el medio en una herramienta para construir una nueva sociedad. Sin cambio en su soporte estructural no hubo cambio en su instancia medial, la que resultaba ser su esencia. No eran solo los programas evidentemente comerciales los que marcaban la pauta: *Martini al instante*, *La familia Calaf* o *El agente Romitex* eran solo la cara más evidente de una dinámica programática donde, en vista de la necesidad de estabilidad financiera de las estaciones, la opción por el mensaje fue aquella más fácil y comprobada. El medio fue por excelencia el instrumento distractivo y no constructivo.

---

46 César Albornoz. «Los sonidos del golpe». En: Claudio Rolle (coord.), *1973. La vida cotidiana de un año crucial* (Santiago: Edit Planeta, 2003), 177.

El aspecto estructural de la estaciones televisivas chilenas de aquel entonces se vio marcado por los conflictos. Canal 13 vio la irrupción del sacerdote Raúl Hasbún hacia fines de 1971, lo que implicó un perfilamiento completamente opositor al régimen socialista, lo que se apreció en la línea editorial del noticiario y la modificación de algunos ítemes de programación. Su enfrentamiento con el gobierno hizo crisis durante 1973, cuando, en el marco de su campaña por tener cobertura a nivel nacional («Ayúdanos a llegar a todo Chile», arengaba el Angelito símbolo de la estación), la habilitación de la frecuencia 5 para sus transmisiones a Concepción se transformó en un conflicto de carácter policial en que estuvo involucrado el propio mandamás del canal. Sin embargo, a pesar de este frenesí, la estación era, según todas las cifras, la más vista por la masa, superando el 60 % de las preferencias.

Canal 9, por su parte, manifestaba en sus dependencias la crisis manifiesta en la misma Casa de Estudio en cuanto a las oposiciones entre el rector Boeninger, el Consejo, los profesores, la FECH y los trabajadores. Bajo la dirección general de Carlos Sancho, la estación se vio notablemente afectada por el conflicto, al nivel de que sus transmisiones se fueron restringiendo cada vez más, hasta llegar a menos de cinco horas de transmisión semanal entre lunes y viernes. La situación fue tan problemática, que el 17 de junio de 1973 dejaba de emitirse la señal en la frecuencia 9 para salir al aire a través del alternativo y opositor Canal 6, bajo dirección de Daniel Galleguillos. Siendo, en el papel, el canal más proclive a la política gubernamental, en los hechos fue el menos influyente. Su *rating* bordeaba siempre el 10 %. Y no solo eso. No podía tampoco apartarse de la dimensión comercial. Eugenio Llona, supervisor de guiones de Televisión Nacional de Chile afirmaba en 1973:

> Canal 9 tiene un programa que enfoca las luchas diarias, que se llama Aire Libre [se transmite los días jueves entre 21:30 y 22:15 hrs.]... En cambio, mantiene un Show de cuatro horas semanales en que gasta E° 480.000 mensuales [Se refiere a *Sábado en el 9*, animado por Enrique Maluenda, los domingos de 14:50 a 19 hrs.][47].

Canal 7 mantuvo su relativa tranquilidad durante los años en cuestión, pero no parecía cumplir su papel en el proceso. Bajo la dirección general de Augusto Olivares y la dirección de programación de Helvio Soto, la programación fue tan neutral, e incluso banal, como le interesaba más a la oposición que al movimiento popular. Las diferencias ideológicas de los miembros del Consejo, cuya composición pluripartidista estaba establecida de acuerdo al Estatuto de Garantías Constitucionales firmado antes de la asunción de Allende, hacían que el segmento opositor muchas veces tuviera la mayoría en la toma de decisiones. Su programación, así, no plasmaba lo que la construcción de una cultura popular requería. Sus programas más vistos eran también series extranjeras, excepto algunos de factura nacional

---

[47] *Quinta Rueda* N° 4 (enero-febrero de 1973): 10.

que poco aportaban a la conciencia social y política. Su nivel de preferencia era de entre el 30 y el 40 %[48].

Mas, los conflictos vividos en las estaciones para la masa era lo menos relevante. Importaba lo que pudieran ofrecerle desde la pantalla. La televisión era imagen en movimiento doméstica, no lucha de clases estructural. Era un medio básicamente desmovilizador, que se veía cómodamente sentado y hacía pensar que los problemas los solucionaría el FBI o la Patrulla Juvenil, aunque fuera una Misión Imposible. El living de los hogares se transformaba en un todo donde las imágenes aparecidas en esa cajita electrónica –mágica para algunos, idiota para otros– eran algo literalmente de otro mundo, que no pertenecía ni comprometía al chileno.

Manuel Calvo, coordinador de programación de Canal 7, reflexionaba en este sentido:

> La televisión puede colaborar al cambio; pero mientras no cambie la situación del hombre enajenado en relación a los medios de producción, difícilmente podrá la televisión experimentar una transformación esencial... Pienso que una salida burguesa sería tratar de elevar, solamente, el nivel de ella ¡Hay que cambiarla![49].

Más aún, la poca experiencia en temas televisivos de los dos directores de los canales afines al gobierno conspiraba en conseguir una parrilla programática coherente entre amenidad y educación política. Augusto Olivares y Carlos Sancho eran periodistas de destacada trayectoria, pero ligados más bien a la prensa escrita que televisiva. Helvio Soto y Sergio Ortega, relacionados con los aspectos de programación propiamente tal, venían del mundo del arte. Soto era un destacado y comprometido cineasta, pero la pantalla televisiva no era lo mismo que un ecran; Ortega, una figura consular en la música docta y popular, compositor del himno de campaña «Venceremos», por nombrar solo alguno. Pero la televisión era otra cosa. Era un aparato electrónico emisor de imágenes teletransmitidas que se ubicaba en el living del hogar –y desde un tiempo, gracias al tamaño modular de los nuevos modelos, podía ser trasladado a la pieza al final del día–, donde la familia se instalaba, casi literalmente, a pasar el rato. No era un medio del que resultara sencillo transmitir *Caliche sangriento* y menos una cantata popular. «No vea televisión, se acostumbrará» advertía el director de televisión René Schneider[50], y no dejaba de tener razón.

René Schneider Arce era un destacado hombre de televisión y partidario del gobierno popular. Como funcionario del Canal Nacional, reconocía la necesidad y voluntad política de hacer que la programación se definiera por la lucha ideológica al lado de los trabajadores.

---

48 Las referencias de sintonía han sido extraídas de Manuel Garretón [et al.], *Cultura y comunicaciones de masas: materiales de la discusión chilena, 1970-1973* (Barcelona: Editorial Laia, 1976). El autor señala hablando de números absolutos para las audiencias hacia 1971: «En términos absolutos la repartición sería, aproximadamente, la siguiente: C. 13, 720.000 personas; C. 7, 350.000; C. 9, 120.000», 94.

49 *Ahora* Nº 9 (15 de junio de 1971): 33

50 *Quinta Rueda* Nº 2 (noviembre de 1972): 10.

Sin embargo, la cosa no era tan simple. Era necesario adoptar formas de expresión eficaces para entregar los mensajes tendientes a la construcción de la nueva cultura. Y esta programación diferente no podía perder la atención del telespectador. A modo de ejemplo señalaba:

> El 3 de abril de 1971 (el día antes de las elecciones de regidores), Televisión Nacional transmite a las 20 horas un programa de la CUT, una producción bien realizada, pero ¿Cuántos la habrán visto? A la 22:30 hrs. se pasó la película yanqui *Angustias de un querer*, la que, confundida entre dulces problemas de amor, entrega un fuerte contenido antimarxista; seguramente la vieron la mayor parte de los telespectadores. Pero nuestro canal fue acusado de hacer propaganda a favor del gobierno el día antes de una elección[51].

Ahora bien, por cierto que no se podía ir más rápido que el proceso de todo un país. La prudencia en el avance de la revolución planteado por el ejecutivo implicaba la imposibilidad de generar una planificación centralizada de los medios de comunicación y de sus contenidos. Por lo mismo, la tarea estaba en manos de los propios agentes de los correspondientes canales, quienes de acuerdo a sus posibilidades y las de la estación en cuanto a conservación o incremento de las correspondientes audiencias, hacían lo posible por perfilar, aunque fuera por algunos minutos, mensajes tendientes a construir una sociedad que era absolutamente contradictoria con lo que el mismo medio emitía. El mensaje era superado por el medio; el medio era, efectivamente, el mensaje. Quizás la vía no era entregar contenidos explícitamente de izquierda, sino mostrar valores: solidaridad, justicia, trabajo; todo ello usando formas adecuadas. Ello podría haber roto el inmovilismo propio de la pantalla, provocando hechos positivos que fueran más allá del living de las casas. Schneider reflexionaba:

> ¿Por qué un show al puro estilo norteamericano tiene que ser más brillante, con más humor, con mejor escenografía que un musical de la Nueva Canción Chilena? ¿Por qué no usar fórmulas de probada eficacia, como la teleserie, el programa humorístico, los concursos?[52].

Era, pues, imprescindible definir desde el Estado una línea programática teniendo presentes las limitaciones del momento: la ineludible competencia con programaciones hechas con criterio comercial, la falta de medios económicos que permitieran aumentar la producción propia, y el hecho de que hubiera que compartir el poder con personas de mentalidad conservadora, como era el caso de Canal 7. Mas ello nunca sucedió; los avatares de la contingencia llevaron a priorizar otros ámbitos, dejando a la televisión al vaivén de su *ethos*: la audiencia.

El día martes 11 de septiembre las transmisiones televisivas normales entraron en receso. Quince días después las programaciones especiales retomaban el espacio en los hogares

---

51 Ibíd.

52 Ibíd.

con televisión. No fue de extrañar, entonces, que los telespectadores descubrieran algunas sorpresas en los primeros días de funcionamiento de la Junta: posiblemente la más significativa, que los santiaguinos dejaron de ostentar el monopolio de la sintonía de Canal 13. Su señal se estaba viendo desde Arica a Chiloé. Posiblemente la menos significativa: «que todo ha cambiado en materia de horarios y que se les ha sacado el polvo a los kilos de celuloide para que el público pueda admirar por vigésima vez el material de esparcimiento a que tienen derecho en su calidad de ciudadanos normales»[53].

Lunes en la tarde, 1973. La próxima semana será Fiestas Patrias. Gladys nuevamente instalada frente al televisor para ver *Pasado Meridiano* en Canal 13. «¿Por qué ya no anima Mireya Latorre? Era tan dije. Pero María Elena Aguirre no lo hace nada de mal», pensaba. La opción a media tarde ahora es solo esta y el 7, donde la teleserie mexicana *Marisa Cruces* está bien entretenida. Y después, a las dos y media empieza la también azteca *Lucía Sombra*. Pero Mireya Latorre y *Cocinando con Mónica* era mejor opción. Además, después dan *Pimpón*. Pero a Ernesto ya no le gusta tanto. Tiene 13 años. Su obsesión cada vez mayor es *Música Libre*...

Alfredo llega a la casa. Son las 18 hrs. Nada nuevo, pero el ambiente en la calle está enrarecido hace rato. Acompaña a Ernesto mientras ve *Música Libre*. Buena forma de descansar del trabajo mirando unas cuantas minifaldas.

18:30 hrs. ¿Qué estarán dando en el 9? Se olvidaba que ahora era el 6. Recién estaba empezando sus transmisiones, con noticias y un programa conducido por Emilio Gaete y Doris Guerrero, el magazine *Para Ud. Señora, para Ud. Señor*. Nada muy entretenido.

Llega la hora sagrada: 20:30 hrs. *Los hermanos Coraje* en el 13, 21:30 hrs.; *Sombras tenebrosas* en el 7. Barnabás y el inepto de Willy, y el puente que se va a caer. Ernesto está grande, así que puede instalarse junto a sus padres. Él dice que no le da miedo, pero le da.

Las 22. Hay que ver *Teletrece*. Ernesto se va a acostar; el día lunes le ha pasado la cuenta. Alfredo y Gladys también tienen sueño. Pero antes de partir a la cama, ven a Julio Martínez y sus comentarios en el trece, en el programa *Jota Eme*.

Gladys le deja preparada la parka a Ernesto para mañana. Por la tele anunciaron posibles chubascos.

---

[53] *Qué Pasa* Nº 127 (27 de septiembre de 1973).

Trabajos voluntarios: el «hombre nuevo» y la creación de una nueva cultura en el Chile de la Unidad Popular

ROLANDO ÁLVAREZ VALLEJOS[1]

El proceso de la Unidad Popular ha sido analizado desde diversas perspectivas políticas, ideológicas y económicas. La centralidad del conflicto dentro del sistema político y la magnitud de la crisis económica que se desató, especialmente a partir de 1972, explican en parte esta tendencia. Asimismo, las profundas transformaciones que experimentó el país en esas esferas a partir de la instauración de la dictadura militar reforzaron el énfasis en estos enfoques. Por otra parte, la experiencia de la participación de la juventud y algunas expresiones artístico-culturales, como el muralismo y la música, han recibido creciente atención, ampliando la mirada sobre un período pletórico de singulares experiencias. En esta línea, este artículo indaga en el significado y alcances que tuvieron los trabajos voluntarios durante la Unidad Popular. Paradojalmente, la actividad que más hombres, mujeres y jóvenes movilizó durante los «mil días» del mandato del presidente Salvador Allende no ha sido examinada en profundidad. El análisis de la participación popular, protagonista del conflicto de clases de la época, se ha centrado en las formas más orgánicas, propias de la tradición asociativa chilena, como los partidos, los sindicatos y las organizaciones estudiantiles. Sin embargo, el poder de convocatoria de los trabajos voluntarios durante el período de la Unidad Popular fue capaz de ampliar el de estas organizaciones y convertirse en uno de los principales ejes que permitieron la incorporación del ciudadano común y corriente al proceso transformador del gobierno. En efecto, la amplia gama de trabajos voluntarios que se desarrollaron en esta época trasladaron a la realidad de la vida cotidiana el *ethos* revolucionario que impulsaba la administración de Allende. Ya fuera desde el lugar donde residían, en su centro laboral o de estudios, literalmente millones de chilenos participaron de los trabajos voluntarios.

Desde la perspectiva de este capítulo, el examen de los trabajos voluntarios durante la Unidad Popular permite articular dos dimensiones en apariencia no tan directamente relacionadas: por un lado, las concepciones ideológicas de la izquierda chilena sobre el proceso de cambios estructurales que estaba desarrollando el gobierno del presidente Allende; por otro, la apropiación subjetiva de dicho proceso por parte de la gente corriente.

---

1 Académico de la Universidad de Santiago de Chile. Se agradece la colaboración y comentarios del profesor Jorge Navarro López.

De acuerdo a la hipótesis que atraviesa este artículo, los trabajos voluntarios durante la Unidad Popular fueron la manifestación de que Chile vivía una revolución cultural. Junto a los cambios estructurales de la economía, el país experimentaba el desarrollo de una subjetividad cotidiana que cuestionaba las prácticas culturales dominantes. Un nuevo *ethos*, basado en la solidaridad y en recompensas no materiales, intentó convertirse en el eje de los valores alternativos impulsados por la UP.

De acuerdo a nuestra óptica, la izquierda chilena carecía de una teorización compleja sobre la creación de una «nueva cultura» en el país. La teoría del cambio social estaba impregnada del economicismo del marxismo en uso en aquella época, que separaba el ámbito económico («base») del mundo político, de las ideas y formas de ver el mundo («superestructura»). Así, el «hombre nuevo» sería fruto o reflejo de los cambios económicos. Esta manera de entender los cambios culturales se manifestó en el papel que se les asignó a los trabajos voluntarios. El gobierno y la coalición de partidos que lo apoyaba los resignificaron en clave económica, otorgándole un papel crucial en la «batalla por la producción». Por su parte, para los hombres y mujeres que participaron en ellos, los trabajos voluntarios los hicieron sentirse partícipes de la construcción del «nuevo Chile», jugando un papel fundamental en el proceso de cambio cultural que el país estaba viviendo.

1. «Hombre nuevo», cambio cultural y Unidad Popular

En la tradición marxista, la apelación al «hombre nuevo» hunde sus raíces en los primeros planteamientos de Karl Marx. Este enfatizó que la existencia de la propiedad privada implicaba que el hombre no se apropiara de toda su capacidad creadora. La desigual distribución del trabajo y su producto alienaba al ser humano, impidiendo su pleno desarrollo. El hombre nuevo, por tanto, sería aquel capaz de desenvolverse libremente en el modelo de sociedad que sucedería al capitalismo: «De cada cual según su capacidad, a cada cual según su necesidad», según la conocida sentencia de Marx[2]. La evolución del marxismo en tiempos de la II Internacional estuvo marcada por una fuerte tendencia economicista, lo que se plasmó en la conclusión que señalaba que las contradicciones en la «base» económica del capitalismo hacían inevitable su crisis y el ascenso del nuevo orden socialista. Esto dio paso a una visión mecanicista del cambio social y una minusvaloración de la lucha de clases como factor de cambio. Lenin recuperó para el marxismo la importancia de la política y de la acción humana a través de su conocida teoría del partido. Luego del triunfo de la Revolución Rusa, destruido el país por la Primera Guerra Mundial y sobre todo por la sangrienta guerra civil (1919-1920), el líder ruso enfocó la importancia de la voluntad en el

---

2 Sobre estas materias, Karl Marx, *Manuscritos de 1844. Economía, política y filosofía* (Ediciones Estudios, 1972) y «Crítica al Programa de Gotha», en *El Manifiesto Comunista y otros ensayos* (Sarpe, 1983).

proceso de construcción del socialismo. Sin desligarse de las concepciones economicistas, Lenin reconceptualizó al «hombre nuevo» como vinculado a las actividades productivas:

> El comunismo comienza cuando los obreros sencillos sienten una preocupación –abnegada y más fuerte que el duro trabajo– por aumentar la productividad del trabajo... los sábados comunistas tienen una magna importancia histórica precisamente porque nos muestran la iniciativa consciente y voluntaria de los obreros en el desarrollo de la productividad del trabajo, en el paso a una nueva disciplina de trabajo y en la creación de condiciones socialistas en la economía y en la vida[3].

Esto sería peculiarmente desarrollado en tiempos de la industrialización acelerada estalinista, cuando en 1935 irrumpió el movimiento «estajanovista», que se caracterizaba por el aumento de la productividad del trabajo socialista, basado en la iniciativa personal de cada trabajador. Convertido en símbolo de la nueva actitud socialista ante el trabajo, reforzó la noción de «hombre nuevo» ligado a tareas económicas y la producción[4].

Como es sabido, la Revolución Cubana fue muy influyente en la izquierda latinoamericana. Una de las aristas de esta influencia fue la figura del médico argentino Ernesto Guevara. Conocido por sus planteamientos proclives a la lucha armada en el continente, también desarrolló una concepción del hombre nuevo socialista. Alejándose del economicismo soviético, Guevara enfatizó que la nueva sociedad no sería solo «reparto igualitario» de la riqueza, sino que la constitución de un nuevo tipo de hombre. Por ello, el desarrollo de la conciencia era fundamental para la construcción de la nueva sociedad, más allá del mero papel económico. En este contexto, Guevara planteaba que «el trabajo voluntario no debe mirarse por la importancia económica que signifique en el día de hoy para el Estado; el trabajo voluntario fundamentalmente es el factor que desarrolla la conciencia de los trabajadores más que ningún otro»[5]. Con todo, a la luz de los debates políticos de la izquierda chilena durante la década de los sesenta, centrados en el problema de las «vías» al socialismo, las concepciones del «humanismo socialista» de Guevara estuvieron lejos de ocupar un lugar destacado en la recepción chilena de su legado.

Por el contrario, como se ha señalado, el marxismo «en uso» en Chile durante la década de los sesenta tenía dos vertientes, a saber, el marxismo como «método» y como «teoría». Este último se podía dividir en la vertiente *marxista-leninista soviética* y la *marxista-leninista castrista*. A pesar de sus profundas diferencias sobre el carácter de la revolución y sus

---

3 Lenin, «Una gran iniciativa», en *Obras completas*, Tomo X (Moscú: Editorial Progreso, 1973), 3.

4 Al respecto, David Priestland, *Bandera Roja. Historia política y cultural del comunismo* (Crítica, 2010), cap. 4. Sobre la concepción del hombre en el marxismo, Isaac Deutscher, *El marxismo de nuestro tiempo* (Era, 1975), cap. "Sobre el hombre socialista".

5 Ernesto Guevara, *El socialismo y el hombre nuevo* (Editorial Siglo Veintiuno, 1979), 79.

«vías», ambas compartían un fuerte determinismo económico. Más que la voluntad de la acción humana, las estructuras propias del desarrollo capitalista definían la urgencia o no de las tareas socialistas[6]. Así, el cambio político y cultural estaba asociado a los cambios de la estructura económica, de acuerdo al modelo «base» y «superestructura» predominante en la época. Aunque no se planteara derechamente, el papel secundario que se les daba a las materias culturales en detrimento de las políticas y económicas, demostraba cuál era el predominio de la izquierda chilena en esta materia. En efecto, la separación teórica que se hacía entre base y superestructura provocaba que los aspectos ideológicos y valóricos fueran visualizados como un *reflejo* de lo que sucedía en la esfera económica. Por esta razón, no resultaba urgente o necesario un diseño especial sobre los nuevos valores y la nueva concepción de mundo del Chile de la Unidad Popular. Se confiaba que la activación de la transformación económica y los beneficios que esto reportaría al proletariado generarían conciencia y apoyo popular.

Con todo, a contrapelo del dogmatismo teórico del «marxismo como teoría», esto fue matizado en la práctica por la izquierda chilena a través de lo que se ha denominado como «pragmatismo iluminado»[7]. Este consistía en que por medio del activismo cotidiano, de la fuerte inserción en la base social y un proverbial sentido común, las fuerzas de izquierda pudieron conectarse con la vida cotidiana de la población, logrando hacerse hegemónicas en vastos sectores del mundo popular, especialmente entre los sectores más organizados. Así, más que producto de una reflexión teórica –por lo general más bien pobre– las izquierdas en Chile se hicieron fuertes gracias una praxis política que las convirtió en un referente indispensable de la arena política nacional.

Este aspecto es fundamental para explicar las caracterizaciones generales que el programa de la Unidad Popular hacía de los cambios culturales. Tributaria de las concepciones más tradicionales del concepto, la «nueva cultura» que desarrollaría el Gobierno Popular estaba orientada a «considerar el trabajo humano como el más alto valor, a expresar la voluntad de afirmación e independencia nacional y a conformar una visión crítica de la realidad. Las profundas transformaciones que se emprenderán requieren de un pueblo socialmente consciente y solidario, educado para ejercer y defender su poder político, apto científica y técnicamente para desarrollar la economía de transición al socialismo....» Y agregaba que la

---

6 Tomás Moulian, *Contradicciones del desarrollo político chileno. 1920-1990* (Santiago: LOM ediciones, 2009). Sobre las diferencias entre las «vías», Julio Pinto, «Hacer la revolución en Chile», en Julio Pinto (coordinador), *Cuando hicimos historia. La experiencia de la Unidad Popular* (Santiago: LOM ediciones, 2005) y Julio Faúndez, *Izquierdas y democracia en Chile, 1932-1973* (Bat Ediciones, 1992).

7 Eduardo Sabrovsky, *Hegemonía y racionalidad política. Contribución a una teoría democrática del mundo* (Ediciones del Ornitorrinco, 1989).

nueva cultura se basaría en el acceso masivo al arte, la literatura y los medios de comunicación, en un contexto de relaciones sociales fraternas y exaltación de los valores nacionales[8].

Como se puede apreciar, primaba en la izquierda chilena una visión reduccionista de la noción de cultura, básicamente centrada en el acceso a la educación y al saber. No existía una propuesta específica sobre la formación de nuevos valores, y las apelaciones en este sentido eran sobre todo retóricas («la nueva cultura no nacerá por decreto... ella surgirá de la lucha por la fraternidad contra el individualismo; por la valoración del trabajo humano contra su desprecio...»). Tal como lo demostraba el cuestionamiento de escritores partidarios de la Unidad Popular, que demandaban que su labor creativa tuviera autonomía relativa frente al proceso, lo que primaba en la izquierda era la noción del desarrollo de la conciencia como reflejo de los cambios económicos[9].

Teniendo en cuenta la ausencia de una política cultural que abordara de manera integral el problema de la nueva visión de mundo del «Chile Nuevo», se puede evaluar el papel que ocuparon los trabajos voluntarios para la Unidad Popular. Para comprender esto, es necesario entender el contexto de esta época. Durante gran parte de la década de los sesenta, el país vivió lo que se ha denominado una «revolución ética», cuyo diagnóstico se basaba en que todas las injusticias y males que aquejaban al país (la miseria, la ignorancia, el crimen), «era culpa de la estructura de la sociedad. Fue desde esta "conciencia dolorida" que se levantó con fuerza la "conciencia del cambio"»[10]. Junto con poner en el centro de gravedad del debate político chileno la necesidad de «los cambios» (materia que predominó en la elección presidencial de 1970), esto ayuda a explicar el significado de los trabajos voluntarios.

En efecto, hacia 1970 la sociedad chilena era consciente de los graves problemas que padecía, aunque las recetas que se proponían para solucionarlos eran diametralmente opuestas. El trabajo voluntario se volvió en el símbolo de un país que estaba dispuesto a sacrificarse por mejorar la situación de sus compatriotas. Por este motivo, el movimiento voluntario no fue una experiencia exclusiva de la izquierda. La Federación de Estudiantes de la Universidad Católica (FEUC), en manos del ultraconservador Movimiento Gremialista, también los desarrolló durante los años de la Unidad Popular. Asimismo, la Juventud Demócrata Cristiana, opositora a Allende, participó orgánicamente en las jornadas voluntarias. La presencia de

---

8 «Programa de la Unidad Popular», citado por Marcos Fernández, «Nuestra forma de alienación es simultáneamente nuestra única forma de expresión», en Claudio Rolle, *1973. La vida cotidiana en un año crucial* (Planeta, 2003), 99.

9 Al respecto, Fernández, op.cit., 125 y ss. Un reconocimiento explícito de la carencia de una política cultural, en «La Revolución Cultural Chilena», *El Siglo* del 14 de septiembre de 1971.

10 María Angélica Illanes, *La batalla de la memoria. Ensayos históricos de nuestro siglo. Chile, 1900-2000* (Planeta/Ariel, 2002), 147.

la derecha y el centro en las acciones de ayuda social, obligaron a la izquierda –ahora en el gobierno– a otorgarles un significado propio a sus trabajos voluntarios[11].

Así, al llamado de las fuerzas de izquierda, que convocaban al trabajo voluntario como una forma de intentar ganar la «batalla de la producción», millones de chilenos y chilenas se sumaron a estas jornadas cargadas de épica. En su inmensa mayoría no militantes de partidos políticos, los participantes en los trabajos voluntarios expresaron en la práctica las ansias de transformación social existentes en un sector de la sociedad chilena. El éxito del gobierno y de las fuerzas de izquierda se basó en que lograron hegemonizar esta experiencia, identificándola como parte constituyente de su quehacer revolucionario. Si la Unidad Popular tuvo una dimensión de «fiesta», una de las aristas de esta fueron los trabajos voluntarios, que tenían la enorme fortaleza de permitir a millones de personas colaborar y sentirse constructores del proceso de la Unidad Popular. En otras palabras, aunque el gobierno y los partidos de izquierda reforzaron mediáticamente el aporte «objetivo» de los trabajos voluntarios por medio de estadísticas y cifras varias, su singularidad radicó, desde nuestra óptica, en que desató la subjetividad utópica y revolucionaria de quienes participaron en ellos. Sueños, esperanzas, solidaridad, fraternidad, algunos de los principales conceptos llamados a constituir el «Chile Nuevo», se sintetizaban en los trabajos voluntarios.

Es decir, las innumerables experiencias del trabajo voluntario se transformaron no solo en un *reflejo* de los cambios en la base económica, como mecánicamente lo solía entender la izquierda de la época, sino en expresión material de la importancia de la dimensión cultural de la llamada «Revolución Chilena». Tal como estaba ocurriendo en las esferas políticas y económicas, en el campo de fuerzas donde se disputaba la hegemonía cultural también se jugaba el destino del proceso encabezado por Salvador Allende. En esa instancia, los trabajos voluntarios fueron una de las principales instancias formadoras de una nueva «estructura de sentimientos» en la sociedad chilena. Aspecto no medible ni cuantificable, la actividad voluntaria coadyuvó a generar en un sector de los habitantes del país la percepción subjetiva de ser partícipe de un momento histórico crucial en Chile.

2. La «vía chilena» al «hombre nuevo»

Los procesos de cambios culturales constituyen procesos complejos. Al respecto, Raymond Williams propuso una óptica dinámica para analizarlos, basado en la premisa de que una

---

11 En este sentido, el trabajo voluntario tenía una larga tradición en la Iglesia Católica, que desarrollaba labores de caridad desde fines del siglo XIX. Ver María Angélica Illanes, *Cuerpo y sangre de la política. La construcción histórica de las Visitadoras Sociales (1887-1940)* (Santiago: LOM ediciones, 2007). En el período que comprende este artículo, destacó la presencia de los «Cuerpos de Paz», voluntarios norteamericanos en Chile llegados al país en la década de los sesenta al fragor de los lineamientos de la "Alianza para el Progreso", promovida por los Estados Unidos . Ver Fernando Purcell, «El cuerpo de paz en Chile y la Guerra Fría global en Chile», en Benedetta Calandra y Marina Franco, *La Guerra Fría cultural. Desafíos y límites para una nueva mirada de las relaciones interamericanas* (Editorial Biblos, 2013).

cultura dominante jamás es capaz de abarcar todas las prácticas e intenciones humanas. Por lo tanto, siempre se encuentran presentes aspectos arcaicos, residuales y emergentes al interior de ella. Lo arcaico son resabios claramente del pasado, pero todavía observables en el presente, revividos por algunos actores. Lo residual también son valores e instituciones culturales formadas en el pasado, pero todavía muy activos en el presente, operando como alternativos al orden dominante. Tiene un poder de incidencia importante en la configuración presente de la cultura. Por último, lo emergente implica concepciones y prácticas alternativas u opuestas a la dominante. Muchas de ellas pueden ser absorbidas por el orden hegemónico y otras derechamente entran en pugna con lo establecido[12].

En el complejo entramado y cruce de estas alternativas, experimentadas socialmente, pero también de manera singular, es que Williams visualiza la existencia de estructuras de sentimiento en las sociedades. Combinación entre las prácticas sociales y la apropiación y significación individual de estas por parte de las personas, en cada época pugnan nuevas estructuras de sentimiento por desarrollarse, a contrapelo de la dominante. En este sentido, en el inicio del proceso de la Unidad Popular las fuerzas de izquierda construyeron un relato histórico, dotando de mística y magnetismo a la administración que iniciaba su mandato. Este se basaba en el relato de una nueva ética («la moral revolucionaria»), que debía impregnar de entusiasmo y conciencia del momento histórico que el país vivía. Era lo que se llamó «el Chile Nuevo», que ahora sí sería construido por los siempre postergados y excluidos. Se planteaba que era un momento henchido de historicidad popular y que requería valores y modos de comportamiento distintos. Era el momento en que debía nacer el hombre nuevo» en el país[13].

Dejado de lado por los debates sobre las «vías» y «el carácter de la revolución», de todas maneras se desarrolló en la izquierda chilena un intento de caracterización de cómo debía ser esta figura «emergente» (en el sentido que le asigna Williams a este concepto), llamada a ser la socializadora de los nuevos valores y prácticas del «Chile Nuevo». Se la definía como honesta, abnegada, solidaria, disciplinada y con elevada moral, alejada del egoísmo, la frivolidad y el modelo humano propio de la sociedad de consumo. Con todo, se insistía en dos elementos: una fuerte dimensión utópica («no juntan dinero y cosas para casarse, sino que se casan y en seguida, juntan pocas cosas, que, en cualquier caso, no los alienan. Uno les puede quitar las cosas... y no se molestan ni se arrojan al río»), ligada a los cambios en la estructura económica («el hombre nuevo será aquel que haya desterrado la competencia de su trabajo por la armonía, cooperación y solidaridad...»)[14].

---

12 Raymond Williams, *Marxismo y literatura* (Las Cuarenta, 2009), 165 y ss.

13 Ver por ejemplo, «Informe al pleno del Comité Central de las Juventudes Comunistas», en *El Siglo* del 25 de noviembre de 1970.

14 Primera cita, Jorge Jobet, «El Hombre Nuevo», *La Nación* del 19 de enero de 1972, y la segunda, Manuel Contreras, "Las respuestas de Manuel", en *Ramona* nº 9, del 24 de diciembre de 1971. Otra conceptualización

Estas definiciones prototípicas tenían su correlato real en diversas expresiones prácticas. Muy conocida era la experiencia de jóvenes de clases acomodadas que optaban por vivir en poblaciones y sectores de bajos recursos. Por otra parte, se organizó la Unión Rehabilitadora de Alcohólicos de Chile, que realizó una concentración pública para dar a conocer las problemáticas asociadas a esta enfermedad social. Contó con el respaldo de la Central Única de Trabajadores (CUT), las federaciones estudiantiles y diversas organizaciones territoriales. En esta misma línea, se desarrollaron actividades en contra del consumo de drogas. En ese tiempo, se asociaba el consumo de marihuana al «hippismo», fuertemente criticado por considerar que alienaba a la juventud y por su carácter extranjerizante. Era por eso que una expresión de la «nueva cultura» era el llamado a dejar la marihuana para sumarse a la subjetividad revolucionaria propuesta por la Unidad Popular y rechazar al «alienado» movimiento «hippie»[15].

En otro plano, las nuevas prácticas se debían tratar de expresar en la vida cotidiana de las personas. En este sentido, el presidente Allende instruyó a los jefes de servicio de la Administración Pública sobre cómo debían funcionar estas entidades. Se debía desterrar el burocratismo y el maltrato a las personas, remplazándolos por dinamismo y creatividad en el trabajo. Así, los funcionarios públicos se debían integrar a las tareas que permitieran que el país «se libere de una vez por todas de los prejuicios que lo han mantenido en el subdesarrollo»[16].

En este contexto, los trabajos voluntarios se convirtieron en la actividad que por excelencia desplegaba en la práctica la nueva cultura popular. La mística de solidarizar con el otro, la nueva concepción ante el trabajo, el desprecio a los estímulos materiales, la mentalidad colectiva, se expresaban en la actividad voluntaria. Así, ante lo que se consideraba la decadencia de la cultura burguesa, expresión arcaica de la «vieja cultura» individualista, enajenante y estupidizante, el «hombre nuevo» se forjaba en los trabajos voluntarios, especie de cantera de los futuros integrantes del Chile Nuevo[17].

---

sobre el hombre nuevo, Crisólogo Gatica, «La formación del hombre nuevo», en *Principios* nº 138 (marzo-abril de 1971).

15 Sobre jóvenes de clase alta viviendo en poblaciones, ver reportaje al entonces dirigente de la FECH Manuel Riesco Larraín en *Ramona* nº 12, del 18 de enero de 1972. Sobre la campaña contra el alcoholismo, *La Nación* del 6 de febrero de 1971. La crítica a los consumidores de marihuana, *La Nación* del 20 y el 24 de mayo de 1971. Sobre el movimiento «hippie», reportaje en tono crítico al conjunto musical Los Jaivas titulado «¡Estos sí que son pájaros raros! Jaivas que "vuelan"», *Ramona* nº 62, del 2 de enero de 1973. Debates dentro de la izquierda sobre el «hippismo», en Fabio Moraga, «"Ser joven y no ser revolucionario". La juventud y el movimiento estudiantil durante la Unidad Popular», en Francisco Zapata (coordinador), *Frágiles suturas. Chile a treinta años del gobierno de Salvador Allende* (Colegio de México-Fondo de Cultura Económica, 2006).

16 *La Nación* del 11 de enero de 1971.

17 La revista orientada a la juventud, *Ramona*, dedicó varios reportajes a la «decadente» juventud burguesa. Se resaltaba su afición a la drogas y al alcohol, el individualismo, el sexismo, su desidia, etc. Ver por

El gobierno de la Unidad Popular disputó con otros sectores la caracterización del trabajo voluntario, porque como ya decíamos, constituían una práctica originada a principios de la década de los sesenta en las federaciones estudiantiles. Estas, independientemente de su signo político, llevaron a cabo trabajos de verano durante aquella década. Por este motivo, las fuerzas de izquierda redefinieron el significado político de los trabajos voluntarios, asociándolo a una de las tareas estratégicas del gobierno: la batalla por la producción y la formación de una nueva visión de mundo, una nueva cultura[18].

En este sentido, Manuel Guerrero, subdirector de la Oficina Nacional del Servicio Voluntario (ONSEV), reconocía en 1972 que las motivaciones de la masiva participación en las jornadas voluntarias eran diversas: la persona comprometida políticamente con el proyecto de la UP; los que gustaban de las labores sociales y otros simplemente por ayudar en el sector donde vivían. Lo importante, señalaba Guerrero, era que «la labor realizada asienta y crea la semilla del desarrollo de nuevos valores. Aprendemos a valorar el trabajo de la clase obrera. Nos identificamos con la clase obrera... Empiezan a surgir los nuevos héroes, los que, por sobre su formación individualista, empiezan a comprender, a aplicar, a vivir el trabajo colectivo y social»[19].

Un símbolo de lo que el gobierno pretendía como ideal de los nuevos valores y prácticas sociales, se puede resumir en la construcción del edificio donde se realizaría la reunión de la UNCTAD III, bautizado posteriormente como «Gabriela Mistral». No solo se logró terminar de levantar a tiempo gracias al trabajo voluntario de los obreros –de acuerdo a la versión difundida por el gobierno–, sino que días antes del inicio del evento internacional, se realizó un «plan de limpieza de la ciudad». Miles de jóvenes y adultos desplegaron una jornada de trabajo cuyo objetivo era mostrar un rostro limpio a los visitantes extranjeros. Para la UP, constituía un ejemplo de «la verdadera juventud chilena»[20].

Sin embargo, la estructura de sentimientos emergente durante los años de la Unidad Popular, estaba lejos de circunscribirse al ideal ascético que implicaba su noción de «hombre nuevo». Si bien los trabajos voluntarios convocados por el gobierno y las fuerzas de izquierda fueron capaces de reunir a cientos de miles de personas, esto no significaba que todos quienes participaron siguieran las definiciones de los partidos de la UP. El ejemplo más claro estaba en la juventud, protagonista fundamental de las jornadas voluntarias. En efecto, si bien el gobierno podía mostrar una aparente hegemonía en ese grupo etario,

---

ejemplo «El show que desnuda por E° 500. Cuán fuera de onda y de época están ciertos burgueses», nº 14, del 1 de febrero de 1972, y «Este mundo es una buena mierda», nº 2, del 5 de noviembre de 1971.

18 Sobre el origen de los trabajos voluntarios en la década de los sesenta, Claudio Cavieres, Felipe Escalona y Sandra Molina, «Los parteros de la nueva era: los trabajos voluntarios durante el Gobierno de la Unidad Popular». Tesis para optar al grado de Licenciado en Historia y Ciencias Sociales, Universidad ARCIS, 2007.

19 *El Siglo* del 14 de mayo de 1972. Revista Semanal, 19.

20 Ver *El Siglo* del 20 y 27 de marzo de 1972.

especialmente por la amplia presencia juvenil en los trabajos voluntarios, este sector era política y culturalmente heterodoxo[21].

Por un lado, estaba la juventud militante, que era la columna vertebral de los trabajos voluntarios, especialmente los de verano, pues en ella descansaba el soporte orgánico de estas jornadas. Sin embargo, fuera de las miradas ideologizadas de este sector, la realidad era muy diversa. La presidenta del Centro de Alumnos del Liceo de Temuco señalaba: «Mira, la juventud actual es más egoísta. No tratamos de comprender a nuestros padres, a nuestros abuelos. Ellos no tuvieron acceso a la educación, ya que no existían los medios... le echamos la culpa de todos los males...». Otra, reclamaba por la permanencia del machismo: «No sé cómo será en Santiago, la cosa es que aquí las mujeres padecemos ese odioso machismo de los hombres». Una tercera muchacha reclamaba por el racismo: «Yo soy mapuche y le puedo decir que nos discriminan algunas compañeras e incluso profesoras»[22].

Por último, la sección de la revista *Ramona* llamada «Pregunte no más», derivó de temas político-ideológicos a otros derechamente «culturales», tales como las relaciones sexuales prematrimoniales, el uso de afrodisíacos, si era conveniente o no que la mujer tomara la iniciativa ante el hombre, si era mejor convivir que casarse, entre otras materias por el estilo[23]. Efectivamente, por procesos tanto nacionales como internacionales, el país estaba viviendo una revolución cultural no solo ligada a los tópicos políticos y económicos, sino que estos iban de la mano de nuevas visiones de mundo, que pugnaban por imponerse ante la cultura dominante de la época. En ese proceso, los partidarios del gobierno y los partidos de izquierda no siempre estaban en las posiciones más vanguardistas. Por ejemplo, un sector de la prensa afín al gobierno, dio numerosos ejemplos de homofobia, cuestión que predominaba transversalmente en la cultura chilena de la época[24].

Por este motivo, la compresión y significado de los trabajos voluntarios debe hacerse dentro del campo de fuerzas de la sociedad chilena de esa época. En su interior, el proceso encabezado por Salvador Allende provocó la emergencia de nuevos valores, pero donde sobrevivían otros arcaicos, y donde elementos residuales –es decir muy activos en la lucha hegemónica por la revolución cultural– tenían importante presencia material, como por ejemplo el machismo, la homofobia y el racismo. Por ello, desde nuestra perspectiva, las personas significaron de maneras muy diversas su participación en los trabajos

---

21 Reflejo de la heterogeneidad de las posiciones políticas de los jóvenes, en Moraga, op.cit. En el caso de las organizaciones de enseñanza media, la Democracia Cristiana, opositora a Allende, fue la primera fuerza política durante aquellos años. Al respecto, Jorge Rojas Flores, «Los estudiantes secundarios durante la Unidad Popular, 1970-1973», en *Historia* nº 42 (julio-diciembre 2009).

22 *Ramona* nº 12, del 18 de enero de 1972.

23 Ver por ejemplo, *Ramona* nº 43, del 22 de agosto de 1972; nº 44, del 29 de agosto de 1972; nº 45, del 5 de septiembre de 1973; nº 64, del 16 de enero de 1973.

24 Claudio Acevedo y Eduardo Elgueta, "El discurso homofóbico en la prensa izquierdista durante la Unidad Popular", en Revista *Izquierdas*, nº 3 (abril 2009).

voluntarios. Las motivaciones podían ser de orden político, amistad, presión social o por convencimiento, o un cruce de todas ellas. Con todo, para el gobierno se convirtieron en la herramienta material que permitió integrar a las personas, haciéndolas sentirse parte del proceso transformador que vivía el país. Sin habérselo propuesto, los trabajos voluntarios organizados por la UP fueron el espacio masivo más importante para desplegar el *ethos* solidario, colectivo y participativo que atravesaba a un importante sector del país. El espacio político-social que generaron se convirtió en el lugar de nacimiento por excelencia del «hombre nuevo» chileno.

3. Los trabajos voluntarios de verano: «El rostro de la Patria Nueva»

Desde el comienzo de su gestión, el gobierno de Salvador Allende les asignó gran importancia a los trabajos voluntarios. Tradicionalmente organizados por las federaciones estudiantiles, carecían de una estructura y financiamiento formal. En función de impulsarlos, la Unidad Popular creó dos entidades que se relacionaron estrechamente a los trabajos voluntarios: la Secretaría General de la Juventud y la Oficina Nacional del Servicio Voluntario (ONSEV)[25]. La antecesora de esta fue la Coordinadora Nacional Juvenil de los Trabajos Voluntarios, que tuvo la responsabilidad de organizar los primeros trabajos de verano, a comienzos de 1971. Por medio de estos órganos estatales, los trabajos voluntarios de verano, asociados al espíritu solidario juvenil característico de la época, comenzaron poco a poco a institucionalizarse. A corto plazo, pasaron de ser una «bonita experiencia juvenil» a una tarea gravitante para el éxito del gobierno popular.

De acuerdo a nuestra perspectiva, la importancia política que cobraron los trabajos voluntarios durante los años de la Unidad Popular se relacionó con el impacto mediático que tuvieron los trabajos de verano de 1971. Su éxito radicó en tres características fundamentales, que luego intentarían ser repetidas en los años siguientes: primero, su capacidad de movilización de masas, tensando las fuerzas orgánicas de los partidarios del gobierno en función de ganar nuevos adherentes y difundir sus planteamientos; segundo, el carácter unitario y amplio que tenían, pues su poder de convocatoria superaba a los militantes de los partidos de la Unidad Popular. Popularizados en base a un llamado «patriótico» y «nacional», los trabajos voluntarios se revelaron como poderosa instancia aglutinadora. Por último, su articulación le dio a la UP una fuente de mística y voz de llamado a la acción. Su realización se justificaba recalcando que el gobierno del presidente Allende supuestamente constituía un momento crucial de la historia de Chile. Así, los trabajos voluntarios se convertían en un mecanismo concreto para integrarse a dicha coyuntura histórica.

---

25 Sobre la Secretaría General de la Juventud, también llamada en la prensa como Secretaría Juvenil de la Presidencia, ver discurso de Salvador Allende decretando su creación el 22 de diciembre de 1970, en Frida Modak (coord.), *Salvador Allende. Pensamiento y acción* (FLACSO- CLACSO, 2008), 358.

Días después que Salvador Allende asumiera la primera magistratura del país, los dirigentes universitarios partidarios del nuevo gobierno explicaban la nueva orientación que tendrían los trabajos voluntarios. Lo fundamental, se decía, era dejar atrás las tendencias paternalistas, asistencialistas y proselitistas de las experiencias pasadas. Los «nuevos» trabajos voluntarios tendrían como principal objetivo la construcción de infraestructura y atención de servicios, con vistas a difundir la mentalidad solidaria y la participación popular en la solución de sus propias problemáticas. Además, tendrían un carácter no solo generacional, permitiendo la participación de personas de todas las edades y disciplinas, abarcando diversas esferas de intervención: salud, construcción, educación y agropecuaria. Además, la CUT organizó las «Brigadas Luis Emilio Recabarren» (BLER), para que los jóvenes trabajadores, aprovechando sus vacaciones de verano, se integraran a las jornadas voluntarias del verano de 1971. Junto con delegaciones provenientes de países vecinos (Argentina, Bolivia, Uruguay y Cuba) y de estudiantes secundarios, el llamado a construir el «Chile Nuevo» en las provincias de Coquimbo, Talca, Cautín, Ñuble y Osorno, esperaba reunir a más de 50 mil voluntarios[26].

Hubo varios aspectos destacables de los primeros trabajos de verano desarrollados durante el gobierno de la Unidad Popular. Por una parte, fue notorio que la UP vivía la tradicional «marcha blanca» que caracteriza los primeros meses de los nuevos gobiernos. Esto permitió que artistas que no se identificaban con la izquierda promovieran los trabajos de 1971. Así, cantantes como «Marcelo», José Alfredo Fuentes, Gloria Benavides y Patricio Renán, todos muy famosos en aquel tiempo, anunciaron que recorrerían los campamentos de los voluntarios. Además, convocarían a sus «Clubes de Amigos» (seguidores) a que colaboraran con los trabajos voluntarios. Reflejando la mentalidad que imbuía a un sector importante de la juventud chilena, el cantante «Marcelo» –sin vinculaciones con partidos de izquierda– justificaba su participación en la difusión de estos señalando que «nosotros tenemos la obligación de cooperar como parte de la juventud y también llevando nuestro arte hasta esos sectores que no tienen la oportunidad de ir al teatro y pagar una entrada»[27]. Los trabajos voluntarios se convertían en una instancia en donde la UP podía convocar más allá de lo que tradicionalmente podía lograr la izquierda.

Por otra parte, destacaba el realce que el gobierno dio a estas jornadas. La caravana de tres mil quinientos estudiantes que partió al sur fue despedida oficialmente por el subsecretario del Interior Daniel Vergara. Durante su realización, altas autoridades universitarias –como el rector Enrique Kirberg, de la Universidad Técnica del Estado, o el vicerrector de la Universidad de Chile, Julio Stuardo– se apersonaron *in situ* en los campamentos de los

---

26 Ver *El Siglo* del 18 de noviembre de 1970 y del 1 de febrero de 1971; *La Nación* del 11 y 20 de enero de 1971.

27 *La Nación* del 2 de enero de 1971. También *La Nación* del 8 de enero de 1971. Ese año también se incorporó a los trabajos voluntarios la Juventud Demócrata Cristiana, que en aquel momento tenía gran sintonía política con la Unidad Popular.

voluntarios, como gesto público de respaldo a la actividad. Por último, para celebrar la finalización de las jornadas, se realizó una concentración en el Estadio Chile, que contó con la participación de los músicos Víctor Jara, Ángel Parra, Payo Grondona y el conjunto Inti-Illimani. Además, contó con la participación especial del cantautor norteamericano Dean Reed, conocido como el «Elvis Rojo». El principal anuncio que se realizó en este mitín fue que los trabajos voluntarios continuarían realizándose ininterrumpidamente. En medio de balances muy exitosos, se confirmaba que se vería la forma de darle continuidad a la experiencia. Esteban Gárate, de la Secretaría Juvenil de Gobierno, informaba que pronto se iniciaría la construcción de albergues en Iquique, Santiago y otros lugares[28]. De esta manera, durante los meses y años siguientes, estudiantes universitarios se las arreglaron para participar en diversas tareas productivas. Además, el gobierno coronó la idea de difundir los trabajos voluntarios como un factor propio de su gestión, creando el Día Nacional del Trabajo Voluntario, que, como veremos, se alcanzó a celebrar en tres ocasiones.

Por último, en los primeros trabajos de verano durante la Unidad Popular, destacaron los duros ataques de la prensa de derecha. Su estrategia consistió en desprestigiar los trabajos voluntarios por medio de acusaciones de ilegalidad e intervención extranjera, argumentos ampliamente utilizados hasta el golpe de Estado de septiembre de 1973. Se afirmaba que los voluntarios violaban la ley porque supuestamente organizaban «tomas» ilegales de fundos, muy activas en el verano de 1971. Los «agentes extranjeros» aludían a la presencia de jóvenes cubanos en las actividades voluntarias. También se festinó desprestigiando a los voluntarios aprovechando algunas situaciones específicas. Fue el caso de lo ocurrido en Llanquihue, donde el propio Intendente –funcionario del gobierno– pedía retirar a los trabajadores voluntarios, por considerarlos «vagos y ociosos», según decía un radiograma oficial dado a conocer por la derecha[29]. Estas acusaciones demostraban que los trabajos voluntarios no le eran indiferentes a la oposición de derecha, que se veía en la necesidad de contrarrestar, mediante el descrédito, la capacidad de movilización social de los partidarios del gobierno.

Los trabajos de verano de 1972 se realizaron en un clima político distinto a los del año anterior. En 1971 los énfasis de los trabajos estaban en la generación de conciencia y la promoción del protagonismo popular. Su carácter había sido marcadamente utopista Eran los primeros meses del gobierno y todavía no asomaban los enormes obstáculos que

---

[28] Ver *La Nación* del 4 y 18 de febrero de 1971 y *El Siglo* del 11 y 17 de marzo de 1971. El Coordinador Nacional de Juventudes, encargado de la organización del voluntariado en el verano de 1971, señalaba en conferencia de prensa que "entre abril y junio, un sector se dedicará a la alfabetización. Participaremos en la operación de emergencia de invierno a partir de marzo. Entre mayo y julio, acordaremos gran importancia a la reforestación...", en *El Siglo,* 10 de marzo de 1971.

[29] *El Mercurio* del 27 de enero de 1971, 21. Otra críticas contra las jornadas voluntarias del verano de 1971, *El Mercurio* del 17, 18, 24 de enero de 1971, 3, 23 y 27, respectivamente.

debería enfrentar la UP[30]. En cambio, en 1972, ya se había definido como decisivo para el éxito del programa transformador del gobierno ganar lo que se denominó como «la batalla de la producción». Avanzada la formación del Área de Propiedad Social, llamada a convertirse en el eje de la economía nacional, el gobierno necesitaba que tanto las industrias estatales como las privadas y mixtas aumentaran su producción. La redistribución de la riqueza generada por las alzas salariales promovidas por el gobierno provocaba presiones inflacionarias que debían ser subsanadas por el aumento de la producción. Por este motivo, la UP promovía «una gran conciencia» entre los trabajadores, para que laboraran más y con mayor disciplina en sus respectivos centros[31].

Esta definición debió hacer frente a un momento político complejo para el gobierno. En octubre de 1971, la Democracia Cristiana había enviado el proyecto de reforma constitucional («Proyecto Hamilton-Fuentealba»), con el objetivo de derogar las fórmulas jurídicas que el gobierno estaba utilizando para conformar el Área de Propiedad Social. Este hecho ratificó el progresivo distanciamiento UP-DC y el acercamiento de dicho partido a la derecha. Por otra parte, esta última comenzaba a ganar iniciativa en el campo de la movilización social. La campaña iniciada en noviembre de 1971 para evitar la estatización de la Compañía Papelera y las primeras marchas de mujeres contra Allende al mes siguiente, demostraban que la derecha comenzaba a disputar la movilización callejera a los partidarios del gobierno[32].

Así, desde mayo de 1971, las jornadas de trabajos voluntarios fueron caracterizadas como parte de la batalla de la producción, tanto como un factor para generar conciencia sobre la necesidad de aumentar la productividad, como una actividad económica propiamente tal. En función de lo anterior, los trabajos de verano de 1972 tuvieron una detallada planificación por parte de la Secretaría Juvenil de la Presidencia y la ONSEV, las entidades encargadas de su organización. La gran diferencia con los de 1971, sería su orientación hacia las tareas derivadas de «la batalla de la producción». Una segunda diferencia radicaría en la descentralización de los trabajos. Hasta ese momento, eran completamente planificados desde Santiago, por lo que se pretendía rescatar la iniciativa de las regiones. Así, el diagnóstico y las definiciones locales orientarían el tipo de actividades que se pretendía desarrollar. Por último, si bien las jornadas serían nacionales y por tanto se desarrollarían en todo el país, habría tres esfuerzos centrales: en la Pampa del Tamarugal, donde se reforestarían 800 hectáreas con tamarugos; en Cabildo, lugar que concentraría la mayor cantidad de

30 Un reflejo de esa óptica, el texto del dirigente de las Juventudes Comunistas Juan Carlos Arriagada "Los Trabajos Voluntarios de la Juventud", en *Principios* nº 137 (enero-febrero 1971).

31 Una definición de la "batalla de la producción", en *Principios* nº 139 (mayo-junio de 1971): 3.

32 Al respecto, ver Manuel Antonio Garretón y Tomás Moulian, *La Unidad Popular y el proceso político chileno* (CESOC-LOM, 1993), 89 y ss. Sobre las mujeres de oposición, Margaret Power, *La mujer de derecha. El poder femenino y la lucha contra Salvador Allende. 1964-1973* (DIBAM, 2008).

mano de obra, para construir una represa subterránea; e Isla Rey, en donde se construiría un tramo del camino entre Valdivia y Corral[33].

El objetivo general de la ONSEV era movilizar a 200 mil estudiantes, divididos en los mencionados proyectos centrales y los proyectos provinciales, los que se concentrarían en el sector agrario. Este se volvía cada vez más estratégico en «la batalla de la producción», por la necesidad de asegurar el abastecimiento alimentario del país. Demostrando la institucionalización y el carácter «paraestatal» de los trabajos voluntarios de 1972, la FECH firmó un convenio con la Corporación de Reforma Agraria (CORA), que permitiría construir 37 pabellones avícolas, que aumentarían la producción en tres millones y medio de pollos al día. Por su parte los estudiantes de la Universidad Técnica del Estado (UTE) aportarían un contingente de 3.500 voluntarios bajo el lema «Producir y Educar para Chile y su Revolución». Estos se repartirían especialmente en centros industriales claves para ganar la batalla de la producción, como Chuquicamata, Exótica, Pedro de Valdivia, Minera Andina, El Teniente, Huachipato, etc. Además, junto a la importancia central otorgada a las actividades productivas, no se abandonarían característicos trabajos ligados al servicio público, como la implementación de áreas verdes, plazas de juegos infantiles, alcantarillado, construcción de centros comunitarios, canchas y centros deportivos, alfabetización en el campo, entre otras múltiples iniciativas. Por último, la CUT, por medio de su Departamento Juvenil, también se comprometía a sumarse a las actividades, especialmente en las zonas agrícolas[34].

A fines de enero de 1972, días antes de iniciarse los trabajos de verano, se realizó una concentración para despedir a los voluntarios. Destacó la intervención del presidente de la FESES, el demócrata cristiano Guillermo Yunge, lo que permitía que la jornada voluntaria preservara su carácter amplio y no sectario. Por su parte, el presidente Allende envió un mensaje, en el que resaltó «la significación moral» de los trabajos voluntarios, constituyéndose en «un poderoso estímulo para que los hombres y mujeres de nuestro país... [se sumen al] maravilloso desafío que implica afianzar nuestra independencia económica, fortalecer nuestro desarrollo social y organizar el aporte creador de las grandes mayorías de nuestro pueblo»[35].

Durante los trabajos de verano de 1972, los medios afines al gobierno, junto con destacar su masividad, realzaron el valor económico de las jornadas. Esto resultaba importante para mostrar los supuestos éxitos en «la batalla de la producción». Es decir, para la UP, las jornadas de trabajo voluntario también constituían un esfuerzo mediático, en medio de la

---

33 Información en *El Siglo* del 23 de octubre, 27 de noviembre y 26 de diciembre de 1971; *La Nación* del 3 de enero de 1972 y *Ramona* nº 7, del 10 de diciembre de 1971, 14 y ss.

34 Ver *La Nación* del 13 y 15 de enero de 1972 y *El Siglo* del 9, 21, 23 y 27 de enero de 1972. Sobre la participación de la CUT, *El Siglo* del 30 de enero de 1972.

35 *La Nación* del 28 de enero de 1972, 2. Las razones de Guillermo Yunge para participar en los trabajos de verano de 1972, en *El Siglo* del 30 de enero de 1972, 8.

feroz pugna con la prensa opositora. Adhesión popular y difusión de resultados efectivos eran aspectos que el régimen de Allende podía capitalizar de los trabajos voluntarios. Por ejemplo, se afirmaba que la labor de los estudiantes de la UTE en la mina de Chuquicamata, supuestamente había significado al fisco ahorrar cuatro millones y medio de dólares al país. Entre sus principales actividades estuvo la habilitación de una vía férrea a Potrerillos, interrumpida por las lluvias del «invierno boliviano», y la limpieza de la fundición de Caletones, en el mineral de El Teniente. Otro caso destacado eran los logros obtenidos en la construcción de una variante en la red de ferrocarril a la altura de Angostura, en el kilómetro 55 de la Red Sur. Según se decía, esta obra había sido pospuesta por un par de décadas, por los costos que implicaba. Pero en un mes de trabajo voluntario, se realizó la remoción de tierra y roca, necesaria antes de la intervención de la maquinaria pesada[36].

Por su parte, para los partícipes en los trabajos voluntarios de 1972, estos significaron algo más que unas cifras. Realizados en una coyuntura difícil para el gobierno, pero en donde todavía no se avizoraba el dramático giro que tomarían los hechos los meses siguientes, las experiencias de las jornadas de verano se convirtieron en una expresión concreta, no abstracta, del nuevo país que se quería construir. Las fuentes que tenemos para reconstruir dichas experiencias son afines al gobierno y buscaban exaltar el éxito y la épica heroica de los voluntarios, sin cuestionar los alcances o problemas que hayan presentado los trabajos. Sin embargo, lo que nos parece importante rescatar de estas notas periodísticas apologéticas son los indicios de la experiencia concreta que hombres, mujeres, jóvenes, adultos, militantes y no militantes, vivieron durante el verano de 1972. El sentido del sacrificio, las duras condiciones laborales, el compartir con personas desconocidas, el diálogo cotidiano, apreciar que la opción personal era la de cientos, cimentó una experiencia material directamente relacionada con la construcción del «Chile Nuevo». En la praxis cotidiana del voluntario se desarrollaba una nueva cultura, basada en valores que intentaban dejar atrás los de la clase dominante.

Ejemplo de una experiencia extrema, que marcó a quienes la vivieron, fueron los trabajos realizados en las minas de carbón en Lota. Un muchacho del Liceo de Hombres de Talca explicaba la dura labor al interior del yacimiento: «Nosotros hacemos "recuperación de material"... los mineros hacen unos pequeños túneles de no más de un metro de altura. Esto es para buscar nuevas vetas... Bueno, cuando hacen este trabajo, necesitan cierto tipo de materiales que al salir de los túneles, por la rapidez con que trabajan, van dejando adentro. Nosotros tenemos que recuperarlo». La jornada de los voluntarios dentro del pique era de ocho horas, igual que los experimentados mineros[37].

---

36 Sobre las actividades de los voluntarios de la UTE, *Ramona* nº 20, del 14 de marzo de 1972, 21; *El Siglo* del 7 y 27 de febrero de 1972; *La Nación* del 18 de febrero de 1972. Los trabajos en "Angostura", *La Nación* del 12 de marzo de 1971.

37 *Ramona* nº 21, del 21 de marzo de 1972, 36.

Otros voluntarios que trabajaron al interior de una mina fueron los que se enrolaron para laborar en la zona de «El Volcán», al suroriente del Gran Santiago. Lugar de difícil acceso y duras condiciones de trabajo, contó en el verano de 1972 con la ayuda de una brigada de voluntarios. El lugar era descrito así: «En la ladera, un túnel de 1,30 metros de diámetro se hunde en las entrañas del monte. Los hombres entran y salen como hormigas en un hormiguero. Algunos cargan en carretillas de mano unos peñascos de varios kilos. Luego los grandes trozos son transportados hacia el interior por una cadena humana...». Dentro del túnel, «cinco centímetros de agua... La atmósfera es pesada y enervante. Hace un calor húmedo que agobia, que oprime el pecho y acelera las pulsaciones». Los mineros reconocían la dureza de las actividades de los voluntarios: «Cuando estos niños llegaron, estábamos un poco escépticos... Como la cosa aquí es seria, entre hombres, les pusimos una tarea bastante pesada. Levantada a las seis de la mañana, desayuno. A las siete comienza la pega. De siete a doce, de una a seis. Se les exigiría rendimiento, disciplina y seriedad... Y han cumplido a carta cabal...»[38].

Otras jornadas voluntarias de características similares se vivieron en la pampa del Tamarugal, en la lluviosa zona de Valdivia, en la asoleada y seca Cabildo, por citar los lugares más conocidos. Era la praxis configurando las visiones de mundo. Así lo resumía un voluntario en la zona de Cabildo: «¿Cómo la pasamos?. Francamente bien, acá somos otros, estamos aprendiendo de la vida en forma vertiginosa, llevamos vida de obreros, estamos recién aprendiendo lo que es el trabajo, a pesar de haber leído tantas veces, nunca lo comprendí tan bien como ahora, realmente el trabajo es el sostén del hombre...»[39].

En marzo de 1972, en el Estadio Nataniel, con la presencia del presidente Allende y una delegación de ministros de Estado, se dieron por finalizados los trabajos de verano de aquel año. Allende, en mangas de camisa («para estar a tono con los estudiantes»), homenajeó a los miles de jóvenes voluntarios («a todos, a los de pelo largo y a los de pelo corto»)[40]. La masiva participación y la mística de los/las voluntarios/as, convirtieron en una fiesta esta recepción. Mientras tanto, cada vez se hacían más amenazantes los nubarrones para el gobierno.

Los trabajos de verano de 1973 se realizaron en un contexto muy distinto a los anteriores. Los de 1971 habían sido los más utópicos y festivos; los de 1972, si bien enfrentaban grandes problemas, todavía estaban concentrados en la tarea de desarrollar el programa de gobierno. En cambio, en el verano de 1973, el clima político estaba polarizado. El paro de octubre de 1972 había puesto en jaque la viabilidad del gobierno, el que sorteó la situación

---

38 *Ramona* nº 16, del 15 de febrero de 1972, 29.

39 *Ramona* nº 20, del 14 de marzo de 1972, 17. Amplios reportajes sobre los trabajos en Cabildo, Valdivia, Concepción y otros lugares, en *Ramona* nº 18, del 29 de febrero; nº 19, del 7 de marzo; nº 20, del 14 de marzo de 1972.

40 Sobre este acto, *La Nación* del 12 de marzo de 1972, 1 y 2; *Ramona* nº 20, del 14 de marzo de 1972.

incorporando a las fuerzas armadas al gabinete ministerial del presidente Allende. Así, las apuestas de la oposición –cada vez más hegemonizada por la derecha– y del oficialismo estaban concentradas en las elecciones parlamentarias de marzo de 1973. Se consideraba que la continuidad del mandato de la UP se podría dirimir en dicha contienda. Por otra parte, la crisis económica golpeaba con fuerza al país. El desabastecimiento y las largas filas para obtener alimentos se convirtieron en su símbolo. Por último, la coalición de gobierno acentuó sus diferencias internas, dificultando el diseño de un camino común para enfrentar la compleja coyuntura política del verano de 1973[41].

En términos prácticos, la principal singularidad de los últimos trabajos de verano durante la Unidad Popular radicó en que la ONSEV y la Secretaría Juvenil de la Presidencia vieron fuertemente afectados sus presupuestos. La guerrilla política entre gobierno y oposición también se había librado en la aprobación del presupuesto del país, resultando afectadas muchas de las partidas destinadas a actividades como las promovidas por la ONSEV. Por su parte, también la difusión de los trabajos de verano 1973 comenzó tardíamente respecto a los del año anterior, producto de la crisis del mes de octubre. Sin embargo, como veremos más adelante, durante dicha crisis se desarrolló un fuerte trabajo voluntario, que dio origen a los llamados «Voluntarios de la Patria», que participarían activamente en los trabajos del verano de 1973. Por eso no fue extraño que la consigna «Por la Patria, todo», esgrimida durante los días de octubre de 1972, fuera la utilizada para convocar a los trabajos de 1973[42].

Lo que no cambió fue la orientación de los trabajos, pues fueron enfocados nuevamente en función de la batalla de la producción. A pesar de que se planteaba reunir a lo largo del país un número mayor de voluntarios en comparación de 1972, la actividad central sería solo una. En la localidad de Rengo, con más de mil voluntarios provenientes de Santiago y otros puntos del país, se construirían dos canales de regadío. Uno uniría el río Claro con otro estero cercano, completando 1.600 metros de longitud. El otro canal mejoraría el afluente de un estero y tendría 1.200 metros de largo. Para esta tarea, ONSEV se coordinó con la CORA. Las otras áreas donde se apoyaría la actividad productiva serían la agrícola, la «social» (industrias estatizadas), obras de construcción y tareas educativas. Relacionados con los serios problemas de abastecimiento que padecía el país, los trabajos voluntarios de 1973 perdieron parte de su carácter «concientizador», en beneficio de un mayor énfasis en las necesidades de la producción. Por ello, incluso se reconocía que en 1973 sería más importante la creación de brigadas de trabajo no tan numerosas, pero sí más especializadas en tipos de actividades productivas. Además, se implementaría un carné de productividad por cada voluntario, que registraría el trabajo realizado cotidianamente por cada persona, «sus aciertos y sus faltas»[43].

---

41 Sobre esta coyuntura, Garretón y Moulian, op.cit., 127 y ss.

42 Sobre el problema de financiamiento, *La Nación* del 19 y 23 de enero de 1973, 8 y 2, respectivamente.

43 Ver *Ramona* nº 59 del 12 de diciembre de 1972, 25 y ss. También *La Nación* del 18 de enero de 1973. Sobre el "carné de productividad", *El Siglo* del 5 de febrero de 1973.

De todas maneras, los trabajos no perdieron su dimensión festiva y optimista gracias a la presencia del «Tren de la Cultura», que recorrería de norte a sur el país llevando la música de variados conjuntos musicales. En todo caso, los integrantes de la «Nueva Ola» ya no participaban ni de la promoción ni de los trabajos propiamente tales, como había ocurrido en 1971. Por otro lado, junto a los estudiantes, también se sumarían a las labores trabajadores convocados por la CUT y campesinos ligados a la organización «Ranquil»[44]. Desde el punto de vista geográfico, los trabajos de verano de 1973 comprendieron actividades desde la provincia de Coquimbo hasta Osorno. Como en los otros años, se dividieron tareas. La Federación de Estudiantes de la UTE cubrió la minería, aportando mano de obra especializada. Los secundarios de la FESES harían lo propio en el campo, especialmente en las provincias de O'Higgins y Colchagua. Las Escuelas Normalistas alfabetizarían en la zona de Cautín. También se proyectaban actividades voluntarias en Combarbalá, Linares, Bío-Bío, Los Ángeles, Valdivia, entre otros muchos lugares[45].

Los voluntarios fueron despedidos por el ministro del Interior, el general Carlos Prats González, quien recalcó «el patriotismo» de los jóvenes. Unas semanas más tarde, el general Prats visitó en terreno las labores de construcción del canal de regadío en Rengo. De esta manera, el gobierno ratificaba la importancia que le asignaba al papel que tenían los voluntarios. No obstante, al fragor de la campaña parlamentaria y la crisis política que atravesaba el país, ni la despedida ni la recepción de voluntarios tuvo el colorido de los años anteriores[46].

De todas formas, la mística transformadora de los miles de partícipes de las jornadas voluntarias durante el verano de 1973 no cedía. En el marco de la radicalización del proceso político que vivía el país, quedaba menos espacio para las posiciones neutras. Una muchacha estudiante secundaria de 17 años, voluntaria en las labores del canal de regadío en Rengo, resumía el significado de los trabajos para un segmento de los voluntarios: «También significan la inmensa alegría de estar haciendo lo que uno cree, consiguiendo con esto la tranquilidad consigo mismo, superior a cualquier satisfacción egoísta que pudiera sentir yo, por ejemplo, si en vez de estar aquí, estuviera en una playa... aquí lo pasamos "sacrificadamente contentos", el descueve [sic] no en el sentido frívolo, sino en el sentido sano...»[47].

De esta manera, con la sensación de la labor cumplida pese a las crecientes adversidades, se cerraron los trabajos de verano de 1973. Su apremiante contexto provocó que culminaran más como una tarea cumplida que como expresión de la alegría del «Chile Nuevo» que se

---

44 *La Nación* del 6 de enero de 1973 y *El Siglo* del 18 de enero de 1973.

45 *La Nación* del 15 de enero de 1973 y *El Siglo* del 19 de enero de 1973. Sobre la labor específica de los voluntarios de la UTE, en *Ramona* nº 73, del 20 de marzo de 1973, 46, y *El Siglo* del 20 de enero de 1973.

46 Sobre la despedida a los viajeros y la visita del general Prats a Rengo, *El Siglo* del 24 de enero y del 19 de febrero de 1973.

47 *Ramona* nº 69, del 20 de febrero de 1973, 12.

estaba creando. Parafraseando a Tomás Moulian, la evolución de los trabajos voluntarios de verano pasó de la fiesta al drama. De todas maneras, su poder de convocatoria y despliegue a lo largo de gran parte del país los mantuvo posicionados como una de las principales instancias de movilización social de los partidarios de la Unidad Popular.

4. De «voluntarios» a «Voluntarios de la Patria»: los trabajos voluntarios laborales

Si bien los trabajos voluntarios de verano concentraron la atención durante los tres años de gobierno de la Unidad Popular, estos no fueron el único tipo de experiencia de voluntariado que se registró en aquellos años. La importancia de los trabajos de verano radicó en que tuvieron mayor repercusión mediática y generaron un efecto multiplicador en el resto de la sociedad. Sin embargo, a nivel microfísico, los trabajos voluntarios laborales se desarrollaron ininterrumpidamente durante los años de la UP. A diferencia de los de verano, que se concentraban en un solo mes al año (febrero), los trabajos voluntarios laborales se desarrollaron en la vida cotidiana de las personas. Además, marcando una diferencia con los de verano, no respondían a un plan central del gobierno o de los partidos que lo respaldaban, sino que a la iniciativa de cada industria o servicio.

Así, «desde abajo», con la iniciativa de los militantes de la UP y de los independientes que apoyaban a la coalición de izquierda, se desplegaron innumerables iniciativas de trabajo voluntario laboral. Tempranamente ligada a la batalla de la producción, esta experiencia adquirió tal fuerza, que es posible afirmar que surgió un «movimiento social voluntario». Este se basaba en el nuevo *ethos* que pretendía fundar y desarrollar la Unidad Popular y, en la práctica, fue lo más parecido al concepto de «hombre nuevo» dentro del proceso chileno. El movimiento social voluntario se articuló en torno a la construcción de una identidad común, que posicionaba a sus integrantes en la cresta de una ola que transformaría al país. Su demanda era la construcción de una sociedad más justa, basada en una inspiración clasista, pero también con una perspectiva nacional («el nuevo Chile»). Se organizó en los «Voluntarios de la Patria», que articuló a mucha más gente que quiso participar de manera menos orgánica, y su repertorio se basó en la infinidad de fórmulas en que su actividad podía colaborar al éxito de la «batalla de la producción»[48].

El punto álgido del movimiento social voluntario ocurrió durante el Paro de Octubre de 1972, en donde el voluntariado, que en buena medida tuvo un carácter espontáneo, jugó un papel subjetivo importante. Señal de apoyo para un gobierno acorralado por la movilización en su contra, en los días de octubre de 1972 el trabajo voluntario se convirtió en el símbolo del respaldo popular al presidente Allende. El nacimiento del movimiento llamado «Voluntarios de la Patria», surgido al fragor del paro de octubre, fue la expresión

---

48 En la definición de movimiento social, nos hemos basado en los planteamientos de Mario Garcés, *El despertar de la sociedad. Los movimientos sociales en América Latina y Chile* (Santiago: LOM ediciones, 2012).

orgánica del movimiento social voluntario. Este movimiento, cuando en 1973 el gobierno había perdido la iniciativa política y veía cómo el cerco golpista se cerraba, fue una de las expresiones de organización popular que se mantuvieron activas hasta la víspera misma del 11 de septiembre de 1973.

Como decíamos en el apartado anterior, a pocos meses de iniciado el proceso de la Unidad Popular, el nuevo gobierno definió a la batalla de la producción como uno de los aspectos estratégicos para lograr el cumplimiento de su programa. La decisión de hacerlos sistemáticos y permanentes fue una de las conclusiones que dejó la evaluación de los exitosos Trabajos Voluntarios del verano de 1971. La capacidad de convocar a una amplia y diversa masa de adherentes, simpatizantes y ciudadanos comunes y corrientes, hizo que se decretara un estado permanente de trabajo voluntario. Es por ello que los trabajos voluntarios laborales fueron realizados como parte de una definición política de los partidos de la UP. Uno de estos lo definía de la siguiente manera: «Los Trabajos Voluntarios no son una "entretención" o algo "de moda", sino la expresión de una nueva actitud hacia el trabajo, una nueva conciencia laboral sobre principios morales y –fundamentalmente– la decisión de un pueblo de avanzar a una sociedad basada en la fraternidad, colaboración y ayuda mutua»[49]. Esta definición, planteada en los primeros meses del mandato de Salvador Allende, enfatizaba la importancia de la «nueva cultura» que implicaban los voluntarios, junto con su importancia cuantitativa para la batalla de la producción. De esta manera, el movimiento social voluntario no puede ser considerado puro espontaenísmo por parte de los trabajadores. Sin embargo, la magnitud que alcanzó a lo largo de los meses y años sobrepasó las capacidades de la Unidad Popular, convirtiéndose en un verdadero movimiento de masas.

Las experiencias de trabajos voluntarios laborales constituían una noticia cotidiana, por lo tanto, es imposible consignarlas todas. Todos los sectores –obreros urbanos y agrícolas, empleados, profesionales y estudiantes– realizaron trabajos voluntarios. Por ejemplo, se organizó «el Tren de la Salud», compuesto por unos cuarenta médicos, dentistas, profesores, matronas, ingenieros y «visitadoras sociales», quienes recorrieron lugares que el Servicio de Salud no alcanzaba a cubrir. Se realizó a lo largo de un mes en diversos campamentos del Gran Santiago. En el sector público, era corriente realizar trabajos voluntarios mediante horas extraordinarias, que los trabajadores no cobraban al servicio. Fue el caso de los empleados de la Empresa Metropolitana de Obras Sanitarias, que decidieron atender los sábados en la mañana a los usuarios, como una forma de mejorar la calidad del servicio. En el caso de los trabajadores de la salud de Concepción, decidieron trabajar un día gratis al mes, para «colaborar con los cambios». En Quintero, los trabajadores del Terminal de la

---

49 Bernardo Ramírez, "El burocratismo: freno contra-revolucionario", en *Principios* nº 140 (agosto-septiembre de 1971), 96.

dicha ciudad, dedicados a la construcción de estanques para recibir petróleo de la ENAP, trabajarían ocho horas un sábado por mes[50].

Otra expresión de movimiento social voluntario se produjo con ocasión de las consabidas inundaciones invernales en Santiago. A fines de junio y principios de julio de 1971, estudiantes y otras organizaciones sociales participaron en la ayuda a los damnificados del sector poniente de la capital. Centralizados por el Departamento Juvenil de la Presidencia, en el mes de junio se realizó una jornada provincial de trabajo voluntario para ir en ayuda de los damnificados. La FECH estuvo en ocho campamentos, jóvenes católicos levantaron campamentos en el sector de Conchalí, de la mano con obreros de la construcción y otras numerosas organizaciones sociales[51].

Con el paso de los meses, a través de la prensa se enfatizaron las cifras y ganancias cuantitativas que el trabajo voluntario laboral arrojaba. Esto ocurría especialmente en las empresas que habían sido estatizadas, con la intención de mostrar los beneficios que implicaba su traspaso al «área social». También destacaban las cifras en la minería, sector clave para el funcionamiento de la economía del país[52].

Sectores poblacionales y de clase obrera, de menores ingresos que los casos anteriores, también se sumaron al movimiento voluntario. Participaron construyendo letrinas en campamentos, rebajándose el sueldo para financiar la construcción de viviendas sociales o alargando su jornada laboral sin goce de sueldo (como los obreros que trabajaron en la construcción del edificio de la UNCTAD III), entre otros muy numerosos casos[53].

En resumen, el movimiento voluntario fue amplio, masivo, heterogéneo y abarcó gran parte de las actividades laborales, desde la Policía de Investigaciones, que tuvo su propio Día Institucional del Trabajo Voluntario, hasta jóvenes arreglando las típicos «hoyos» en las calles de Santiago[54]. De esta manera, hacia octubre de 1972, el movimiento voluntario contaba con múltiples expresiones y una experiencia ganada durante más de un año y medio de permanente movilización.

El conflicto del mes de octubre de 1972 se inició por el enfrentamiento entre el gobierno y los dueños de camiones. Los camioneros, fundamentales para el normal funcionamiento

---

50 Al respecto ver *La Nación* del 21 de enero de 1971; del 28 de enero de 1971, del 9 de mayo de 1971 y *El Siglo* del 6 y 7 de mayo de 1971 y 1 de junio de 1971.

51 *El Siglo* entre el 23 y 28 de junio de 1971; del 6 y 8 de julio de 1971.

52 Casos de "Textil Progreso" en *El Siglo* del 3 de octubre de 1971; de cecinas "La Valdivia", *El Siglo* del 28 de noviembre de 1971; de la minería del carbón, *El Siglo* del 13 y 14 de noviembre de 1971; de la minería en el Norte Grande y el cobre, *El Siglo* del 10 de septiembre, 29 de noviembre de 1971 y *La Nación* del 25 de enero de 1972. Durante 1972 también se registraron numerosas jornadas voluntarias.

53 Ver *El Siglo* del 15 de noviembre y del 21 de diciembre de 1971; del 10 de julio de 1972; sobre los trabajadores de la UNCTAD, *La Nación* del 21 de enero de 1972. Un extenso diálogo sobre la participación de trabajadores en labores voluntarias, en *El Siglo* del 4 de febrero de 1972.

54 Ver *El Siglo* del 19 de junio y 30 de julio de 1972.

del país, decretaron una paralización de actividades. El conflicto escaló, sumándose a la movilización los comerciantes, los gremios profesionales y algunas organizaciones sociales relevantes, como la Federación de Estudiantes Secundarios (FESES). Así, producto de su extensión –28 días– y masividad, se convirtió en la mayor demostración de masas en rechazo al gobierno de Salvador Allende hasta esa fecha[55].

Acorralado por la movilización opositora y con serio peligro de desabastecimiento en todo el país, el gobierno llamó a la «movilización popular» para hacer frente al desafío. En ese contexto, el trabajo voluntario pasó a ocupar un papel protagónico. Los primeros en manifestarse fueron choferes y dueños de camiones partidarios de la UP, que se inscribieron para ser llamados a trabajar voluntariamente. El ánimo lo resumía uno de ellos: «Escuché por radio que necesitaban gente, y como hay que colaborar con nuestro Gobierno, es por eso que me encuentro inscribiéndome. Yo estoy dispuesto a trabajar a la hora que me necesiten, aunque sean las dos, tres o cuatro de la mañana»[56].

En los días siguientes, las expresiones de trabajo voluntario se multiplicaron por doquier. Con amplia experiencia, obtenida durante casi año y medio de desarrollo del movimiento voluntario, este alcanzó durante el mes de octubre de 1972 su máxima expresión de masas y organizativa. Si los trabajos voluntarios comenzaron como símbolo de la revolución cultural que impulsaba el gobierno popular para luego devenir en una actividad de corte económico, durante el «paro de octubre» se produjo la síntesis de ambos aspectos. En efecto, el movimiento de los voluntarios durante octubre fue crucial para intentar hacer funcionar al país –esfera económica– y desde el punto de la subjetividad política, se convirtió en el hecho político que demostraba que a pesar de las enormes adversidades que vivía el país, Allende y su gobierno preservaban un importante respaldo popular y capacidad para movilizar a sus partidarios.

En medio de una multifacética variedad de trabajos voluntarios, el 24 de octubre de 1972 se fundó el movimiento llamado «Voluntarios de la Patria», expresión orgánica del movimiento social que había surgido en torno a las jornadas voluntarias. Un informe oficial emitido durante el conflicto, señalaba que diez mil jóvenes se movilizaban diariamente cumpliendo diversas tareas:

> Solo en carga y descarga de mercaderías han movilizado 7 millones de kilos, 350 jóvenes han trabajado como inspectores o como acompañantes... Han ayudado en los UNICOOP a ordenar las colas y a empaquetar mercaderías. Han agilizado las denuncias respecto a

---

55 Sobre el "paro de octubre", Moulian, *Fracturas...* op.cit.

56 *El Siglo* del 13 de octubre de 1972, 3. El llamado del gobierno a movilizarse para responder al "paro patronal", en *El Siglo* del 14 de octubre de 1972, 2.

> dónde hay camiones paralizados. Desde las cinco de la mañana trabajan en el reparto de la leche Soprole en varias comunas...[57].

Así, obreros, estudiantes, catedráticos, profesionales, mujeres, pobladores, las federaciones estudiantiles, la CUT, el Frente Patriótico Femenino, el MOPARE, entre muchas otras, cobraron protagonismo durante las semanas que se prolongó el «paro patronal»[58].

Uno de los hechos mediáticos más importantes que lograron los «Voluntarios de la Patria», consistió en la participación de conocidos artistas nacionales en algunas de las cotidianas jornadas. Actrices y actores como Ana González («la Desideria»), Roberto Parada, Héctor Duvauchelle, Patricio Bunster, Patricio Achurra, Mónica Carrasco y Alejandro Sieveking; cantantes como Isabel Parra, Víctor Jara y el «Piojo» Salinas, y pintores como Gracia Barros, entre muchos otros, se sumaron a las actividades[59]. Junto con elevar la mística y la moral, su participación, al igual que la actividad voluntaria de los profesionales (especialmente los ligados al sector salud), intentaba demostrar que la UP aún tenía adhesión en los sectores medios. De esta forma, el gobierno de Salvador Allende se valió de la doble dimensión del movimiento social voluntario (la utópica y la económica), para responder a la movilización opositora. El 4 de noviembre de 1972, cuando el llamado «paro gremial» había finalizado, el gobierno celebró el segundo año de su instalación con una masiva jornada de trabajo voluntario, ícono del «poder popular» que sostenía el proceso que encabezaba Salvador Allende. En ellos, los «Voluntarios de la Patria» representaron al nuevo tipo humano que estaba naciendo al fragor de la vía chilena al socialismo[60].

Luego de octubre de 1972, el movimiento voluntario vivió una fase de mayor autonomía y espontaneísmo. Aunque pueda aparecer como una paradoja, debido a la creación de «Voluntarios de la Patria», la radicalización del conflicto de clases en el país incentivó la participación de los bandos que se enfrentaban. Y en este sentido, los trabajos voluntarios se beneficiaban del hecho de que era sencillo incorporarse a ellos. Es más, no era necesaria la presencia de las organizaciones para hacerlo, bastaba solo con tener iniciativa. El siguiente diálogo resume cómo evolucionó el movimiento voluntario post-octubre 1972:

---

57 Discurso de Víctor Díaz López, subsecretario general del PC, en un acto público en el Teatro Caupolicán. *El Siglo* del 23 de octubre de 1972.

58 Sobre el trabajo voluntario durante "el paro de octubre", especialmente desde mediados de octubre y comienzos de noviembre, la prensa oficialista cubrió cotidianamente las actividades voluntarias. Un reportaje que las resume, en *Ramona* nº 53, del 31 de octubre de 1972, 38 y ss.

59 *El Siglo* del 25 de octubre de 1972.

60 Al respecto, ver *El Siglo* del 4 y 5 de noviembre de 1972.

—¿Y a quién se le ocurrió?.

—No, si no se le ocurrió a nadie...

—¿Y cómo...?

—Es que un compañero llegó con varios «miguelitos» (clavos retorcidos expresamente para provocar rotura de neumáticos) que se encontró cuando venía en bicicleta... y ahí nos cayó la chaucha.

—¿Y qué hicieron después?

—Entonces, uno dijo que nos podíamos conseguir bicicletas y salir a la carretera a limpiarla de los «miguelitos» y comenzamos: ¿Tenís bicicleta?... ¿tenís bicicleta?, ¿podís conseguirte bicicletas?. Y así armamos el lote y recorríamos la Panamericana con el ojo puesto en el suelo. La competencia era quién encontraba más clavos...Y así hallamos el medio montón...[61].

Luego de terminados los trabajos de verano de 1973 y realizadas en marzo las elecciones parlamentarias, surgieron nuevas movilizaciones callejeras y huelgas contra el gobierno. Los trabajadores cupríferos de la mina El Teniente protagonizaron un paro con alto costo para la economía nacional. Algunos estudiantes secundarios y universitarios salieron a la calle para protestar contra un proyecto de reforma educacional promovido por el gobierno. Por último, la ultraderecha, representada por el movimiento «Patria y Libertad», dio rienda suelta a acciones terroristas y sediciosas, incluyendo la colocación de artefactos explosivos y una intentona golpista el 29 de junio de 1973, conocida como el «Tancazo». Así, la ofensiva opositora se caracterizó por el abandono de la estrategia negociadora de la Democracia Cristiana, partido que se plegó, mayoritariamente, a la fórmula golpista de la derecha. Por su parte, dentro de la Unidad Popular se acentuaron las diferencias intestinas, lo que quedó de manifiesto en la división del partido MAPU, ocurrida en marzo de 1973.

En este contexto adverso, el accionar del voluntariado apareció como una especie de reserva moral y anímica para una coalición cuyo margen de acción política era cada vez más reducido. Junto con las tradicionales iniciativas locales, protagonizadas por trabajadores, campesinos, estudiantes, dueñas de casa, profesionales, etc., se promovió la creación de «brigadas de la producción», ante la cada vez más apremiante escasez de bienes de primera necesidad. Las manifestaciones de apoyo al gobierno tenían su correlato constructivo al complementarse con trabajo voluntario. Por ejemplo, el 21 de junio la CUT llamó a sus socios a paralizar las actividades, como una señal de la fuerza social del gobierno. Pero más tarde se realizó en día sábado el «Día de la Recuperación», como nueva muestra de respaldo al proceso de la Unidad Popular[62].

A fines de julio de 1973, comenzó un nuevo paro de los camioneros, que vino a complicar más los problemas de abastecimiento que tenía el país. Ante la amenaza, los «Voluntarios

61 *El Siglo* del 13 de diciembre de 1972, 8.

62 *El Siglo* del 28 y 29 de junio de 1973.

de la Patria», al igual que en octubre del año anterior, salieron a descargar camiones a lo largo de todo el país. Sacrificando vacaciones, horas de descanso, los estudios, en fin, sus vidas normales, el movimiento de voluntarios representó la esperanza de poder revertir el accionar sedicioso de la oposición golpista[63]. Cotidianamente, hombres, mujeres, jóvenes, adultos, dueñas de casas, trabajadores, organizados y no organizados, participaron del trabajo voluntario. A esas alturas del conflicto, en donde la negociación no entregaba resultados, aparecía como la única respuesta que la Unidad Popular tenía para enfrentar la asonada derechista. Así resumía el espíritu de participación en aquellos postreros días del «gobierno popular» una joven estudiante secundaria de 15 años de edad: «Tú me preguntái por qué estoy aquí. Es sencillo. Porque creo aportar un granito, así, chiquitito, a normalizar aquellas cosas que los camioneros antipatriotas han intentado parar... En fin... este es un trabajito que hago consciente de que estoy trabajando por mi patria...»[64].

Los primeros días de septiembre de 1973, como un adelanto de lo que vendría, dos «Voluntarios de la Patria» fallecieron tras un accidente vehicular que sufrió la camioneta que los transportaba a su hogar, luego de haber participado de una jornada de trabajo voluntario. Según las acusaciones, esto se habría provocado producto de la acción de otro vehículo, que hizo una maniobra para sacarlos del camino. Dirigentes estudiantiles y de la ONSEV acusaron públicamente a «terroristas de derecha» como responsables del «asesinato» de los dos voluntarios. Ambos jóvenes fallecidos, militantes de las Juventudes Comunistas, fueron despedidos en un multitudinario funeral. El sepelio partió desde la sede de la FECH hasta el Cementerio General. De esta manera fueron despedidos los primeros mártires de los «Voluntarios de la Patria»[65].

El martes 11 de septiembre de 1973, la prensa afín al gobierno informaba que dos días antes, el domingo 9, una jornada de trabajo voluntario había logrado descargar casi 300 toneladas en el puerto de Valparaíso y transportarla en caravana a la capital. Atacada con proyectiles desde la sede porteña de la Universidad Católica, se dirigió a Santiago escoltada por carabineros. Sin embargo, la nueva cultura de los «Voluntarios de la Patria» no alcanzaría a detener el traumático fin del gobierno de Salvador Allende[66].

5. Las jornadas nacionales: El Día del Trabajo Voluntario:

Un factor importante para divulgar nacionalmente los trabajos voluntarios, fueron las celebraciones anuales del Día Nacional del Trabajo Voluntario. Las tres ocasiones en que

---

63 El mes de agosto de 1973, la prensa adepta a la Unidad Popular cubrió profusamente las diversas labores de los "Voluntarios de la Patria".

64 *Ramona* nº 94, del 14 de agosto de 1973.

65 *El Siglo* del 2 y 3 de septiembre de 1973, 9 y 1, respectivamente.

66 Ver *El Siglo* del 11 de septiembre de 1973.

alcanzaron a celebrarse, implicaron que las fuerzas que apoyaban a la Unidad Popular y el conjunto de los funcionarios del gobierno se pusieran en máxima tensión. La tarea consistía en movilizar a millones de chilenos y chilenas alrededor de un relato épico, que hablaba de la construcción del «Chile Nuevo». Asimismo, las tres jornadas también tuvieron en común su llamado de carácter «nacional», es decir, que enfatizaban un espíritu unitario, especialmente con los sectores de la Democracia Cristiana e independientes. Por ello, el Día del Trabajo Voluntario mostraba la cara menos sectaria de la izquierda chilena. Por otra parte, las actividades fueron diversas, con el objetivo de sumar la mayor cantidad de personas posibles. No había un llamado a una labor central, como en los trabajos de verano, sino a sumarse a trabajos locales. Es más, la idea era que se desarrollaran iniciativas a nivel de base. Por último, el gobierno buscaba generar publicidad a su favor, logrando la participación de personalidades conocidas pero alejadas de la política contingente, especialmente artistas y deportistas. Era una forma de ampliar el núcleo duro de la UP, compuesto por los militantes y simpatizantes de la izquierda.

Por otra parte, los contenidos de cada Día del Trabajo Voluntario se modificaron de acuerdo a las urgencias de su respectiva coyuntura histórica. De este modo, se pasó de un llamado para reunirse alrededor de una instancia festiva y utópica (1971) a otra más dramática, consciente de la crisis que azotaba al país (1973). Con todo, el objetivo implícito de esta fiesta cívica que instauró el gobierno del presidente Allende, era recordarle al país que se estaba viviendo un gran proyecto colectivo, en el que todos podían participar. En este sentido, esta fiesta era sobre todo un acto simbólico, una gran puesta en escena que representaba ante el país el nacimiento del «hombre nuevo». De capitán a paje, de Presidente hasta el último trabajador o estudiante, actuaban unidos en la construcción del «Chile Nuevo».

El primer Día Nacional del Trabajo Voluntario fue convocado por el Coordinador de Organizaciones Juveniles y la Secretaría Nacional de la Juventud de la Presidencia. Adhirieron a la convocatoria todos los partidos de la Unidad Popular; las federaciones estudiantiles universitarias, de enseñanza media y técnica; el Movimiento de Estudiantes Cristianos; la Juventud Demócrata Cristiana y los departamentos juveniles de la CUT y la confederación campesina Ranquil. Como decíamos, la exitosa evaluación de los trabajos de verano de 1971 derivó en la idea de que la actividad se volviera permanente. Además, como una manera de involucrar a todos en el «nuevo espíritu» que vivía el país, se acordó establecer el «día nacional» del voluntariado. Un comunicado oficial resumía esto diciendo que «la jornada nacional de trabajo voluntario... tiene como objetivo resaltar la nueva disposición de vastos sectores sociales frente a la construcción de la nueva sociedad emprendida por la Unidad Popular». En menor escala, se enfatizó en las tareas ligadas a recién proclamada «batalla de la producción»[67].

---

[67] *El Siglo* del 12 de mayo de 1971, 3. Además, *El Siglo* del 6 y 9 de mayo de 1971.

De esta manera, el día domingo 16 de mayo de 1971 participarían en diversas actividades voluntarias desde el presidente Allende, pasando por los integrantes de su gabinete ministerial, hasta el último adherente al gobierno. Más que un rédito económico, se pretendía movilizar a millones de personas en función del proyecto colectivo representado por la consigna del «Chile Nuevo» y demostrar la fortaleza política y social del gobierno. El llamado para ese día realizado por los entes organizadores señalaba que a las 9 AM empezaban las actividades, las que debían finalizar a las 18:00 horas. Además, se insistía en establecer buena relación en el lugar que tocara desempeñarse, con vistas a «continuar desarrollando el trabajo voluntario en forma permanente». Por último, se instaba a participar mano a mano con las organizaciones en terreno y demostrar el espíritu revolucionario[68].

El domingo 16 de mayo de 1971, según las estimaciones oficiales, más de 2 millones de chilenos y chilenas participaron en la gran jornada voluntaria. El presidente Allende, vestido de manera «sport», llegó al campamento «Che Guevara», ubicado en Barrancas, zona poniente del Gran Santiago. Allí, martillo en mano, participó en la construcción de mediaguas, acompañado por ministros y diputados. Luego se trasladó a las poblaciones «Sara Gajardo», «Las Casas» y «Lo Amor», donde fue recibido, según las crónicas, calurosamente y alentando a la población a participar en el día de los voluntarios. Terminó la jornada en la Villa Portales y en la Universidad Técnica del Estado, donde también lo esperaba una gran recepción. El resto de las autoridades y dirigentes de la Unidad Popular realizaron actividades similares a las del Presidente[69].

La evaluación del primer Día Nacional del Trabajo Voluntario fue halagüeña, lo que era interpretado como una muestra de respaldo el gobierno. Los más entusiastas, hablaron de que era señal de la «toma de conciencia» de parte del pueblo y que desde ese momento se realizarían cada domingo. Evidentemente esto no ocurrió. La conclusión que sí se llevaría a la práctica fue la que determinó la necesidad de orientar los trabajos voluntarios a la «batalla de la producción»[70]. En todo caso, el Día Nacional de 1971 dejó como principal legado el haber encauzado el impulso que habían tenido los trabajos de verano de 1971. Así, ayudó a generar el movimiento social voluntario que, luego de mayo de 1971, cobró una significativa presencia en el quehacer cotidiano de la sociedad chilena.

La segunda celebración del Día Nacional del Trabajo Voluntario se realizó el domingo 14 de mayo de 1972. Fue organizado por la Secretaría Juvenil de la Presidencia. Francisco Díaz, su director, explicaba que sus objetivos se centrarían en tres actividades, la «Operación Invierno», la «batalla de la producción» y labores en obras viales y servicios públicos. En el caso de los trabajadores urbanos, la convocatoria los llamaba a asistir a su lugar de trabajo, y a los campesinos, a ayudar a sembrar 350 mil hectáreas extra de trigo para

---

68 *El Siglo* del 15 de mayo de 1971.

69 *El Siglo* del 17 de mayo de 1971.

70 *La Nación* del 19 de mayo de 1971.

ese año. A los pobladores, a instalar casas prefabricadas, arreglar caminos, etc. Por su parte, los estudiantes deberían sumarse a estas actividades. La CUT también adhirió a la convocatoria. Y al igual que el año anterior, el presidente Allende y su gabinete en pleno participaron en las actividades[71].

Las autoridades resaltaron la participación de numerosos «cantores populares», que bajo el lema «Como nunca se vio a Chile», se repartirían en distintos lugares donde se realizarían trabajos voluntarios. Junto a los músicos reconocidamente militantes o cercanos a la Unidad Popular, como Quilapayún, Isabel y Ángel Parra, destacó la presencia de «Los Jaivas», el «Pollo» Fuentes, «Marcelo» y Maitén Montenegro. Con su presencia, la convocatoria ganaba en amplitud. En fábricas como ex-Sumar, ex-Yarur, Textil Progreso, Ralco, los músicos cumplirían un turno de trabajo voluntario y luego tocarían gratuitamente para los trabajadores[72].

Tal como el año anterior, la participación en terreno del presidente Allende acaparó la atención de la prensa. Su fotografía con un casco y una pala, ayudando a despejar la entrada a la población «Manuel Rodríguez», en la zona oriente del Gran Santiago, simbolizó la jornada[73]. Más allá de lo cuantitativo, las autoridades evaluaron positivamente esta segunda jornada desde la perspectiva del cambio cultural que se estaba desarrollando en el país. Al respecto, el ministro de Defensa José Tohá afirmaba que «este día de trabajo voluntario significa que, por sobre las banderas políticas, se han hecho presentes en el seno de nuestro pueblo, elementos, valores, y factores que generan una nueva conciencia moral de nuestra clase trabajadora»[74].

El tercero y último Día Nacional del Trabajo Voluntario se realizó el domingo 27 de mayo de 1973. El deteriorado escenario político que enfrentaba la Unidad Popular marcó los contenidos de última jornada voluntaria. En efecto, sin olvidar del todo su contenido económico y valórico, en esta ocasión la convocatoria resaltó la necesidad de la unidad del país y el rechazo al enfrentamiento. Por este motivo, el gobierno logró obtener el respaldo público a esta jornada del rector de la Pontificia Universidad Católica de Chile, Fernando Castillo Velasco, reconocido militante Demócrata Cristiano; del arzobispo de Santiago, Raúl Silva Henríquez; y de un grupo de parlamentarios demócrata cristianos, encabezados por

---

71 Ver *La Nación* del 8 y 9 de mayo de 1972, 5 y 6, respectivamente. El llamado oficial de la CUT en *El Siglo* del 11 de mayo de 1972.

72 El listado completo de los músicos que se sumaron a los trabajos y los lugares donde tocarían, en *La Nación* del 12 de mayo de 1972, 23. Más detalles de la planificación del segundo "Día Nacional del Trabajo Voluntario", en *El Siglo* del 8 de mayo de 1972, 1.

73 Fotografía en la portada de *La Nación* del 15 de mayo de 1972.

74 *La Nación* del 16 de mayo de 1972, 8.

Bernardo Leighton. Por medio de ellos, el gobierno buscaba infructuosamente lograr algún acuerdo con la Democracia Cristiana para destrabar la crisis institucional que vivía el país[75].

Aunque en 1973 estuvieron ausentes los músicos famosos de gusto transversal, el gobierno obtuvo el concurso del futbolista Carlos Caszely para promocionar la jornada del 27 de mayo. El joven jugador era el nuevo ídolo de Colo Colo, club más popular del país y que se encontraba realizando la mejor campaña de un equipo de fútbol chileno en el campeonato de clubes llamado Copa Libertadores de América. Se realzaba su figura, porque había rechazado una muy conveniente oferta económica del extranjero, para aportar al proceso transformador que el país estaba viviendo. Por ello, fue elegido para hacer el llamamiento público para participar en el tercer Día Nacional del Trabajo Voluntario. Para la Unidad Popular, Caszely simbolizaba la conducta del nuevo tipo humano que estaba surgiendo en Chile, capaz de dejar de lado sus beneficios personales en pos de los logros colectivos[76].

Las actividades del domingo 27 de mayo de 1973 fueron encabezadas por Clodomiro Almeyda, en su calidad de vicepresidente de la República, quien se hizo presente en la industria MADECO. Miles de personas participaron en las actividades. El gobierno aún confiaba que su capacidad para movilizar a cientos de miles de personas en función de «trabajar para Chile», impediría la agudización del conflicto político en Chile y aseguraría la vigencia de la «vía chilena» al socialismo. Sin embargo, el último domingo de mayo de 1973 se convirtió en la última versión del Día Nacional del Trabajo Voluntario. Para esa fecha, la hora de la Unidad Popular estaba próxima a llegar a su abrupto final.

---

[75] Sobre apoyo de Castillo Velasco y el cardenal Silva Henríquez, *El Siglo* del 15 de mayo y *La Nación* del 12 de mayo, respectivamente. El apoyo de los dirigentes de la DC, *El Siglo* del 24 de mayo de 1973. El contenido político del "Día Nacional del Trabajo Voluntario", centrado en la unidad del país y la necesidad del fin del clima de enfrentamiento, en declaraciones del ministro secretario general de Gobierno Aníbal Palma, en *El Siglo* del 24 de mayo de 1973.

[76] Ver *La Nación* del 19 de mayo de 1973 y *El Siglo* del 22 de mayo de 1973.

Conclusiones

El gobierno de Salvador Allende y la izquierda chilena lograron apropiarse de la institución de los trabajos voluntarios. Aunque existía una diversidad de experiencias con distintas fuentes de inspiración ideológica, la Unidad Popular convirtió a los trabajos voluntarios en el símbolo del «hombre nuevo» que surgiría de la mano de los cambios estructurales que su administración promovía. Los voluntarios se volvieron sinónimo de la nueva actitud ante el trabajo, en manifestación de la nueva cultura que se estaba construyendo.

La izquierda chilena no tuvo en el centro de sus preocupaciones la manera como las personas («el pueblo») se adaptarían a la sociedad postcapitalista que la administración allendista comenzaría a construir. Esto respondía a lo menos a dos hechos. Primero, predominaba una visión del marxismo que visualizaba que la extracción de clase definía, de manera casi automática, la conciencia anticapitalista. Como ha dicho Tomás Moulian, la izquierda homologaba «pueblo» con izquierda, lo que le impedía una mirada más compleja sobre el proceso de toma de conciencia de la población. Segundo, este determinismo de clase se ligaba a un mecanicismo de corte economicista, en donde la parte «superestructural» de la formación social capitalista (las ideas, el derecho, la cultura, el pensamiento, etc.), estaba determinada por la estructura económica. Esto se tradujo en la estrecha asociación entre el nacimiento del «hombre nuevo» y la «batalla de la producción».

Sin embargo, las vivencias de los partícipes de los trabajos voluntarios dinamizaron esta óptica estructural. Lejos de ser receptores pasivos de las coordenadas que entregaban tanto el gobierno como los partidos de izquierda, los hombres y mujeres que dieron forma a las multitudinarias jornadas voluntarias realizaron sus propias resignificaciones de la experiencia. Más allá de los resultados económicos, los trabajos voluntarios permitieron la integración de miles a las tareas establecidas por el gobierno. Tuvieron la virtud, no planificada por cierto, de activar una subjetividad popular que se sintió protagonista del proceso político de la época.

La conformación de un movimiento social alrededor de los trabajos voluntarios fue la expresión material de la fuerza de la representación política y cultural que impulsó el *ethos* comunitario existente en el país. Impulsadas por distintas motivaciones, las personas que se hicieron parte de los trabajos voluntarios se apropiaron del eslogan que afirmaba que el de Allende era «nuestro gobierno» y que todos podían participar en la construcción del «Chile Nuevo».

Chile: ¿un país de «excepción»? La Ley de Control de Armas y la máquina represiva puesta en marcha[1]

VERÓNICA VALDIVIA ORTIZ DE ZÁRATE[2]

El 11 de septiembre de 1973 se produjo no solo el fin del sueño de una experiencia socialista democrática en Chile, sino el inicio de una etapa denominada como de «guerra interna» y de lucha antisubversiva. De acuerdo a las declaraciones de los Comandantes en Jefe la noche del golpe de Estado y del día siguiente, las fuerzas armadas y de orden asumían el control del país para enfrentar a un enemigo interno, identificado con los sectores marxistas, el cual constituía una amenaza para la nación y debía ser, en palabras del general Gustavo Leigh –pero compartida por sus colegas– «extirpado hasta las últimas consecuencias». Tales palabras buscaban justificar el uso de la violencia y la suspensión de los derechos y garantías ciudadanas consagradas por la Constitución y las leyes, todo lo cual se «legitimaba», supuestamente, con la notificación del «estado de guerra interna». La «guerra» a que fue arrastrada la población chilena resultó incomprensible para la gran mayoría de ella, la que no entendía la virtual desaparición de los derechos sociales, políticos y civiles existentes hasta entonces, los asesinatos masivos, los violentos allanamientos a las poblaciones, la aparición de la tortura como instrumento «legítimo» de represión y las fuerzas militares dominando el espacio y la palabra.

Esa realidad, sin embargo, no era extraña en nuestros países vecinos, especialmente Argentina, donde los militares eran parte de la política desde los años treinta y donde la alternancia gobierno civil-dictadura militar se había vuelto la norma. De igual forma, sus valores, métodos y concepciones habían permeado a la civilidad, en particular a sectores de la clase política, la que desde muy temprano compartió las nociones de amenaza, subversión y fue tolerando cada vez más prácticas y nociones castrenses para la vida civil. En efecto, en Uruguay y Argentina el camino al autoritarismo y el terrorismo de Estado se cimentó, en parte, con anterioridad a los golpes militares de 1973 y 1976, en tanto desde los gobiernos democráticos y también de las dictaduras militares del período 1955-1970, en Argentina, las medidas de excepción y leyes de seguridad fueron incorporadas al edificio institucional, militarizando el orden interno, dando forma a la idea de amenaza y de un

---

1 Este artículo es producto del Proyecto Fondecyt No.1140122, del que soy investigadora responsable. La autora agradece al Magíster © Felipe Seguel por su colaboración en la recopilación de información.

2 Académica de la Escuela de Historia, Universidad Diego Portales.

enemigo interno contra el cual debía librarse una guerra de nuevo tipo. Ello se tradujo en atribuciones legales a las fuerzas armadas para la lucha contrasubversiva y antiterrorista antes de la instalación de las dictaduras, aunque esta afirmación no relativiza la naturaleza represiva que estas tuvieron. Tales normas y las prácticas de seguridad aplicadas con anterioridad a los golpes de 1973 y 1976, respectivamente, fueron utilizando nuevos mecanismos de represión, alejados de la noción de derechos, los que comenzaron a formar parte de la «normalidad»[3]. En otras palabras, el sistema democrático no estuvo ajeno a la reorganización autoritario-represiva del Estado que derivó en el tipo de dictaduras que asolaron el Cono Sur en las décadas del setenta y ochenta, en el marco de fenómenos de corte mundial y continental.

Este artículo tiene como propósito analizar esa situación para el caso chileno, preguntándose acerca del papel jugado por los civiles y el propio sistema democrático en la pavimentación hacia el autoritarismo y la dictadura, con sus métodos, durante el período de la Unidad Popular. La noción de seguridad interior refiere a la conservación de la forma del Estado frente a conmociones internas que pudiesen alterar el orden existente[4]. En el siglo XX latinoamericano la idea de seguridad interna se relacionó con el comunismo y lo que se consideraba amenazas conexas en el marco de la Guerra Fría, lo cual se materializó en la Doctrina de Seguridad Nacional y su intento por militarizar el concepto de seguridad, colocando a lo militar en el centro de la sociedad. Esta doctrina provocó una interpretación subversiva de gran parte de los problemas sociales, entendiendo al comunismo como el enemigo interno y estableciendo una conexión entre protesta social-subversión y la «necesidad» de la guerra contrasubversiva. Ello supuso la militarización de la seguridad interna[5]. En ese sentido, la militarización de la sociedad alude a un «proceso por el cual los valores, la ideología y los patrones de conducta militares adquieren una influencia dominante en los asuntos políticos, sociales, económicos e internacionales del Estado»[6]. Acorde con ello, este trabajo busca determinar si durante esos años los actores políticos patrocinaron medidas que implicaban el uso de la fuerza militar desde una óptica coercitiva,

---

3 Álvaro Rico, "La dictadura y el dictador", en Carlos Demasi et al. *La dictadura cívico-militar. Uruguay 1973-1985* (Montevideo: Ediciones de la Banda Oriental, 2009); Marina Franco, *Un enemigo para la nación. Orden interno, violencia y subversión* (Buenos Aires: FCE, 2012); Mario Ranaletti y Esteban Pontoniero, "La normativa en materia de defensa y seguridad y la criminalización de las disidencias (1955-1976)", *V Jornadas de Trabajo de Historia Reciente* (Buenos Aires: Universidad General Sarmiento, 2010).

4 Hugo Frühling, "Fuerzas armadas, orden interno y derechos humanos", en Hugo Frühling, Carlos Portales y Augusto Varas, *Estado y fuerzas armadas* (Flacso, 1982), 35.

5 Leal Buitrago, *La seguridad nacional a la deriva. Del Frente Nacional a la post Guerra Fría* (Quito: Flacso, 2002); Hernán Montealegre, *La seguridad del Estado y los derechos humanos* (Academia de Humanismo Cristiano, 1979). Sobre Estado de Excepción, ver Carl Schmitt, *La dictadura* (Madrid: Alianza, 2009), 3ª. Reimpresión; Giorgio Agamben, *El Estado de Excepción* (Buenos Aires: Adriana Hidalgo Editores, 2010).

6 Carlos Portales "Instituciones políticas y fuerzas armadas en Chile", en Frühling, Portales y Varas, op. cit., 12.

produciendo la militarización de la política y la seguridad, a la vez que la articulación de un enemigo interno, contra el cual «debían» aplicarse normas excepcionales. Si bien sabemos de la participación civil en la gestación del golpe, el sentido de esta reflexión es determinar las propuestas de modificación de la institucionalidad, dotándola de facultades, valores y doctrinas militares y no solo la opción por un golpe de Estado. A nuestro juicio, ello revistió la última solución, cuando precisamente las tentativas por restar civilidad a la institucionalidad y al sistema político habían fracasado.

Nuestra hipótesis es que durante la Unidad Popular la oposición presionó con toda su fuerza para incorporar nuevas leyes de excepción al edificio institucional del país, de carácter coercitivo, con el propósito de detener la socialización de los medios de producción, la toma de fábricas y predios, frenando el proceso democratizador desencadenado con el gobierno socialista y, en segundo término, por la acusación de existencia de grupos armados, aunque en el discurso este era el argumento central. Tal fue el sentido del proyecto de ley de control de armas. Él pretendía mayores atribuciones coercitivas para las fuerzas armadas, incorporando a la resolución del conflicto político nociones y valores castrenses en fase contrasubversiva, que pavimentaron el camino al régimen militar y su naturaleza represora y desconocedora de los derechos ciudadanos. La resistencia opuesta por el presidente Allende a las presiones de la oposición por militarizar el conflicto, revistieron un freno a la militarización total de la seguridad y a la legitimación de medidas de excepción que rompieran el orden constitucional, pero este logró importantes avances a partir de mediados de 1973, cuando se empezó a aplicar la ley de control de armas.

1. Chile, un país de «excepción»

En Chile existía la noción de constituir una «excepcionalidad» en el continente americano, por su estabilidad política y la ausencia de golpes militares en el siglo xx, autopercepción nutrida por el control civil de los gobiernos, mientras que las fuerzas armadas, en general, se dedicaban a sus tareas profesionales de defensa externa, ajenas a la contingencia política. Esta convicción, no carente de grados de veracidad, ha dificultado una mirada que ausculte la relación de los actores políticos y sociales respecto de las nociones de orden y seguridad, expresados en las medidas de excepción, la definición de funciones sociales para las fuerzas armadas y la mirada sobre los adversarios. Como es sabido, en Chile las facultades extraordinarias para el Ejecutivo y la declaración de Estado de Sitio y de Emergencia fueron utilizadas por prácticamente todos los gobiernos, suspendiendo derechos ciudadanos y haciendo uso de importantes niveles de represión. Como ha afirmado el politólogo estadounidense Brian Loveman, desde la Independencia casi todas las constituciones latinoamericanas incluyeron facultades extraordinarias para enfrentar situaciones de «conmoción interna», las que fueron usadas por presidentes, militares y jueces, estableciendo «regímenes de excepción»[7].

La crisis oligárquica de comienzos del siglo XX derivó en una redefinición del Estado, proceso personificado en las figuras de Arturo Alessandri y el general Carlos Ibáñez, quienes relegitimaron el capitalismo con la intervención estatal e incorporaron las demandas de los sectores obreros organizados, todo lo cual quedó plasmado en la Constitución de 1925[8]. Esta visión integrativa del proceso político de los años veinte suele esconder que, simultáneamente, esa Constitución les otorgaba a las fuerzas armadas amplia participación en la mantención del orden interno para resolver conflictos políticos y sociales, aunque de forma excepcional y no permanente[9]. En la práctica, desde el golpe militar de 1924 se dictaron decretos o leyes de seguridad del Estado frente a posibles motines militares y a los que incitaran al alzamiento del pueblo, para luego avanzar a castigar no hechos, sino cualquier palabra o escrito que llamara a la desobediencia e incluso manifestaciones sociales[10]. Estas normativas definieron una amenaza interna y dotaron al Estado de instrumentos legales para neutralizarla y castigarla, cuestión que no fue alterada con la instauración del Estado de Compromiso, sino profundizada con la Ley de Defensa de la Democracia de 1948 y reactualizada con su derogación y la aprobación parlamentaria de la Ley de Seguridad Interior del Estado de 1958[11].

Si bien los primeros decretos de seguridad interior del Estado referían a la deliberación militar, desde un comienzo tuvieron un sesgo anticomunista, el que se acentuó desde 1945, pero cada vez más asociados al fortalecimiento sindical. Por ello, la Ley Maldita veía el poder comunista más allá de lo estrictamente partidista. Esta asociación entre comunismo y poder social popular se fue reforzando en los años cincuenta con la aparición de la derecha económica, la cual pretendía aumentar sus tasas de acumulación para insertarse en el capitalismo en proceso de transnacionalización, requiriendo de un nuevo sindicalismo, de tipo reivindicativo y dispuesto a que sus conquistas sociales y laborales involucionaran,

---

7 Brian Loveman, *The Constitution of Tiranny. Regimes of Exception in Spanish America* (University Pittsburgh Press, 1993); Brian Loveman y Elizabeth Lira, *Arquitectura política y seguridad interior del Estado* (Dibam, 2009); de los mismos autores, *Las suaves cenizas del olvido* (Santiago: Lom, 1999); Hernán Montealegre, op. cit.

8 Esta inclusión legal de las demandas obreras se sostuvo en la exclusión de los derechos de los campesinos y las mujeres. Juan Carlos Gómez, *La frontera de la democracia* (Santiago: Lom, 2004).

9 Hugo Frühling, "Fuerzas armadas, orden interno y derechos humanos", en A. Varas, H. Frühling y Carlos Portales, op. cit.

10 Verónica Valdivia O. de Z., *La Milicia Republicana. Los civiles en armas, 1932-1936* (Santiago: Dibam, 1992), 64-65 y "Fuerzas armadas y Estado", en Mario Garcés et al. (editores) *Memoria para un nuevo siglo* (Santiago: Lom, 1998); Brian Loveman y Elizabeth Lira, *Las ardientes cenizas del olvido* (Santiago: Lom, 2000), y *El espejismo de la reconciliación*. Chile, 1990-2000 (Santiago: Lom, 2002).

11 Carlos Huneeus, *La Guerra Fría en Chile. Gabriel González Videla y la Ley Maldita* (Santiago: Editorial Debate, 2009); Carlos Maldonado, "ACHA y la proscripción del Partido Comunista" (Flacso, 1988).

especialmente en lo referido a salarios y derecho a huelga. Tal demanda era resistida por un activo movimiento sindical[12]. Esta situación hace inteligible que a las puertas de abandonar el poder, Ibáñez haya accedido a la derogación de la Ley Maldita, pero a cambio de una nueva Ley de Seguridad Interior, la de 1958. Dicha ley puso claramente en evidencia la conexión entre seguridad interna y democratización social, cuando Ibáñez señaló que «la seguridad exterior e interior de la República, el mantenimiento del orden social y la **normalidad de las actividades nacionales**, no pueden quedar bajo la sola protección de disposiciones (existentes)... Nuevas normas de delincuencia en ese orden de materias, exigen también nuevas disposiciones represivas, adecuadas a la época y a las modalidades que rodean los múltiples y variados hechos ilícitos que la necesidad de defensa de la sociedad aconseje definir como delitos»[13]. La nueva ley ya no proscribía a los comunistas, a los que se devolvió su ciudadanía política, pero mantuvo la prohibición del derecho a huelga de los trabajadores del sector público como de aquellas acciones que alteraran el orden público o daños a industrias vitales. Según el politólogo Carlos Huneeus, con esto se pretendía impedir los paros generales, manteniendo las limitaciones al derecho sindical, lo que distanció al empresariado de la noción de derechos laborales.

Es importante destacar que esta ley fue anterior al triunfo de la Revolución Cubana, que activó la política contrainsurgente desde Estados Unidos, y antes de la radicalización ideológica de la izquierda chilena, lo cual reconfirma su vínculo con el avance del movimiento popular. Durante el gobierno de Eduardo Frei Montalva dos reformas a esa Ley de Seguridad Interior, en 1965 y 1970, buscaban restringir el accionar del movimiento sindical y subordinarlo al capital, asegurando las condiciones productivas de los empresarios. En ese sentido, la incorporación de esas medidas de excepción se ligaba a la represión de la disidencia política y los movimientos sociales[14].

El Programa de la Unidad Popular, como es sabido, pretendía reformular el tema de la violencia, poniendo su atención en las fuerzas armadas, las que pretendía democratizar. El impacto de la Guerra Fría en la defensa hemisférica y las doctrinas castrenses desde fines de los años cuarenta coincidieron con un aumento de las tensiones y demandas de la sociedad chilena por introducir cambios significativos de orden económico y social,

---

12 Verónica Valdivia O. de Z. *La Milicia Republicana...*, 64-65 y "Fuerzas armadas y Estado", en Mario Garcés et al. (Editores), *Memoria para un nuevo siglo* (Santiago: Lom, 1998); Brian Loveman y Elizabeth Lira, *Las ardientes cenizas del olvido* (Santiago: Lom, 2000) y *El espejismo de la reconciliación. Chile, 1990-2000* (Santiago: Lom, 2002).

13 Huneeus, op. cit., 342-343.

14 Academia de Humanismo Cristiano, Programa de Derechos Humanos, "Los regímenes de excepción en Chile durante el período 1925-1973", *Cuadernos de Trabajo*, No.2 (1987): 59. Carlos Huneeus, op. cit., cap.8; Juan Pablo Vera, "La derogación de la Ley Maldita. Democratización e involución democrática en los años finales del ibañismo" y Nicolás Acevedo, "Un fantasma recorre el campo. Sindicalización campesina y Ley Maldita", ambos en "De la Ley de Seguridad Interior del Estado a la Ley Antiterrorista. La democracia chilena puesta a prueba", Seminario dirigido por la autora en Magíster de Historia, Usach, 2013.

contexto en el que se creó el Consejo Superior de Seguridad Nacional (CONSUSENA), en 1960, un punto crucial en el incremento de la influencia política de las fuerzas armadas y en el camino a la militarización de la sociedad. Las protestas sociales durante el gobierno de Frei Montalva reactualizaron el uso de los militares en la reposición del orden, los que actuaban en conjunto con carabineros, con lo cual la distinción entre seguridad externa e interna se fue debilitando, pues el enemigo se suponía dentro de las fronteras del país[15]. La Unidad Popular se propuso revertir esa lectura represiva de la Doctrina de Seguridad Nacional enfatizando sus aspectos desarrollistas, incorporando a las fuerzas armadas al proyecto de modernización socialista y de creación del Área de Propiedad Social, democratizándolas[16]. Tal apuesta se contraponía a las visiones coercitivas de la seguridad interna.

Respecto del aparato policial, Allende también se propuso importantes modificaciones, vinculadas a una nueva política de seguridad. El nuevo ministro del Interior, José Tohá informó a los jefes de la policía uniformada de la política del gobierno socialista: «Iremos al terreno mismo y seremos nosotros mismos los que mediante la persuasión, el diálogo, el convencimiento, disuadiremos a quienes adopten una actitud que signifique entorpecimiento de la marcha normal del país»[17], pues ello permitiría «lograr una convivencia pacífica y solidaria entre todos»[18]. En las palabras de Tohá, el gobierno popular se proponía redefinir la tarea de carabineros, reemplazando la coerción por la persuasión. Según explicó, los problemas con distintos sectores sociales eran responsabilidad del gobierno, de sus ministros, intendentes, gobernadores o jefes de servicio, quienes se harían cargo, mientras que «la policía en general será utilizada para colaborar con la ciudadanía para resguardar su tranquilidad, para resguardar la paz de los hogares, para vigilar las poblaciones, para defender la vida de los habitantes»[19]. El nombramiento del general José María Sepúlveda Galindo como nuevo Director de la institución fue la encarnación de esa política. En palabras de este: «Deseamos que la gente comprenda que el carabinero no es un elemento represivo y que se pierda esa imagen de terror que inspira el policía en algunos sectores de la población»[20]. La expresión máxima de esa política fue la disolución del Grupo Móvil.

La iniciativa de disolver esta unidad ya estaba presente en el Programa de la UP, dentro de las primeras 40 Medidas que aplicaría el gobierno. La 37 explicitaba: «Garantizaremos el orden

---

15 El Consusena fue creado a través de un Decreto con Fuerza de Ley de Jorge Alessandri y no fue producto de una ley. Carlos Portales, op. cit., 18. Según Agamben, los DFL son una forma de excepción.

16 Augusto Varas et al. *Chile, Democracia, Fuerzas Armadas* (Flacso, 1980); Verónica Valdivia O. de Z., «"Todos juntos seremos la historia" Unidad Popular y fuerzas armadas», en Julio Pinto Vallejos (Editor), *Cuando hicimos historia* (Santiago: Lom, 2005).

17 *La Nación*, 11 de noviembre de 1970, 8.

18 *La Nación*, 19 de noviembre de 1970, 8.

19 *El Mercurio*, 11 de noviembre de 1970, 19.

20 *El Mercurio*, 12 de noviembre de 1970, 19. El general Sepúlveda Galindo reemplazó el general Vicente Huerta Celis, involucrado en el asesinato del general René Schneider.

de los barrios y poblaciones y la seguridad de las personas. Carabineros e Investigaciones serán destinados a cumplir una función esencialmente policial contra la delincuencia común. Eliminaremos el Grupo Móvil y sus miembros reforzarán la vigilancia policial». Durante la primera reunión con los periodistas, el ministro Tohá explicó que la política del gobierno de la Unidad Popular haría innecesaria la existencia de una unidad como esa, destinada a reprimir desórdenes callejeros, creada por el gobierno de Jorge Alessandri en 1963 para mantener el orden público y social, basadas en criterios represivos, el que empezó a actuar durante un paro nacional convocado por la CUT en abril de ese año[21]. Las acciones represivas del Grupo Móvil a fines de los años sesenta suscitaron fuertes críticas de la DC y de la izquierda, por lo que existía una demanda por su eliminación. En sintonía con ello, la UP afirmaba que «deseamos que se aproveche la preparación, la acción y el espíritu de sacrificio del Cuerpo [de carabineros] en actividades distintas. No por un prejuicio, sino porque pensamos que si el pueblo es gobierno no habrá los problemas que se suscitaron antes y que no habrá necesidad de recurrir a la represión»[22]. Tal enfoque se vinculaba a la idea de aumentar la seguridad social en las poblaciones, considerando el aumento de campamentos y poblaciones de emergencia aparecidos en los últimos años y meses. De acuerdo a esto, pocos días después Tohá informó que «la fuerza policial será ocupada en cautelar la paz de los hogares, defender la vida y vigilar las poblaciones. Ya la superioridad de carabineros ha tomado la iniciativa para terminar con el Grupo Móvil, unidad que será reemplazada por la Prefectura de Servicios Especiales, que tendrá funciones distintas a las que tiene el GM»[23].

Como se observa, el nuevo gobierno buscaba modificar las nociones de seguridad que habían estado imponiéndose, especialmente desde el fin de la segunda post guerra, democratizando las fuerzas armadas, atenuando la capacidad coercitiva antipopular de la fuerza policial y enfatizando sus tareas cívicas.

Este plan democratizador se complementaba con la decisión gubernativa de enfrentar con distinta óptica el problema de los presos políticos, es decir, la aplicación de la Ley de Seguridad Interior del Estado. A pocos días de asumir, el nuevo gobierno empezó a estudiar

---

21 Carlos Maldonado, "Los Carabineros de Chile. Historia de una policía militarizada", *Iberoamerica Nordic Journal of Latin American Studies*, Vol.XX:3 (1990): 19. De acuerdo a Maldonado, Carabineros recibió entrenamiento contrainsurgente por parte de Estados Unidos. Sobre el origen del Grupo Móvil hay datos discordantes, hay quienes sitúan su origen en 1944. Francisco Zapata Silva, *Carabineros de Chile, reseña histórica: 1541-1944*, Imprenta Universo, 1944.

22 *La Prensa*, 5 de noviembre de 1970, 8.

23 *La Prensa*, 11 de noviembre de 1970, 9. Esta Prefectura era distinta de las Fuerzas Especiales creadas por Arturo Alessandri en 1938. Por otra parte, la explosión de toma de terrenos y creación de campamentos suscitó el problema de la seguridad para los vecinos, dando lugar a la creación de milicias populares, cuya función era impedir la delincuencia y los efectos del alcoholismo. Boris Cofré, *Campamento Nueva La Habana*, (Escaparate, ¿2008?) Aunque los textos afirman que el Grupo Móvil fue disuelto, alguna unidad similar actuaba en las manifestaciones callejeras.

la situación de los militantes de izquierda a quienes a fines del gobierno de Frei Montalva se les aplicó dicha ley y se encontraban en la cárcel, tales como los acusados de establecer un campamento guerrillero en Chalhuín, en Valdivia; los detenidos en la huelga del fundo San Miguel de 1967, entre otros. El gobierno analizó cada caso y decidió desistirse en varios de ellos, indultando a los presos políticos[24].

Hemos incluido estos cambios en relación a las fuerzas armadas, la policía y la Ley de Seguridad Interior del Estado, toda vez que nos interesa resaltar la mirada alternativa del gobierno socialista respecto al uso de la fuerza coercitiva del Estado. Así, a pesar de que la crisis política y la polarización imposibilitaron la ausencia de unidades policiales en las manifestaciones callejeras, la Unidad Popular buscaba atenuar la práctica habitual de los gobiernos de reprimir y criminalizar la protesta social, favoreciendo la resolución política de las disputas y redefinir la relación del Ejecutivo con la Ley de Seguridad Interior del Estado.

En ese contexto se entiende que uno de los aspectos más criticados por la oposición a Salvador Allende fuera su decisión de no usar el aparato coercitivo del Estado para frenar las tomas de tierras y fábricas y la alta movilización popular, acusándolo de permitir el desorden, la indisciplina social y, finalmente, la supuesta omnipotencia de los grupos armados de izquierda. Frente al avance del programa socialista, las tomas y la «revolución por abajo»[25], Allende rechazó una lógica represiva de resolución del conflicto, escogiendo utilizar de preferencia herramientas políticas y el diálogo con los trabajadores, como quedó de manifiesto en la toma de la fábrica Yarur o las tomas de tierras en Cautín[26]. Al entender de la oposición, lo que correspondía en ese contexto de una movilización que sobrepasaba las decisiones gubernativas, era reimponer el orden, haciendo uso del instrumental represivo del Estado, por lo que se insistía en la reposición de la autoridad. Allende se negó.

Este rechazo a hacer uso del recurso de la violencia estatal se enmarca en el tipo de transición al socialismo que proponía la Unidad Popular y que tantos debates ha suscitado: su opción por la vía pacífica y su distanciamiento del camino seguido por las revoluciones contemporáneas, cruzadas por la violencia y la emergencia de aparatos burocráticos, que abortaron un socialismo democratizador[27]. La oposición usó esta prescindencia como parte

---

24 *El Mercurio*, 11 de noviembre de 1970, 19.

25 Peter Winn, *Los tejedores de la revolución* (Santiago: Lom, 2004). En este caso emblemático, Allende dialogó con los trabajadores y no reprimió la toma y socialización de la fábrica, frente al asombro de Yarur, el hasta entonces propietario.

26 Frente a las tomas de tierras, la Federación de Sindicatos de Empleadores Agrícolas sostenía: "Esta situación de caos exige inmediata intervención de la autoridades, ya que el Intendente dice que nada puede hacer, ni menos los carabineros, quedando la propiedad a manos de los usurpadores", *El Campesino* (abril 1971): 5.

27 Tomás Moulian, *Conversación interrumpida con Allende* (Santiago: Lom, 1998). Reiteradas fueron y son las acusaciones de la izquierda radical de que Allende y la Unidad Popular nunca enfrentaron el problema de la violencia.

de las acusaciones de ilegalidad y de caos generalizado que dominaba al país, enfatizando la existencia de amenazas a la seguridad interior. El país requería, según su apreciación, de nuevos instrumentos legales y de amplias atribuciones a los organismos policiales y militares para reponer la disciplina social, demanda contraria a la política de la Unidad Popular hacia Carabineros y las fuerzas armadas.

La discusión por una Ley de Control de Armas enfrentó ambas miradas respecto de la seguridad interior, la democracia y el autoritarismo.

2. Excepción al alero del asesinato de Edmundo Pérez Zujovic

El debate en torno a los usos del aparato coercitivo del Estado no estalló con el ascenso de la UP, sino que solo lo profundizó a partir de su programa gubernativo, que pretendía nacionalizar importantes sectores mineros, industriales, financieros y comerciales, como aplicar en toda su intensidad la ley de reforma agraria. De este plan, las áreas más conflictivas eran la industrial y la agraria, pues aquí radicaba la defensa del poder oligárquico y de la propiedad, «la frontera de la democracia»[28].Por ello, la vieja y nueva derecha hicieron de la lucha por el derecho de propiedad privada y contra la reforma agraria el *leit motiv* de su programa y estilo político entre 1966 y 1973, cuestión que fue enlazada con el peligro comunista y la seguridad nacional.

En efecto, desde 1967 el naciente Partido Nacional denunció la oleada de huelgas campesinas y tomas de tierras y de terrenos por parte de pobladores sin casa que demolían la disciplina social, acusando un colectivismo legal, por lo que el país vivía, a su entender, una grave crisis política y estaba amenazado por el comunismo. El Partido Nacional relacionó esto con los problemas que en esos años sostenía el gobierno de Frei Montalva con el ejército, acusando al gobierno de amenazar la seguridad nacional por la debilidad bélica en que se encontraba y el peligro que revestía para el continente la existencia del comité de OLAS en Chile. En consonancia, el programa presidencial derechista de 1970, la «Nueva República», explicitaba su demanda por adecuar la organización de las fuerzas armadas al concepto de seguridad nacional, esto es, desempeñar funciones en relación a un enemigo interno, otorgándole recursos e incorporándolas a la administración del país, asumiendo la tesis de la contrainsurgencia[29]. Es decir, una noción de seguridad en el marco de la Guerra Fría, que fortalecía el aparato represivo del Estado y asociaba protesta social y subversión, contra el telón de fondo del enemigo comunista.

Frente al triunfo de Salvador Allende en 1970, la derecha se colocó en la posición más intransigente, rechazando y descalificando toda acción gubernativa, presentando tres acusaciones constitucionales contra los ministros de Justicia, a raíz de los indultos

---

28 Juan Carlos Gómez, *La frontera*, op. cit.

29 Verónica Valdivia, *Nacionales y gremialistas*, op. cit., caps. IV, V y VI.

presidenciales; el jefe de la cartera de Trabajo, por mantener las intervenciones en los predios con problemas laborales, y luego contra el ministro de Economía, por la creación del Área de Propiedad Social. En estos primeros meses –hasta el verano de 1971–, las principales preocupaciones de la derecha se relacionaron con las expropiaciones de industrias y, especialmente, la aceleración de la reforma agraria. Es decir, la defensa de la propiedad[30].

En el caso de la Democracia Cristiana, su mismo programa de reformas estructurales en el campo suscitó controversias internas, pues desde 1968 no hubo consenso en torno a la profundidad de su aplicación, existiendo un sector partidario de detenerla y otro más decidido a darle pleno funcionamiento. El triunfo de Allende acentuó esas disidencias. Finalmente, el partido acordó condicionar el apoyo de la DC a la firma del Estatuto de Garantías Constitucionales. El Estatuto permite observar las preocupaciones de la DC ante la inminente instalación de un gobierno marxista, las que se relacionaban con la socialización de la propiedad y la ausencia de libertades en los socialismos reales; en materia de seguridad, el temor era la creación formal de milicias populares que reemplazarían a las fuerzas armadas[31].

Tras el triunfo socialista, se consolidaron tres tendencias: el grupo más derechista, liderado por Frei (entre ellos, Andrés Zaldívar, Juan de Dios Carmona, Edmundo Pérez Zujovic, Patricio Rojas y Patricio Aylwin), un centro progresista (Narciso Irureta, Benjamín Prado, Renán Fuentealba), y el sector más izquierdista, Luis Maira, Bosco Parra, Luis Badilla. Sus diferencias oscilaban entre una oposición total y apoyar aquellas políticas en consonancia con la propuesta de Tomic[32].

Luego de las municipales de 1971, en mayo, la Junta Nacional de la DC no desestimó un acuerdo con el gobierno, aunque prefería una alternativa propia y seguía preocupándole el establecimiento de un régimen al estilo de los socialismos reales. Sus principales críticas en estos meses fueron la multiplicación de tomas de predios, particularmente en el sur, interpretadas como expresivas de la autoridad sobrepasada y la creación de un clima de violencia, la expropiación de la empresa Bellavista Tomé y la intervención del Banco Edwards. Su presidente, Narciso Irureta, criticó la autoridad presidencial sobrepasada y la pasividad de intendentes, gobernadores y jefes de servicios frente a «diversas arbitrariedades», la campaña de prensa, las «ocupaciones ilegales de terrenos», los atentados a la independencia del Poder Judicial. Dooner destaca que este llamado no surtió efecto y que las tomas de fundos proliferaron, asociando explícitamente la violencia a este tema, el de la propiedad[33].

---

30 Guillermo Campero, *Los gremios empresariales* (PET, 1984), cap.1; Valdivia (2008), op. cit, cap.6, 280; Gómez, op. cit.

31 Estatuto de garantías democráticas, sancionado como reforma constitucional, Ley 17.398 del 9 de enero de 1971. Bernardino Bravo Lira *Régimen de gobierno y partidos políticos*, 273.

32 Luis Corvalán M., *Los partidos políticos y el golpe del 11 de septiembre de 1973* (Cesoc, 2000), 23-29.

33 Patricio Dooner, *Crónica de una democracia cansada. El partido Demócrata Cristiano durante el gobierno de Allende* (ICHEH, 1985), 21 y ss y 29.

El hito fundamental en estas tensas relaciones con la UP fue, sin duda, el asesinato del exministro de Frei, Edmundo Pérez Zujovic, a principios del mes de junio de 1971, por un comando de la Vanguardia Organizada del Pueblo, un pequeño grupo radical de izquierda.

Al producirse el asesinato de Pérez Zujovic, el partido culpó al oficialismo por el clima de violencia existente:

> Señalamos al país que este asesinato, al igual que **otros innumerables actos de violencia** que se repiten a diario en Chile, son el resultado, fundamentalmente, del clima de odios, de difamación y de violencia, que órganos de televisión, de prensa y radio pertenecientes a sectores de gobierno, difunden en forma permanente con la tolerancia de las autoridades que están llamadas por la ley a sancionarlas[34].

Se aseguraba que Pérez Zujovic había sido objeto de una campaña de difamación y calumnias y su crimen no era un hecho aislado. La DC asociaba la violencia a otras dos muertes que denunciaba, como a la guerrilla mediática, pese a que todos los partidos y movimientos políticos participaban de ella, exigiendo una actitud enérgica de parte del Ejecutivo[35]. El gobierno, inicialmente, interpretó el asesinato como parte de las acciones desestabilizadoras antigobiernistas de la ultraderecha y la CIA, que el asesinato del general Schneider ejemplificaba. La autoría izquierdista del crimen complicó la situación política.

Fue en este momento que el tema de la existencia y el control de los grupos armados surgieron como parte central de las críticas a la UP y una vía al autoritarismo, favoreciendo una convergencia con la derecha en la articulación de un régimen autoritario. Tras el asesinato se produjo un resurgimiento del sector conservador DC y del liderazgo de Frei Montalva, quien aseguró que un acercamiento con la izquierda no era posible, pues existían diferencias de fondo, por lo cual el lugar de la DC solo podía estar en la oposición, facilitando una nueva disposición colaborativa con la derecha[36].

El Consejo Nacional de la DC tomó varios acuerdos: por una parte, exigió al gobierno la disolución de los grupos armados y la reposición de la autoridad de carabineros y de la policía civil, las únicas autorizadas legalmente para usar armas y encargadas de la seguridad de las personas. En segundo lugar, la incautación de las armas en poder de los grupos armados ilegales y su entrega a la autoridad militar y carabineros; en tercer lugar, ordenaba a la Mesa del partido solicitar al gobierno que la investigación fuera entregada a los servicios de inteligencia militar del ejército: «para el buen éxito de la investigación y esclarecimiento de los hechos». Por último, terminar la campaña de insultos, difamación y calumnias que, se afirmaba, caracterizaba a los medios oficialistas. De acuerdo a su

---

34 *El Mercurio*, 9 de junio de 1971, 19. El énfasis es nuestro.

35 Patricio Dooner, *Prensa y política. Prensa de derecha y de izquierda, 1970-1973* (Editorial Andante, 1989).

36 Corvalán, op.cit., 71-86.

análisis, el asesinato revestía un riesgo para la convivencia democrática, y los hechos ocurridos demostrarían que «tiende a enseñorearse cada vez más en el país un desorden social, con atentados y violencias, sin que se advierta autoridad suficiente para imponer en subordinados o seguidores del gobierno, el mismo respeto que el Primer Mandatario expresa en sus discursos»[37]. Nuevamente, la idea de autoridad sobrepasada.

Los cuatro acuerdos de la DC muestran los giros autoritarios que experimentaba. La declaración no especificaba los grupos armados a que se refería, aunque Irureta situó el crimen junto a los asesinatos del general Schneider, Hernán Mery –ambos a manos de la derecha– y un militante de Antofagasta[38]. No obstante, la responsabilidad de un grupo de izquierda en el caso Pérez Zujovic situó la cuestión de la violencia armada como un factor solo asociado a ese sector político. El partido reconocía la autoridad exclusiva de la policía en el manejo del orden y seguridad pública; sin embargo, a renglón seguido, demandaba entregar la exclusividad en la incautación de las armas a las fuerzas armadas; ello se reforzaba en la tercera solicitud, que buscaba quitar el derecho de investigar a la Policía de Investigaciones, el órgano legalmente encargado de hacerlo, y traspasarlo a las fuerzas armadas, una forma de militarización del conflicto político. Terminaba insistiendo en la reposición de la autoridad del Ejecutivo.

La línea más cercana a Frei relacionó el hecho con la violencia iniciada a raíz de las resoluciones de OLAS en 1967, de la necesidad de la revolución en América Latina y la inevitabilidad del enfrentamiento armado, marco en el que habría nacido el MIR y su acción preferente en el «campo [siendo el] que ha creado más problemas al gobierno del Presidente Allende... La VOP debe considerarse una radicalización en la misma línea de activismo... Cuando Ronald Rivera optó por asesinar a Edmundo Pérez Zujovic... una larga serie de precedentes le había abierto al camino para esa encrucijada»[39]. Estas declaraciones coincidían, en parte, con las del Partido Nacional, el que interpretó lo sucedido como la «culminación de una serie de atentados cometidos por las bandas marxistas armadas que pretenden imponerse por la violencia y el terrorismo, y cuya acción ha sido tolerada por las autoridades de gobierno»[40]. Las «bandas armadas», a que se refería, eran los frentes revolucionarios que participaban en las tomas de predios y terrenos urbanos[41].

Estas declaraciones revelan la preeminencia que tomaron los grupos armados en la interpretación de lo que había sido el gobierno de la UP hasta ese momento y a quienes

---

37 *El Mercurio*, 9 de junio de 1971, 19.

38 *El Mercurio*, 10 de junio de 1971, 19.

39 *Política y Espíritu*, No.322, junio de 1971, 7.

40 *El Mercurio*, 9 de junio de 1971, 19. La versión planificada y demoníaca del asesinato en Marisi Pérez Zujovic Yoma, *La gran testigo. El asesinato de mi padre durante la Unidad Popular* (Edición Privada, 2013).

41 Sobre la indiferenciación de términos, el cambio de lenguaje y estilo político de la derecha, Verónica Valdivia, *Nacionales y gremialistas*, caps. 6 y 7.

debería corresponder la solución del problema. La demanda de que la investigación no recayera en la policía civil, sino en los servicios de inteligencia del Ejército, obedecía a la desconfianza que la jefatura de Investigaciones producía. En efecto, la designación del militante socialista Eduardo «Coco» Paredes como Director de Investigaciones parece haber suscitado notorio rechazo en la oposición e, incluso, en sectores del propio partido. Paredes provenía de los elenos, la tendencia cubanista dentro del partido, en la que también participaba la hija de Allende, Beatriz, siendo muy cercano al Presidente. Su tarea, según el historiador Luis Ortega, parece haber sido convertir a Investigaciones en un aliado del gobierno, considerando la distancia con los aparatos de inteligencia de las fuerzas armadas[42]. Esta situación despertó suspicacias y parte del discurso opositor buscó deslegitimar su tarea como Director, por lo cual al producirse el asesinato de Pérez Zujovic se afirmó que Investigaciones tenía conocimiento de que se planeaba el crimen, cuestión desmentida por Paredes. La derecha levantó la tesis que los vopistas estaban relacionados con altos personeros de gobierno, «algunos vinculados a la policía»[43]. Como fuese, esta desconfianza en la cabeza de Investigaciones facilitó la proposición de transferir las pesquisas a los servicios de inteligencia del Ejército.

Allende, por su parte, esa misma noche anunció una ley de represión de los atentados terroristas, que buscaba sancionar actos atentatorios contra la seguridad o el orden institucional; se declaró Estado de Emergencia en Santiago, alerta nacional y toque de queda en todo el país, a la vez que se disponía el acuartelamiento de la policía civil, carabineros y ejército, suponiendo el origen desestabilizador derechista del asesinato. Asimismo, creó una comisión para aunar esfuerzos en la investigación, la que estuvo formada por los ministros del Interior y Defensa, el subsecretario de Justicia, el director de Investigaciones y Carabineros y los jefes de inteligencia de las tres ramas armadas[44]. Es decir, a diferencia de la propuesta democratacristiana, que quitaba a la policía civil sus atribuciones, Allende integraba a todos los organismos de inteligencia del país, incluyendo a los de las fuerzas armadas, para entonces fuertemente presionadas por la CIA y la derecha.

Allende presentó a la Cámara de Diputados, a través de su ministro del Interior, José Tohá, un proyecto de ley que buscaba sancionar delitos terroristas con distintas penas, cuya denuncia/invocación recaía en exclusiva en el Ejecutivo. El senador DC Juan de Dios Carmona presentó otro proyecto, cuya diferencia central estribaba no en la sanción de hechos, sino en la prevención de ellos, «tendientes a evitar la existencia y formación de grupos armados y el uso de armas en Chile que estaría radicado en las fuerzas armadas y

42 Luis Ortega en conversación con la autora el 8 de octubre de 2013. Luis Ortega es militante del PS desde fines de la década del sesenta.

43 Arturo Fontaine Aldunate, *Apuntes políticos* (Ediciones Universidad Santo Tomás, 2003), 93; *La Nación*, 15 de junio de 1971, 8; Marisi Pérez Zujovic, op. cit.

44 Loreto Cofré y otras, *Asesinato de Edmundo Pérez Zujovic: una barrera de sangre y hierro*, Tesis Lic. en Comunicación Social (UDP, 2001), 15.

daban competencia para conocer de estos asuntos a los tribunales militares». Además, el proyecto proponía que la denuncia pudiera ser hecha por «cualquier persona en conocimiento de hechos que pudieran atentar contra la vida institucional del país o contra las personas por el empleo de la violencia por parte de grupos armados [y] pudiera denunciarlo ante los tribunales correspondientes»[45].

Posteriormente, el presidente Allende formuló indicaciones a ese proyecto, por lo que la Comisión de Legislación y Justicia analizó ambos proyectos: el del Ejecutivo y el de Carmona. El análisis de ambas propuestas permite comparar sus nociones de seguridad interior y la militarización del conflicto social, pues aunque el proyecto se refería a las agrupaciones armadas, los allanamientos posteriores se dirigieron a predios en toma e industrias en manos de los trabajadores en los cordones industriales.

El proyecto del Ejecutivo establecía que el control de armas radicaría en el Ministerio de Defensa Nacional, a través de la Dirección de Reclutamiento y Estadística, cooperando a esta tarea las comandancias de guarnición, las policías y los servicios especializados de las fuerzas armadas, y establecía el tipo de armas sujetas a control. Esto es, no se negaba el uso de todas las armas de fuego, pero las ponía bajo registro. Contrariamente, se prohibía la tenencia particular de ametralladoras, subametralladoras, armas automáticas de más poder, gases lacrimógenos, venenosos, paralizantes. Este proyecto afectaba a las organizaciones de izquierda que reivindicaban la lucha armada, como el MIR, pero también a las de la ultraderecha, como Patria y Libertad, y se refería específicamente al problema de la tenencia, tipo y uso de armas[46].

El proyecto de Carmona, en cambio, proponía modificar la Ley de Seguridad Interior del Estado de 1958 «a fin de someter el control de las armas a las fuerzas armadas»[47], reactualizando el artículo 22 de la Constitución, que reconocía a esas instituciones y carabineros como las encargadas de la seguridad interna y externa del país y, por ende, las únicas que podían portar armas. Carmona aludió a la ley de 1958, que castigaba a los que se alzaran contra el gobierno constituido y provocaran una guerra civil, como a aquellos que incitaran o financiaran a milicias privadas, grupos de combate u organizaciones semejantes y a quienes formaran parte de ellas «con el fin de sustituir la fuerza pública... con el objeto de alzarse contra el gobierno constituido»[48]. El proyecto de ley también sancionaba a quienes introdujeran armas en el país del tipo proyectiles, explosivos, gases asfixiantes, venenosos, lacrimógenos, las distribuyeran, vendieran y entregaran sin la autorización de

---

45 Diario de Sesiones, Cámara de Senadores, sesión No. 30, 19 de julio de 1972, 1907 y ss.

46 Roberto Thieme, en conversación con la autora, 11 de mayo de 2005; también sus declaraciones en TVN. Nuestro siglo "Cuando Chile cambió de golpe", cap.1. Para más detalles sobre el creciente armamentismo de Patria y Libertad, mi libro *Nacionales y gremialistas*, cap.7.

47 "Informe de la Comisión de Constitución, Legislación, Justicia y Reglamento", Diario de Sesiones del Senado, sesión 18ª., Anexo Documentos, 1972, 1186 y ss.

48 Ibíd., 1187.

la autoridad competente. Consideraba grupo armado a aquel no inferior a diez personas y que portaran algunas de las armas mencionadas. Carmona señaló que la existencia real de grupos armados en el país demostraba que la legislación existente no se aplicaba, siendo «necesario ir a la formulación de un cuerpo de disposiciones de carácter preventivo, que tengan por finalidad el control de las armas y la disolución de los grupos armados por medio de las fuerzas armadas. En la actualidad, el control de las armas corresponde tanto a las fuerzas armadas como a las autoridades políticas civiles... es absolutamente necesario que en las actuales circunstancias se lleve un control único por medio de las fuerzas armadas, que por disposición constitucional constituyen la fuerza pública»[49].

En primer lugar, es necesario reiterar el doble carácter de la Constitución de 1925, que amplió las atribuciones sociales y económicas del Estado y los derechos ciudadanos, pero que, al mismo tiempo, facultó a las fuerzas armadas en tareas de orden civil. La creación del Cuerpo de Carabineros bajo la gestión de Ibáñez buscó separar la seguridad interna de la externa, pero constitucionalmente ello no encontró expresión total, y las facultades militares en el orden interno siguieron avanzando a lo largo del siglo a medida que el conflicto político maduraba y la izquierda marxista crecía política y electoralmente. La Ley de 1958 prevenía contra las amenazas al gobierno constituido, peligro que en el caso de la UP provenía de la derecha, pero también se refería a las milicias privadas que buscaran sustituir a la fuerza pública, cuestión que algunos grupos de la izquierda armada sostenían discursivamente. Por último, estaban las armas en circulación. La capacidad legal, por lo tanto, existía, pero desde fines de los años treinta se había privilegiado la negociación política; González Videla no invocó la Ley de Seguridad de 1937 contra la Acción Chilena Anticomunista (ACHA), que contaba con armas. En los momentos de conflictos más agudos, los gobiernos sacaban a las fuerzas armadas a la calle, como en 1952 –por una huelga de autobuseros– y en 1957 –por la explosión del 2 de abril–, mientras la influencia norteamericana en los sesenta se tradujo en la creación de la Escuela de Comandos del Ejército y el Grupo Móvil de Carabineros. Es decir, se usaba la capacidad bélica en ciertas coyunturas, y solo a medida que el conflicto social se incrementó esta ley pareció insuficiente. En ese sentido, el proyecto de Carmona apuntaba al edificio institucional.

Por otra parte, también es importante mencionar que el proyecto de Carmona era consistente con los acuerdos tomados por el Consejo Nacional de su partido, mencionado antes, el cual incluía el control de armas por las fuerzas armadas y su juzgamiento por los tribunales militares. Esto significa que el proyecto no representaba, exclusivamente, al sector conservador de la DC, sino al conjunto del partido, favoreciendo la convergencia con las derechas en su oposición a la UP. El senador del PN, Francisco Bulnes, coincidía con Carmona en que la legislación existente en materia de control de armas «es insuficiente y no se aplica en la debida forma... El resultado de esta situación... es la proliferación de

---

49 Ibíd.

milicias armadas. Estos hechos afectan a todo el país y muy especialmente a las fuerzas armadas, ya que las referidas asociaciones, por su armamento y entrenamiento, no tienen por finalidad combatir a los civiles, sino a los cuerpos armados»[50]. Una clara afirmación del advenimiento del ejército del pueblo. Asimismo, respaldaba a Carmona en la eliminación de la exclusividad del Ejecutivo de invocar dicha ley, pues afirmaba que la Constitución no le reconocía dicho monopolio y, considerando que los delitos sobre seguridad interior del Estado ponían en peligro la seguridad de todos los chilenos, «no es posible reservar solo al Ejecutivo la acción para perseguirlos»[51].

Carmona proponía radicar la tarea de disolución de grupos armados y retiro de las armas exclusivamente en las fuerzas armadas, eliminando la participación de las autoridades civiles. Ello implicaba militarizar el conflicto político, pues esa tarea quedaba entregada a los valores y patrones de conducta militares, distintos de las decisiones y accionar de los civiles, suspendiendo derechos constitucionales[52].

Más aún, no solo buscaba concentrar el control de armas en el poder militar, sino también que los tribunales militares fueran los encargados de conocer esos delitos y terminar con el monopolio del Ejecutivo para poner en movimiento la justicia. A su juicio, esta norma traería «tranquilidad al país»[53]. Esta proposición significaba sustraer el juzgamiento de los delitos de la justicia civil, donde la Ley de Seguridad Interior de 1958 la radicaba, y la trasladaba a la militar, militarizando la justicia. Tal aspiración quedaba reforzada con la demanda por arrancar del Ejecutivo la invocación de la ley y entregarla a una variedad de civiles, tales como jueces y alcaldes, erosionando la autoridad presidencial. Ello era consistente con el intento reiterado, y acentuado desde 1972, de la derecha y, posteriormente de toda la oposición en el Congreso, de transformar el sistema político de presidencial en parlamentario, desconociendo atribuciones presidenciales que la Constitución consagraba, modificando su interpretación[54].

La respuesta de Allende frente al proyecto de Carmona difería en tres cuestiones centrales: los elementos que se sometían a control, la extensión de la jurisdicción entregada a los tribunales militares y la función que se asignaba a las fuerzas armadas. Allende explicitaba

---

50 Ibíd, 1193; sobre la convergencia de la oposición, Augusto Varas, *La oposición durante la Unidad Popular*, (Editorial Equitas, 2013).

51 Sesiones de la Cámara de Senadores, op. cit.

52 Por esos mismos días, el general Pinochet afirmó que cuando los militares salían a la calle, salían "a matar". Ernesto Valdivia, conscripto en 1951, recordó por años la orden recibida durante una huelga de los choferes de micros de parte del comandante Green Baquedano, cuando en medio de la noche les ordenó salir en traje de combate y dio autorización para "matar" a los micreros que habían amenazado voltear las micros de los choferes rompehuelgas.

53 Sesiones del Senado, op. cit., 1188.

54 Luis Maira, "La estrategia y táctica de la contrarrevolución chilena en el ámbito político-institucional", en Federico Gil, Ricardo Lagos y Henry Landsberger, *Chile, 1970-1973. Lecciones de una experiencia* (Tecnos, 1977).

que un Decreto Supremo de 1954 ya había entregado a la Dirección General de Reclutamiento y Estadística el control de armas, de modo que la propuesta DC implicaba una ampliación de atribuciones, una militarización, que era el punto en discordia.

Allende aceptaba poner en «conocimiento» de los tribunales militares los procesos, pero rechazaba la total jurisdicción, conservando la civil; las fuerzas armadas solo podrían «apoyar» la acción de las fuerzas policiales «en los casos que ello sea aconsejable»; mientras reiteraba la autoridad civil sobre las fuerzas amadas al señalar que el Ministerio de Defensa «asigna a las fuerzas armadas un papel técnico, de tal manera que su acción no se confunda con la de los servicios policiales», estimando «perjudicial que sean los integrantes de las fuerzas armadas quienes asuman funciones netamente policiales»[55]. En consonancia con ello, rechazaba la moción de entregar a esos organismos el control de todo tipo de armas, se mantenían las jerarquías de objetivos de las fuerzas armadas y de la policía, se mantenía la exclusividad del Ejecutivo en los requerimientos de la acción judicial y, respecto de la jurisdicción militar, afirmaba que se adecuaba a la doctrina. De aceptarse la propuesta de Carmona, afirmaba el Presidente, la jurisdicción militar pasaría a ser «general y no de excepción», lo cual significaba un cambio sustantivo.

El debate en torno al control de armas tocaba el meollo del camino autoritario, puesto en evidencia por Allende cuando señalaba que tales funciones militares significarían el fin de su participación en materia de orden interno como «excepción» para volverse una norma. La restricción de facultades al Ejecutivo que suponía, entregaba a la acción y mentalidad militar los métodos de control de armas y de disolución de los grupos armados, con evidente impacto sobre los derechos y las garantías constitucionales de los sujetos que fueran afectados por la nueva norma. Esto se relacionaba con las formas de represión susceptibles de utilizarse, las cuales quedaban entregadas a la decisión de las autoridades militares, ya fueran sus comandantes en jefe o los oficiales a cargo. El juzgamiento por tribunales militares, por otra parte, colocaba a la población civil bajo instancias que forman parte de la estructura militar, propia de esas instituciones, ajenas a la civilidad. En concreto, se militarizaba un conflicto que era eminentemente político y que no encontraba resolución en ese plano. Esta era una preocupación de los comandantes en jefe de las fuerzas armadas constitucionalistas, quienes esperaban que se cautelara «siempre el principio de no injerencia política de las fuerzas armadas»[56].

Que Allende también incorporó a las fuerzas armadas al conflicto político es indiscutible, tanto en su inclusión en el Área de Propiedad Social, como en los momentos de mayor crisis y la nominación de oficiales en su gabinete a partir de octubre de 1972. Las diferencias con la propuesta de Carmona estaban tanto en el carácter ocasional que se pretendió darles y que tuvieron, como en el sentido de su presencia: evitar una ruptura violenta y sin buscar

---

55 Cámara de Senadores, sesión 18ª. (Anexo documentos), 1189.

56 Ibíd., 1193.

ampliar sus facultades en materia de orden interno, coercitivo, sino de colaboración en el proceso de cambio y bajo la autoridad civil. El proyecto de Carmona implicaba profundizar la autonomía militar respecto del poder civil, haciendo posible que las lógicas castrenses dominaran el escenario nacional. Las Zonas de Catástrofes o Estados de Emergencia, que facultaban a jefes militares en zonas específicas, eran transitorias y siempre en el marco de un orden en que se reconocía la autoridad civil. El proyecto de Ley de Control de Armas desconocía al Ejecutivo, y por ende al poder civil, parte de sus atribuciones de mantener el orden interno. Ello pavimentó el camino a lo que sucedería en algunas experiencias represivas *ad portas* del golpe y, especialmente, con posterioridad a él.

3. Los prolegómenos de la dictadura

El consenso mayoritario dentro de la DC en relación al proyecto de Ley de Control de Armas y de la derecha en el Parlamento permitió su aprobación en octubre de 1972. La militarización que ello significaba quedó de manifiesto en el hecho de que, a pesar de su existencia legal, su aplicación fue leve hasta que todas las vías de derrocamiento institucionales fallaron y que las autoridades constitucionalistas de las fuerzas armadas fueron sacadas del mando –como ocurrió en el caso del general Carlos Prats en el Ejército–, o desobedecidas abiertamente –como en el caso de la Armada–. En concreto, la ley comenzó a mostrar su capacidad represiva y sus objetivos políticos reales a partir de mediados de 1973.

En efecto, tras el fracaso de la intentona golpista del 29 de junio de ese año, protagonizada por coroneles del Ejército en combinación con el grupo de ultraderecha Patria y Libertad, el golpe definitivo entró en su fase final, contando, esta vez, con la participación del comandante en jefe de la Fuerza Aérea, Gustavo Leigh; el comandante en jefe de la Armada, almirante José Toribio Merino, y algunos oficiales del Ejército, aunque no de sus altos mandos. Esta conspiración estaba decidida a desplazar a los mandos constitucionalistas e imponer su lógica contrainsurgente, esto es, contra los trabajadores izquierdistas, organizados en los cordones industriales, los campesinos movilizados que terminaron con el orden latifundista y los pobladores de los campamentos, principalmente. Hasta entonces, el general Carlos Prats mantuvo cierto ascendiente sobre la institución, pudiendo detener el levantamiento del coronel Souper, tras lo cual su autoridad decayó sistemáticamente. Este debilitamiento de las tendencias constitucionalistas y la preparación del golpe cívico-militar implicaban la aplicación radical de la Ley de Control de Armas existente.

En efecto, si bien la ley fue aprobada en octubre del año anterior, su utilización como instrumento clave en el derrocamiento de la Unidad Popular solo adquirió fuerza a raíz del Tancazo de fines de junio, pues para combatirlo, los partidos de la Unidad Popular ordenaron la ocupación masiva de fábricas y su incorporación al Área de Propiedad Social. Tal acción fue utilizada como argumento de la inminente instalación de la dictadura comunista, pues, se afirmó, en las fábricas tomadas se estaban distribuyendo armas. La Democracia Cristiana declaró a la opinión pública que se estaba en presencia de la «instauración "de hecho" de un llamado "poder popular" que, organizado por sectores oficialistas y con amparo de funcionarios del Estado, usurpa industrias, recibe armas y constituye una verdadera "milicia armada" que se arroga funciones políticas, económicas y de defensa»[57]. Según afirmaba uno de sus medios de comunicación, desde «ese instante [el 29 de junio] se inició la ocupación de las principales industrias y fábricas del país, así como también el reparto organizado de armas, creando, al mismo tiempo, "milicias populares" para defender al gobierno»[58]. Tal certeza se reforzaba con supuestas informaciones del Servicio de Inteligencia Militar, SIM, para el cual la existencia de grupos armados oficialistas se había hecho crítico, en tanto que, según el diputado DC Carlos Dupré, las armas distribuidas en los cordones industriales eran de fabricación soviética y cubana, las que llegaban por su línea aérea. Según el presidente del Partido Nacional Sergio Onofre Jarpa: «Para el gobierno es fácil traer armas desde Cuba, en los aviones de la Cubana de Aviación o desembarcarlas en cualquier punto de la costa. También pueden llegar en los barcos que diariamente llegan a nuestros puertos»[59]. Finalmente, a través de LAN se hacía, según afirmaban enfáticamente en sus medios de comunicación, un intenso tráfico de armas.

En ese sentido, la opción golpista y de ruptura institucional de la oposición utilizó un instrumento legal pensado y aprobado por ella, el que podía ser invocado por una amplitud de autoridades y, posteriormente, por cualquier denuncia. Desde julio de 1973, los allanamientos a locales en manos de la Unidad Popular se sucedieron uno tras otro. Esta situación tuvo como razón puntual la negativa del Congreso de aprobar la propuesta presidencial de Estado de Sitio, fundamentado en que no le daban «ninguna confianza las autoridades civiles que quedarían encargadas del Estado de Sitio, pues resulta manifiesta su decisión de aplastar cualquiera expresión que se oponga a su estrategia de alcanzar la suma del poder»[60], según afirmaron periodistas democratacristianos. Esto explica que desde el mes de julio el clima de polarización fue acentuado, creando las «condiciones» para las denuncias y el control territorial de las autoridades militares. La aplicación indiscriminada de la Ley de Control de Armas y la «acción coordinada de fuerzas armadas en busca de arsenales», y los allanamientos asociados, fueron parte de la antesala del golpe de Estado[61].

---

57 *La Prensa*, 7 de julio de 1973, 11.

58 Ibíd, 10 de julio de 1973.

59 Ibíd.

60 *La Prensa*, 3 de julio de 1973, 5.

61 Cita es un titular de *La Prensa* del 11 de julio de 1973, 5. Es interesante la nómina de oficiales a cargo de las distintas Zonas de Emergencia. A modo de ilustración: en la provincia de Tarapacá, el general de brigada Carlos Forestier; en el Departamento de Arica, coronel Odlanier Mena; provincia de Coquimbo, coronel Ariosto Lapostol; Valparaíso, vicealmirante José T. Merino; provincia de Ñuble, coronel Juan Toro

La concordancia entre la acusación de existencia de supuestos arsenales en manos de la UP y la socialización de industrias y predios agrarios puede verificarse con la identificación de los lugares allanados: las bodegas de la Dirección Nacional de Abastecimiento y Comercialización (DINAC) de Valparaíso a comienzos de julio, ordenado por la Fiscalía Naval. Tras el operativo, el fiscal nacional señaló a la prensa que los allanamientos demostraban que en Valparaíso «hay una gran cantidad de personas que poseen armas»[62]. En ese mismo plano, la Fiscalía Naval ordenó el allanamiento de la Empresa Nacional de Distribución, ENADI, acusada de guardar arsenales; la planta Electroquímica Unidas de Talcahuano, la planta de la Compañía Sudamericana de Fosfatos, establecida en Penco; la industria metalúrgica Vulco, operativo a cargo de la Escuela de Infantería de San Bernardo; la Empresa Nacional de Semillas en Talca, allanamiento realizado por el Regimiento Reforzado No.16 de esa ciudad. A pocos días del golpe, efectivos de la Fach allanaron las fábricas MADEMSA, MADECO e INDUGAS. También fue allanado el Canal 9 de televisión, gobiernista, denunciado ante la Fiscalía Militar por el rector de la Universidad de Chile, Edgardo Boeninger; la sede de la Central Única de Trabajadores (CUT) en Osorno, por efectivos del Ejército el 19 de julio de ese año, porque según «denuncias interpuestas ante la Fiscalía Militar, se ocultaban armas utilizadas por grupos extremistas, como el "Elmo Catalán"»[63]. Aprovecharon la ocasión para detener a varios estudiantes del Instituto Comercial, que mantenían el local «tomado». Experiencia similar vivieron los trabajadores de las oficinas y maestranza de la empresa Cobre Cerrillos, allanados por la Fuerza Aérea, luego de la denuncia hecha por un técnico que, según afirmó, había sorprendido a un trabajador portando una pistola; una sede del PS de Melipilla, e incluso el edificio del Congreso Nacional, la Casa Central de la Universidad Católica de Valparaíso, solicitada por su rector; el hospital Van Buren, donde, según denuncias, se buscaron armas en el pabellón de lisiados; el Cementerio Metropolitano de Santiago, entre otros[64]. En todos los casos, las denuncias acusaban tenencia ilegal de armas y existencia de arsenales, por lo que las fuerzas armadas procedían. El tipo de locales allanados estaba estrechamente relacionado con el conflicto político del momento y la presión ejercida por la oposición para el derrocamiento del gobierno socialista: la DINAC estaba en el centro de la disputa política desde el año anterior por el control de la distribución de alimentos y artículos de primera necesidad, pues el paro de transportistas de octubre, repetido en julio de 1973, no había logrado derribar al gobierno. La acusación de arsenales de armas en sus bodegas era parte de la estrategia golpista. La CUT, sinónimo del poder

---

Dávila; Concepción, general de brigada Washington Carrasco; Aysén, coronel Humberto Gordon; todos posteriormente involucrados en la violación de derechos humanos.

62 *El Mercurio*, 11 de julio de 1973, 1 y 8; *La Nación*, 20 de julio de 1973, 15.

63 *El Diario Austral*, 20 de julio de 1973, 8. Véase también *La Nación*, 9 y 15 de julio de 1973, 12 y 34, respectivamente.

64 *La Nación*, 4 de agosto de 1973, 16; *El Diario Austral*, 4 de agosto de 1973; *El Siglo*, 22 de julio de 1973, 3; *El Mercurio*, 21 de julio de 1973, 1 y 12.

sindical y su presencia en el Estado; industrias estratégicas en manos de los trabajadores –los cordones– y del Estado, encarnación del poder obrero. Es decir, la amenaza al capital que significó la experiencia de la UP.

Los allanamientos permitieron la definición de los «enemigos internos», pues los lugares y los sujetos allanados eran señalados como instigadores de la guerra civil, estrechamente relacionados con el conflicto político de Chile en ese momento: socialismo vs. capitalismo. La UP era acusada de preparar una dictadura totalitaria de estilo soviético, por lo que encubría la distribución y tenencia de distintos tipos de armas y explosivos en «instalaciones industriales, recintos universitarios y oficinas públicas circulan sin recatarse elementos extremistas armados»[65]. Dentro de esta ola denunciativa, preparatoria del golpe de Estado, los discursos y folletos de las agrupaciones de izquierda marxista, particularmente el MIR, en que reivindicaran su opción armada y llamaran a la detención del golpe, era utilizado como prueba de la dictadura que se preparaba[66].

En todos los casos, los allanamientos eran realizados con violencia: «Revisaron oficina por oficina, hicieron pedazos los muebles y se botaron los documentos. Aquí no encontraron ni una sola arma... Estuvimos media hora con los brazos en alto. Cuando pude ponerme en contacto con el coronel que mandaba, me dijo que era orden de allanamiento», explicó el interventor de Cobre Cerrillos, Jaime Flores. El allanamiento fue realizado por el Grupo 10 de la Fuerza Aérea (cinco buses), mientras un helicóptero armado con tres ametralladoras sobrevoló el sector. El operativo duró tres horas, los trabajadores –obreros y empleados– fueron encañonados y llevados al patio de la empresa. De acuerdo a la prensa, en el caso del allanamiento al local de la CUT de Osorno, medio centenar de soldados, transportados en dos camiones, bloquearon las calles de acceso al local sindical y apuntaron con sus armas, apoyados por un piquete de carabineros, los que registraron todas las dependencias, encontrando, según se informaba, palos con puntas de acero, hachas de fabricación casera y linchacos, mientras puertas, ventanas y muebles eran rotos. Una experiencia similar vivieron los trabajadores de la Petroquímica Dow, ubicada en Talcahuano e intervenida por el gobierno, a la que también se acusó de posesión ilegal de armas, allanada el 5 de septiembre de 1973, con gran despliegue de tropas de la marinería. Incluso en el allanamiento del Cementerio Metropolitano se utilizaron cuatro camiones, dos microbuses, dos furgones y dos helicópteros, el que sobrevoló y aterrizó dentro del campo santo. Se denunció que doscientos pobladores que se encontraban cerca del lugar, fueron obligados a tenderse boca abajo en el suelo[67].

---

65 *El Mercurio*, 11 de julio de 1973, 3.

66 *El Mercurio*, 24 de julio de 1973, 23.

67 *La Nación*, 4 de agosto y 8 de septiembre de 1973; *El Siglo*, 4 de agosto, 5; *El Diario Austral*, 20 de julio y 4 de agosto de 1973, 8 y 1, respectivamente; *El Mercurio*, 9 de julio de 1973, 1.

Sin duda, uno de los allanamientos más recordados y emblemáticos fue el ocurrido en Magallanes, realizado a comienzos de agosto de 1973 e identificado con la Lanera Austral. Ya a mediados del mes anterior, la prensa de derecha denunció un supuesto contrabando de armas en Punta Arenas, el que relacionó con «algunos panfletos» encontrados y que informaban de la pronta creación de un nuevo cordón industrial y el llamado del MIR a luchar por la participación de miembros de las fuerzas armadas en la creación de ese cordón[68]. Un operativo militar conjunto entre el Ejército, la Fuerza Aérea y la Armada, de una duración de cuatro horas, que contó entre 300 o 500 efectivos militares, procedió al allanamiento simultáneo de varias industrias del Área de Propiedad Social, ubicadas a cinco kilómetros de Punta Arenas, en la búsqueda de supuestas armas en manos de los trabajadores. En el operativo se usó no solo un gran contingente, sino también material blindado y jeeps con ametralladoras. El operativo fue dirigido por el general Manuel Torres de la Cruz, comandante en jefe de la Quinta División y cabeza del golpe en esa zona del país, quien sobrevoló el área desde un helicóptero. El allanamiento más violento ocurrió en la Lanera Austral. De acuerdo a las versiones de la época, el turno del amanecer estaba en funciones, cuando llegó un grupo de efectivos de la Fuerza Aérea portando metralletas y golpeando las puertas: «Con fuertes puntapiés y una violencia increíble notificaron el allanamiento... posteriormente se repartieron por toda la planta, obligando a los trabajadores a colocarse con las manos en la nuca para ser revisados uno por uno, ni siquiera se salvaron las mujeres a quienes las condujeron hasta el frontis del edificio. Después los hicieron salir a todos en fila india, advirtiendo que cualquiera que se moviera o mirara para atrás sería barrido»[69], declaró el secretario del Sindicato Único.

De acuerdo a los testimonios, las fuerzas militares descerrajaron las puertas, rompieron los muebles a culatazos y destruyeron la documentación existente. Numerosas máquinas fueron rotas como efecto del allanamiento.

Del operativo resultó muerto un trabajador y otro fue herido. Manuel González Bustamante estaba en los baños, y cuando salió de allí, fue conminado a detenerse, a lo que desobedeció, ignorante de lo que ocurría, fue ametrallado por uno de los uniformados participantes del allanamiento. Murió en el hospital militar de la zona. El otro trabajador, Guillermo Calixto Hernández, a cargo de las calderas, fue golpeado con bayonetas en los muslos cuando no salió de inmediato de ese sector de máquinas, como se le había ordenado[70].

La incomprensión de lo que estaba ocurriendo quedó de manifiesto no solo en los testimonios de los testigos de los hechos, sino en las declaraciones de la CUT, las que «alertaban» a la opinión pública respecto de los hechos y las denuncias irresponsables de la derecha para que las fuerzas armadas actuaran contra los trabajadores usando la Ley

---

68 *El Mercurio*, 15 y 24 de julio de 1973, 44 y 23, respectivamente.

69 *El Diario Austral*, 7 de agosto de 1973, 1.

70 *La Nación*, 7 de agosto de 1973, 3.

de Control de Armas, tras denuncias reiteradas de existencia de arsenales en las fábricas, usando «una violencia y despliegues armados inusitados e innecesarios»[71]. Repudios similares emitieron el MAPU-OC, el Partido Radical y el gobierno.

En este marco hizo su aparición pública el comandante de la Escuela de Ingenieros Militares de Tejas Verdes, el entonces coronel de ejército Manuel Contreras. Al mismo tiempo que se sucedían los allanamientos por todo el país, un centenar de sindicatos, organizaciones vecinales y dirigentes laborales denunciaron las acciones represivas que estaba desarrollando Contreras en la zona, como el apresamiento de las directivas de las organizaciones populares, los allanamientos a distintos almacenes, la amenaza al pequeño comercio, la violación de domicilio, por lo que solicitaron al Alto Mando del Ejército su destitución «por sus arbitrariedades y prepotencia reaccionaria». El personal de Ingenieros militares de Tejas Verdes, relataba la prensa, estaba realizando una intensa actividad de vigilancia y control de armas[72].

En los minutos finales de la democracia chilena, se denunciaba que el sur de Chile estaba «bajo régimen militar»: «Parecía que era el día final de la vida y que no iba a existir nadie ya. Las compañeras se volvieron puro llanto de sentir los gritos y los lamentos de sus maridos»[73]. Tal fue el testimonio de Margarita Paillao, encargada de la posta del Centro de Producción, CEPRO, «Jorge Fernández», que durante cuatro días estuvo ocupado militarmente y aislado del resto de Cautín. Como en los otros casos, la ofensiva opositora se puso en movimiento tras el fracaso del 29 de junio, cuando por disposición del comandante del Regimiento Tucapel, coronel Pablo Iturriaga Marchesse, se inició la aplicación de la Ley de Control de Armas «con el propósito de devolver la seguridad y la confianza a la ciudadanía, alarmada en los últimos tiempos por los continuos incidentes, tomas de fábricas, campos y descubrimientos de armamento en manos particulares»[74], por lo que desde agosto Temuco quedó bajo la autoridad militar. Por esos días se había realizado una concentración de la CUT, que sirvió de justificación al gran despliegue militar. A partir de ese momento, se realizaban patrullajes nocturnos en Temuco y la carretera, en los cuales los efectivos, en traje de campaña y con armas, detenían transeúntes y vehículos, exigiendo documentos de identificación. Según testimonios, se controlaba la entrada y salida de la Base Aérea de Maquehue.

Tal situación preparó el ambiente para las acciones militares de comienzos de septiembre de 1973, cuando se allanó el CEPRO «Jorge Fernández», exfundo «Nehuentué» de Miguel Larroulet, en la comuna de Puerto Saavedra. El operativo se habría iniciado el 30 de agosto y se extendió hasta el 3 de septiembre y fue ordenado por el comandante del Regimiento

---

[71] Ibíd.

[72] La cita en *Chile Hoy*, No.59, 27 de julio de 1973; *El Mercurio*, 22 de julio de 1973, 41.

[73] *Punto Final*, No.192, 11 de septiembre de 1973, 2.

[74] *El Diario Austral*, 22 de julio de 1973, 8.

Tucapel de Cautín y realizado por efectivos suyos, bajo la acusación de la existencia de arsenales de armas, de una fábrica de granadas y de una escuela de guerrilla del MIR y de su frente de masas, el MCR. Como en las experiencias anteriores, la zona fue sobrevolada por tres helicópteros de Maquehue, habiéndose detenido a 27 «extremistas», quienes permanecieron incomunicados los días siguientes. La acusación derechista fue que los atentados dinamiteros que habían ocurrido en la zona habían justificado el patrullaje previo y la detención de personas y vehículos, habiendo permitido descubrir este centro subversivo. De acuerdo a *El Diario Austral*: «Al parecer recién comienza a destaparse la olla y esta, la primera semana de septiembre, puede ser una de las más noticiosas en materia de esclarecimiento de atentados»[75].

Los malos tratos fueron la tónica del operativo, hasta que el oficial a cargo les habría espetado: «Traigo una orden presidencial para hacer un allanamiento y para interrogar algunas personas. Y entonces empezó a leer nombres de compañeros y detuvieron a los primeros tres, los dirigentes del Centro de Producción y el hijo de uno de ellos»[76]. De acuerdo a los reportajes realizados en la época por las revistas *Punto Final* y *Chile Hoy*, pero también la investigación realizada por la historiadora Florencia Mallon, en Nehuentué se torturó a los detenidos[77].

Como ha podido apreciarse de esta breve descripción de la aplicación de la Ley de Control de Armas, las fuerzas militares alcanzaron una gran autonomía respecto del poder civil, quien no pudo definir los métodos que se utilizarían, dejando de responder a su autoridad. La lucha opositora por erosionar el poder del Ejecutivo y con ello detener el proceso socio-económico en desarrollo, dio legitimidad al accionar castrense, militarizando el conflicto en un sentido coercitivo. Otro elemento importante de destacar es la participación de todas las ramas de las fuerzas armadas y de parte significativa de los regimientos del Ejército a lo largo del país en este tipo de acciones represivas. Ello refleja el grado de conocimiento que alcanzaron estas fuerzas y de preparación para las características que asumiría la represión de la dictadura semanas más tarde. Para el momento del golpe, los oficiales y la tropa ya se habían familiarizado con el atropello y la violencia sobre los detenidos, siempre indefensos.

Lo anterior fue posible porque sectores políticos que reivindicaban la democracia crearon y usaron un instrumento legal que permitía suspender derechos ciudadanos, justificaron los operativos militares y la violencia usada en ellos. De acuerdo a la derecha:

> La Ley de Control de Armas ha sido el instrumento democrático puesto en manos de las fuerzas armadas para que procure el desarme de las organizaciones del cualquier orden y cualquier color político que constituyen una amenaza de violencia contra la tranquilidad

---

75 El *Diario Austral*, 4 de septiembre de 1973, 1. Véase también 2 de septiembre, 1.

76 Ibíd.

77 *Punto Final*, op. cit.; Florencia Mallon, *La sangre del copihue* (Santiago: Lom, 2004), cap.5.

pública y la estabilidad institucional... La ciudadanía ha entendido que el desarme privado es uno de los medios más efectivos para evitar el estallido de la 'guerra civil', concepto en torno de la cual se ha especulado bastante en los diversos sectores políticos[78].

Como establecía la Ley de Control de Armas y se ha podido observar en los allanamientos descritos, los operativos se iniciaban tras una denuncia cualquiera. En julio de 1973, los diputados José Monares (PN), Arturo Frei Bolívar (DC), Baldemar Carrasco (DC), Carlos Dupré (DC) y Enrique Krauss (DC) acudieron a la Comandancia en Jefe de la Segunda División de Ejército para «denunciar lugares donde existen armas y personas armadas en conformidad a un plan de la Unidad Popular de crear un Poder Popular que pone en peligro la convivencia democrática»[79]. Igualmente, el diputado del PN Fernando Ochagavía acudió a la Jefatura de Estado Mayor a «entregar mayores antecedentes que estaban en mi poder sobre existencia de grupos armados y lugares donde se hace reparto de armas»[80]. En el caso de la Empresa de Semillas de Talca, la denuncia provino del regidor de la municipalidad de la zona, Renato Guerra. A juicio de la derecha mercurial, «los partidos de oposición han hecho más con sus denuncias concretas y documentadas, por evitar un enfrentamiento sangriento, que la intensa propaganda de los adictos al gobierno. La guerra civil se previene intensificando las inspecciones... no acumulando los artefactos bélicos en locales partidistas»[81].

La oposición utilizó los discursos de algunos partidos de izquierda para justificar el papel represivo que estaban cumpliendo las fuerzas armadas, siguiendo su lógica castrense y, por tanto, militarizando el conflicto político. De acuerdo al senador Juan Hamilton, «después de las declaraciones formuladas por personeros del oficialismo, acerca del armamentismo de la Unidad Popular, lo que queda es que las fuerzas armadas intensifiquen las acciones realizadas para detectar sus arsenales, disolver los grupos armados y sancionarlos de acuerdo a la ley»[82], porque, al entender de quienes estaban en esta posición, como el senador Juan de Dios Carmona, «el dato, la denuncia a regidores y parlamentarios para que ellos puedan hacerlas llegar a las autoridades militares y judiciales que pueden hacer los requerimientos es hoy un acto patriótico»[83]. A partir de esto, hizo un llamado a las mujeres, a los trabajadores, a los intelectuales, a los profesionales, a los militares, los campesinos, los pobladores, a los estudiantes universitarios a hacer esas denuncias: DELACIÓN.

---

78 *El Diario Austral*, 22 de julio, 8.

79 *El Mercurio*, 8 de julio de 1973, 35.

80 Ibíd., 43.

81 *El Mercurio*, 11 de julio, 3, y también 26 de julio, 2.

82 *La Prensa*, 14 de julio de 1973, 5.

83 *La Prensa*, 15 de julio de 1973, 9.

«Un arsenal para volar Chile había en escuela de guerrillas»[84], fue el titular de una noticia en el diario *La Prensa*. Tal parecía que ello justificaba la violencia empleada contra los campesinos de Nehuentué y en todas las empresas y predios allanados.

[84] Ibíd., 5 de septiembre de 1973, 18.-

Conclusiones

El sentido de este artículo era escrudiñar acerca del proceso de institucionalización de formas represivas, asociadas, generalmente, al período dictatorial y que en el caso de otros países vecinos tuvieron su origen en los gobiernos democráticos y en las dictaduras militares previas a las de los años setenta. Como se ha podido apreciar, la Ley de Control de Armas, aprobada por una mayoría del Congreso Nacional en 1972, fue un instrumento legal que puso en marcha varios procesos que favorecieron el autoritarismo.

En primer lugar, redefinir legal y permanentemente las funciones de las fuerzas armadas, reforzando sus tareas en materia de orden interno. Si bien la Constitución de 1925 les otorgaba alguna de esas facultades, ellas se usaban excepcionalmente, en situaciones puntuales, en el entendido de que la solución de los conflictos políticos debía resolverse en ese terreno, por lo que el poder civil nunca era desconocido. El conflicto político iniciado a fines de los sesenta y durante la Unidad Popular, y que tenía como eje la cuestión de la propiedad, repuso, al mismo tiempo, el papel de las fuerzas armadas en materia de seguridad interna. La Ley de Control de Armas reforzó las atribuciones reconocidas en la Constitución, pero la autonomizó del control civil. Ello ocurrió, por cierto, en el marco de una aguda lucha política, en la cual la oposición no había logrado detener la socialización llevada a cabo por los trabajadores y el gobierno. La demanda estricta y amplia de aplicar esa Ley ocurría en un momento en que la DC exigía que se reconocieran las tres áreas de propiedad aprobadas en el Congreso y se devolvieran las industrias expropiadas al margen de ese acuerdo parlamentario. La ocupación masiva de industrias a raíz del intento de golpe de junio de 1973, dificultó esa posibilidad para la Unidad Popular y abrió el espacio para ampliar las funciones militares y otorgarles tuiciones claves en el orden interno, policializándolas. Lo ocurrido entre julio y septiembre de 1973 fue la autonomización castrense, legitimada por la oposición democratacristiana y derechista.

En segundo lugar, la Ley de Control de Armas permitió el despliegue de métodos represivos que estaban en boga en las escuelas militares, pero que no se aplicaban y carecían de legitimidad. Las acusaciones de la izquierda y el gobierno de que los allanamientos utilizaban una violencia desmedida, innecesaria, que violaba derechos, fueron acalladas por las acusaciones infundadas de existencia de grandes arsenales. La decisión opositora de derrocar el gobierno se focalizó en ese objetivo, desatendiendo la forma en que se estaba realizando; torturas, incomunicaciones e indefensión del agredido. La acusación de que la Unidad Popular permitía todo tipo de arbitrariedades y violaciones a la propiedad, de algún modo «legitimaba» el castigo recibido. Las «denuncias» de supuestos arsenales fueron la antesala de las delaciones con posterioridad al 11 de septiembre de 1973.

En tercer lugar, la Ley de Control de Armas y su aplicación son un excelente ejemplo de los efectos de la guerrilla política llevada a los medios. Hoy existe consenso respecto del papel jugado por la prensa en el deterioro de la democracia chilena[85], pues el control de los imaginarios ciudadanos era más importante que los hechos, por lo que las acusaciones infundadas eran la tónica. Como se comprobaría posteriormente, los arsenales no existían, los cordones no estaban armados, como testimonió el general Gustavo Leigh antes de morir.

En ese sentido, si bien la violencia terrorista instalada con la dictadura militar no tiene parangón con lo ocurrido antes, la aplicación de la Ley de Control de Armas puso en marcha la posterior máquina represiva.

---

85 Patricio Dooner, op. cit.

ESTE LIBRO HA SIDO POSIBLE POR EL TRABAJO DE

COMITÉ EDITORIAL Silvia Aguilera, Mario Garcés, Luis Alberto Mansilla, Tomás Moulian, Naín Nómez, Jorge Guzmán, Julio Pinto, Paulo Slachevsky, Hernán Soto, José Leandro Urbina, Verónica Zondek, Ximena Valdés, Santiago Santa Cruz **SECRETARIA EDITORIAL** Marcela Vergara **PRODUCCIÓN EDITORIAL** Guillermo Bustamante **PRENSA** Susanne Fröhlich, Patricia Moscoso **PROYECTOS** Ignacio Aguilera **ÁREA EDUCACIÓN** Mauricio Ahumada **DISEÑO Y DIAGRAMACIÓN EDITORIAL** Leonardo Flores, Max Salinas, Gabriela Ávalos **CORRECCIÓN DE PRUEBAS** Raúl Cáceres **COMUNIDAD DE LECTORES** Francisco Miranda **VENTAS** Elba Blamey, Luis Fre, Olga Herrera **BODEGA** Francisco Cerda, Pedro Morales, Carlos Villarroel, Hugo Jiménez **LIBRERÍAS** Nora Carreño, Ernesto Córdova **COMERCIAL GRÁFICA LOM** Juan Aguilera, Danilo Ramírez, Inés Altamirano, Eduardo Yáñez **SERVICIO AL CLIENTE** Elizardo Aguilera, José Lizana, Ingrid Rivas **DISEÑO Y DIAGRAMACIÓN COMPUTACIONAL** Luis Ugalde, Marjorie Dotte **SECRETARIA COMERCIAL** María Paz Hernández **PRODUCCIÓN IMPRENTA** Carlos Aguilera, Gabriel Muñoz, Rómulo Saavedra **SECRETARIA IMPRENTA** Jasmín Alfaro **PREPRENSA** Daniel Alfaro **IMPRESIÓN DIGITAL** William Tobar, Carolay Saldías **IMPRESIÓN OFFSET** Rodrigo Véliz **ENCUADERNACIÓN** Ana Escudero, Andrés Rivera, Edith Zapata, Pedro Villagra, Héctor Carrasco, Juan Molina, Rodrigo Flores, Sandra Maturana, Carlos Mendoza, Fernanda Acuña **DESPACHO** Cristóbal Ferrada, Julio Guerra, Felipe Vega, Juan Pablo Huarapil **MANTENCIÓN** Jaime Arel **ADMINISTRACIÓN** Mirtha Ávila, Alejandra Bustos, Andrea Veas, César Delgado, Boris Ibarra.

L O M   E D I C I O N E S

www.ingramcontent.com/pod-product-compliance
Lightning Source LLC
LaVergne TN
LVHW081302100826
845148LV00005B/948

* 9 7 8 9 5 6 0 0 0 5 5 2 6 *